语言力丛书

突破力

吴礼权　著

暨南大学出版社
JINAN UNIVERSITY PRESS

中国·广州

图书在版编目（CIP）数据

突破力/吴礼权著. —广州：暨南大学出版社，2017. 9
（语言力丛书）
ISBN 978 – 7 – 5668 – 1285 – 8

Ⅰ. ①突…　Ⅱ. ①吴…　Ⅲ. ①语言艺术—通俗读物
Ⅳ. ①H019 – 49

中国版本图书馆 CIP 数据核字（2014）第 276619 号

突破力
TUPOLI
著　者：吴礼权

‥‥‥‥‥‥‥‥‥‥‥‥‥‥‥‥‥‥‥‥‥‥‥‥‥‥‥‥‥‥‥‥‥‥‥‥‥‥‥

出 版 人：徐义雄
策划编辑：杜小陆　潘江曼
责任编辑：潘江曼　郑晶莎
责任校对：徐晓俊
责任印制：汤慧君　周一丹

出版发行：暨南大学出版社（510630）
电　　话：总编室（8620）85221601
　　　　　营销部（8620）85225284　85228291　85228292（邮购）
传　　真：（8620）85221583（办公室）　85223774（营销部）
网　　址：http：//www. jnupress. com
排　　版：广州良弓广告有限公司
印　　刷：佛山市浩文彩色印刷有限公司
开　　本：787mm×960mm　1/16
印　　张：16. 5
字　　数：238 千
版　　次：2017 年 9 月第 1 版
印　　次：2017 年 9 月第 1 次
定　　价：32. 80 元

总　序

　　众所周知，语言是人类最重要的交际工具。一个人，只要他/她是生活于现实社会之中，就必须掌握他/她生活于其中的某一种民族社会语言（如汉语、英语、德语、法语、俄语等）。即使是因为先天原因而无正常语言能力，他/她也必须学会一种人工语言（如聋哑人交际时所通用的"手语"）；否则，他/她将无法在其生活的特定社会中生存下去。

　　为什么这么说呢？道理非常简单，任何一个人都不可能是独立存在于人类社会之外的。也就是说，任何一个人都是社会的人，而非不食人间烟火的神。既然是要"食人间烟火"，那么就得与他人打交道，与他人合作。那么怎样跟他人打交道，如何与他人合作呢？这其中就少不了一个媒介（或曰工具）——语言。其实，语言不仅是人与人之间进行沟通交流的媒介，更是一种在人际沟通中发挥重要作用的实用工具。这个工具虽然不像我们原始人所使用的猎获禽兽的木棍、弓箭，也不像两千年前我们祖先用以翻地耕耘的犁、锹等劳动工具，不是获取生活资料、维持温饱的"硬工具"，但却是切切实实推动人类社会高速发展的"软工具"。如果从人类历史发展的整个进程来考察，我们可以说，语言这一人类的"软工具"远较维持人类社会基本生存条件的"硬工具"重要得多。

　　诚然，没有棍棒、弓箭、犁、锹等"硬工具"，人类无法获取必要的生活资料而生存繁衍下去；但是，如果没有语言这一"软工具"，那么人类社会就无法进步，永远处于原始社会状态，直到今天我们恐怕还会过着茹毛饮血的原始人生活，不仅灿烂的人类精神文明成果无法创造，就是看得见摸得着的物质文明也是无法创造出来的。试想，没有语言作为人类的交际工具，人与人之间如何实现信息的有效传递、思想情感的有效沟通？若信息传递与思想情感不能实现有效沟通，人与人之间就不可能实现有效的团结协作。不能实现有效的团结协作，就不可能促进社会生产的发展、物质文明的创造。人类社会就将永远处于停滞不前、原地打转的状态。我们还可以设想一下，如果人类没有语言作为交际工具，那么前一代人在生产与生活中所创造的有益经验如何能够传承给后人？前人的有益经验不能有效地传承给后人，那么后人如何能够借助前人提供的经验而站到一个新的起跑点上，使人类社会前进的步伐更快？事实上，正是因为人类有了语言这一独特的工具，我们前人的智慧与经验才得以有效地传承下去，后人才得以站在前人的肩膀上看得更高更远，从而在新的起跑点上更快地向前跑。今日我们科技进步之所以呈现日新月异、一日千里的局面，靠的不正是现代科技知识得以有效传承吗？而现代科技知识的有效传承，所依靠的又是什么呢？靠的不正是语言这一独特而有效的工具吗？至于今日我们能够享受的人类几千年灿烂的精神文明成果，更是得益于语言（包括记录语言的符号系统文字）这一工具。试想，若是没有语言（包括文字），数千年前我们祖先的思想成果、文学艺术作品如何能够传承到今日？正因为有语言（包括文字）作为工具，我们先人所创造的优秀的思想成果、文学艺术作品才会为今日的人们所享受。也正因为有这些优秀的精神文明成果积淀作为基础，我们今天的思想成果、文学艺术创造才如此丰富。

语言作为工具的重要作用，其实早在千百年前东西方贤哲就有所认识，并予以强调，并非今天的人们才充分认识到的。如西汉《淮南子·本经训》有曰："昔者苍（仓）颉作书，而天雨粟，鬼夜哭。"这话说的是汉字被创造的事，虽然带有神话色彩，但真切地说出了一个道理：文字的创造发明乃是惊天动地的大事件，从此人间就没有什么秘密了。因为文字突破了语言交流的时空限制，可以将语言所表达的一切内容传于异时异地。我们知道，文字是语言的记录符号系统。因此，我们中国的先人如此强调汉字创造的重要性，实际上就是强调语言作为人类交际工具的重要作用。成书于公元前 122 年的《淮南子》所记的上述话语已经证明，中国先人对语言的工具作用的认识是非常充分的。过了约两百年，成书于公元 90 年左右的西方经典《圣经》，里面也谈到语言的工具作用。《圣经》"创世记"第 11 章中记载了这样一个故事：

> 那时，天下人的口音、言语，都是一样。他们往东边迁移的时候，在示拿地遇见一片平原，就住在那里。他们彼此商量说，来吧，我们要作砖，把砖烧透了。他们就拿砖当石头，又拿石漆当灰泥。他们说，来吧，我们要建造一座城和一座塔，塔顶通天，为要传扬我们的名，免得我们分散在全地上。耶和华降临，要看看世人所建造的城和塔。耶和华说，看哪，他们成为一样的人民，都是一样的言语，如今既作起这事来，以后他们所要作的事，就没有不成就的了。我们下去，在那里变乱他们的口音，使他们的言语彼此不通。于是，耶和华使他们从那里分散在全地上。他们就停工，不造那城了。因为耶和华在那里变乱天下人的言语，使众人分散在全地上，所以那城名叫巴别（就是变乱的意思）。①

上帝耶和华之所以要降世变乱造城、造塔的人们的语言，就是因为所有参与造城、造塔的人们都拥有同一种交际工具：相同的语言。有了这个工具，他们便能在造城与造塔的劳动过程中团结协作，从而将城与塔造起来。耶和华变乱了他们的语言，使他们没有了统一的交际工具，最终就拆散了他们，使他们不能团结协作，造不成城和塔而被迫分散到全球各地。《圣经》中的这个故事虽然是神话，但真切地反映了西方人对于语言作为人类交际工具的重要作用的充分认识。

---

① 引文参见：http://www.jdtjy.com/html/shengjingyuandi/jiantishengjing/hgb/gen/gen11.htm.

上述东西方先贤对于语言的工具作用的认识虽然都不符合现代科学的语言观，但是，他们都不约而同地看到了语言作为工具在人类交际中的重要性。神话也好，科学也罢，语言作为一种工具，在人类的交际中所发挥的传达信息、交流思想、沟通情感的作用，确实是其他工具（如肢体语言、声音等非自然语言）所不能比拟的。一个正常的人只要具有正常的语言能力，就可以运用语言这一工具来与他人进行交际沟通。但是，我们应该认识到，并非具有正常语言能力的人都能在人际交往中圆满地完成其传达信息、交流思想、沟通情感的任务。也就是说，语言这一工具并非是所有人运用起来都能得心应手，都能"口应心"、"笔写心"。事实上，人们运用语言工具的能力是有区别的，并非完全相同。在日常语言生活中，我们常常会发现这样一种现象，有的人说起话来滔滔不绝，似乎是不假思索，但说出的每一句话都显得逻辑严密，条理清楚；相反，有的人说起话来吞吞吐吐，支支吾吾，斟酌了半天，说出的话还是前言不搭后语，相互矛盾，错漏百出。说是如此，写也一样。有的人提笔一挥而就，文不加点，一气呵成，文章读来文从字顺，趣味横生，令人回味再三；有的人提笔凝神半日，却写不出一行字来，即使硬写出几行字来，也是乏味得很，令人难以卒读。

如此说来，是不是说人的语言能力的优劣高下是先天决定的呢？答案是否定的。尽管我们承认人的语言能力可能确实存在着一些先天上的差异，但其并不像人的智商那样在先天上有很大不同。因为语言是一种通过后天学习而拥有的能力，不管智商高低，只要有适合的语言习得条件与语言习得时间，任何人都能至少娴熟地掌握某一种语言，并以之为工具与人进行交际。比方说，三四岁的中国孩子，说起汉语来恐怕比四五十岁的外国人都要流利，但这并不是因为他的智商高过外国人，而是因为他有从一出生就耳濡目染汉语的语言习得条件，以及时时刻刻都有跟其父母、兄弟姐妹学习汉语的充足时间。

既然人的语言能力不存在先天上大的差异，那么现实生活中为什么有些人能说会道，妙语生花，而另一些人则笨口拙舌，说起话来词不达意，写起文章来言不由衷呢？其实，这不是先天语言能力上的问题，而是后天学习上的问题。我们都知道，语言是一种公共资源，基本词汇、语法规则，是每个人在语言习得过程中不需要花很多精力与时间便能掌握的，所以不存在资源占有的不公平、不平等问题。但是，还有一种特殊资源，它并非像语言的基本词汇、语法规则那样在语言习得阶段就能在不知不觉中自然而然地"习得"的，而是需要有意识地进行学习，甚至是专业修读才能获得的。这种需要有意识地学习或者专业修读的语言特殊资源，就是人类长期以来在语言生活中创造并积累的特定语言表达技巧，或称之为修辞策略或表达法。

我们都知道，人类的任何交际活动都是"有所为而为"的。也就是说，言语交际有很强的目的性，是为了完成某一预定的交际任务而进行的。比方说，老师面对学生的教学是一种言语交际活动，其预定的交际目标是要求学生明白每一堂课所讲的内容，掌握每一堂课所要讲授的知识点。又比方说，政治家或学者面对大众的演讲，也是一种言语交际活动，其预定的交际目标是要听众认同他宣扬的某种政治理念或学术观点。再比方说，外交谈判或商业谈判，同样是一种言语交际活动，只不过这是一种双向互动的言语交际活动，比老师授课、政治家或学者演讲更具挑战性。因为谈判双方各有自己的利益诉求，有预期的谈判成果追求。可见，不论是什么形式的言语交际，目的性都很强，是"有所为而为"的。也许有人会认为，现实生活中的言语交际也有"无所为而为"的情形，比方说日常生活中我们与路见的熟人打个招呼或问个好，就看不出有什么特定的目的，没有预定的交际任务。其实，这是一种误解。仔细想一想，这样的言语交际仍然隐含着一定的交际任务，这就是通过打招呼或问候来密切人际关系，为今后可能的人际互动或交际沟通做"长线投资"准备。如果今天我们在路上相见而相互都不理不睬，那么日后为了某种事务而需要与对方进行交际沟通时，就会陷入被动，甚至成为彼此交际沟通时心理上的极大障碍。可见，言语交际目标有显性的，也有隐性的；言语交际任务有即时的，也有长远的。总之，任何的言语交际活动都是"有所为而为"的，目的性非常强。

既然言语交际是一种"有所为而为"的语言活动，那么交际者在运用语言这一工具表情达意时必然会追求表达效果的最大化，通过创意造言的努力，使自己的语言表达具有某种特殊的效力。这种语言表达的特殊效力，就是我们本套丛书所要集中论述的"语言力"。

"语言力"，从理论上说是分为不同层次、不同类型的。上文我们说过，言语交际活动都是"有所为而为"的，目的性很强。但是，并非所有"有所为而为"的目的都相同。事实上，在言语交际活动中，交际者（communicator）为了保证其交际达到预期的目的，首先必须研究他所面对的受交际者（communicatee），准确把握言语交际时特定的情境，然后有针对性地创意造言，运用尤其是创造性地运用特定的表达法（修辞策略），使语言表达产生特殊的效力，从而使传情达意的效果最大化。

正因为交际者每一次的言语交际活动都会面对不同的受交际者，而且预定的交际目标任务有所不同，因此在表达法的运用方面也会有所不同，其所产生的语言力也会有所不同。从不同的层次与视点看，语言力大致可以分为"说明力"、"表达力"、"突破力"、"说服力"、"感染力"、"辩驳力"、"沟通力"和"理解力"八类。

所谓"说明力"，是指交际者说写时不使用任何表达法（即修辞手法），只以理性的语言、白描的手法传情达意，将所要传递的信息、所要交流的思想、所要宣达的情感清楚、明白地表达出来，传情没有半点的歧疑，达意没有丝毫的含糊。这种"说清楚"、"讲明白"的境界并非人人都能做得到，交际者必须有相当的语言修养，要费相当的心力才能企及。如果能企及这种境界，我们就可以说交际者的语言表达具有了一种特殊的效力。这种特殊的效力，我们可以称之为"说明力"。

一般说来，以"说明力"为言语交际预期目标的，在事务语体（如产品介绍、法律条文、公文等）、科学语体（如论文、说明文等）以及部分文艺语体（主要是记叙文）中最为常见。例如：

板蓝根颗粒（冲剂）
（95 版中国药典）

ZZ－0225－沪卫药准字

（1995）　第 041003 号

本品为板蓝根制成的冲剂。

【功能与主治】清热解毒，凉血利咽，消肿。用于扁桃腺炎、腮腺炎，咽喉肿痛，防治传染性肝炎，小儿麻疹等。

【用法与用量】口服，一次5g，一日4次。

【贮藏】密封。

（生产日期）2001.01.02

这则中药饮品说明书，虽然在写作上具有明显的"程式化"特征，"先在品名下注明药典版次，再注明药品批号，然后是药品成分、功能与主治、用法与用量、贮藏方式、生产日期"①，跟其他一些药品的说明书的通行书写格式没有什么两样。从表达上看，此说明书完全没有什么技巧，但是将要说明的内容说得极其清楚，需要提请使用者注意的事项写得非常明白。可谓达到了"说清楚"、"讲明白"的境界。因此，作为一份药品说明书，我们认为上述说明书具有"说明力"。

又如：

村外的小山上，有涌泉寺，和其他的云南的寺院一样，庭中有很大的梅树和桂树。桂树还有一株开着晚花，满院都是很香的。庙后有泉，泉水流到寺外，成为小溪；溪上盛开着秋葵和说不上名儿的香花，随便折几枝，就够插瓶的了。我看到一两个小女学生在溪畔端详哪枝最适于

---

① 吴礼权：《现代汉语修辞学》（修订版），复旦大学出版社 2012 年版，第 432 页。

插瓶——涌泉寺里是南菁中学。

——老舍《滇行短记》

上引这段文字，属于文艺语体中的记叙文。它是按照空间顺序，由外而内，写抗日战争时期云南的南菁中学坐落的环境。其中，除了偶有几句不经意地运用了"顶针"手法外，基本是采用白描的方法记叙的。文字上也质朴自然，没有刻意地去雕琢，更无华丽的藻饰。但是，读之让人对南菁中学周边的环境印象非常深刻。因此，我们可以说，这段文字达到了"说清楚"、"讲明白"的境界，具有很强的"说明力"。

所谓"表达力"，是指交际者说写时有意识地使用一些特定的表达法（即修辞手法），不仅使其所见所闻、所思所想的内容都清楚明白地呈现出来，而且别具"状难写之景，如在目前"、"含不尽之意，见于言外"的效果，给接受者的印象非常深刻。如果能够企及这种境界，我们就可以说交际者的语言表达具有一种特殊的效力。这种特殊效力，我们可以称之为"表达力"。

一般说来，以"表达力"为言语交际预期目标的，在文艺语体中最为常见，诗、词、小说、散文中尤其平常。例如：

江上荒城猿鸟悲，隔江便是屈原祠。
一千五百年间事，只有滩声似旧时。

——南宋·陆游《楚城》

这首诗今天我们读来还会为之感慨唏嘘，究其原因是诗的末尾两句运用了特定的表达法——"折绕"，在"不著一字"中抒发了诗人深切的历史喟叹。诗人言"只有滩声似旧时"，"意在言外的内涵是说除了江水还在滔滔不绝地流淌外，世上的一切都改变了，还有谁记得屈原其人及其对国家的忠心苦心呢？明在说屈原，实际是在抒发自己爱国之情及不能为南宋统治者理解的悲哀之情"①。正因为这首诗在表情达意上臻至"含不尽之意，见于言外"的境界，抒发怀才不遇的激愤之情，怨而不怒，因而读来就更加令人感动，极具"表达力"。

所谓"突破力"，是指交际者在说写中突破遣词造句的常规语法范式或是约定俗成的语义规约所创造出来的一种异乎寻常的语言效力。这种语言效力，源自交际者创意造言的智慧，源于交际者情意表达的艺术化呈现，它传递给接受者的不仅有情意，还有一种美感或情感愉悦。

一般说来，"突破力"的取得，主要有两条途径：一是创意造言的新异性，如某种新表达法的创造；二是通过特定语境的帮助对旧有的语义规约进行出人意料的突破。例如：

> 一个中文系的学生在学到古典主义、浪漫主义、现实主义、自然主义、女权主义这些名词术语后，便请老师解释。
>
> 这位一向以幽默闻名于校的老师说："一名男士跟一群女子开玩笑地说：'假如有一个男子误闯你们女子更衣室，你们怎么办？'"
>
> A 女子说："我去跳楼。""这是古典主义。"
>
> B 女子说："我就嫁给他。""这是浪漫主义。"
>
> C 女子说："我的收费是很高的。""这是现实主义。"
>
> D 女子说："请帮我拿一下衣服。""这是自然主义。"
>
> E 女子说："我把他扔到窗外去。""这是女权主义。"
>
> ——高胜林《幽默技巧大观》

上引这段文字，一读之下便让人为之会心一笑，让人享受到一种轻松幽默的审美愉悦。之所以有如此独到的语言表达"突破力"，

---

① 吴礼权：《中国名言引语词典》，香港商务印书馆 2013 年版，第 639 页。

原因就在于交际者（即这则故事文本的建构者）创造性地运用了一个叫"例示"的表达法，对"古典主义"、"浪漫主义"、"现实主义"、"自然主义"、"女权主义"等西方学术术语进行了颠覆式的语义内涵解释，既出人意料之外，又在情理之中，别具一种"无理而妙"的效果，让人细细回味之后情不自禁地感佩其创意造言的高度智慧。

所谓"说服力"，是指交际者说写时有意识地使用一些特定的表达法（即修辞手法），以经验说话、让权威代言、用事实作证、以逻辑与公理开道，从而在心理上彻底征服受交际者，使自己所推阐的某种理念、主张具有无可争辩的合理性和正当性，进而说服受交际者接受其建议、意见。在说理论事的言语交际活动中，如果能够企及这种境界，我们就可以说交际者的语言表达具有一种特殊的效力。这种特殊效力，我们可以称之为"说服力"。

一般说来，"说服力"的取得，主要依赖于交际者所提出的论据是否具有可信性和充分性。但是，有时也不尽然。在日常语言生活中，我们常常见到有人说服他人时并未举出具体的事实论据，却也能让对方哑口无言、心服口服。论者或以先人的经验来说事，或引权威者的话来论断，或以逻辑推理来论证，都能取得令人信服的"说服力"。如果确有创意造言智慧者，甚至连这些都不需要，借助特定的语境，运用特有的表达法，临时建构一个修辞文本，就能说出令接受者佩服得五体投地的道理。例如：

> 有一次，我参加在台北一个学校的毕业典礼，在我说话之前，有好多长长的讲演。轮到我说话时，已经十一点半了。我站起来说："绅士的讲演，应当是像女人的裙子，越短越好。"大家听了一发愣，随后哄堂大笑。报纸上登了出来，成了我说的第一流的笑话，其实是一时兴之所至脱口而出的。
>
> ——林语堂《八十自叙》

上引故事中，林语堂所说的"第一流的笑话"，其实并非笑话，而是一个有关如何演讲的道理。只是因为说话者创造性地运用了"比喻"表达法，别出心裁地将"绅士的讲演"与"女人的裙子"异乎寻常地匹配到了一起，让所有听众与在台上的嘉宾都始料不及，不禁为之大跌眼镜。但是，当所有听众从一愣神中醒悟过来时，却不得不无限感佩说话者林语堂说理的艺术。因为这句话实际上要表达的是这样一个意思："绅士的演讲应该简明扼要，要给听众留下回味的余地，才能令听众有意犹未尽的美感。如果绅士的演讲啰唆冗长，说了半天还不知所云，徒然浪费听众时间，那定然会让听众生厌的。"① 但是，说话人林语堂并没有这样直通通地自道心衷，而是以生动幽默的比喻，将所要说明的道理与所包含的讽嘲其他嘉宾的意思包藏于其中，让人思而味之，不得不打心底里折服于其所讲的道理，而且为其表达的幽默生动会心一笑，在领悟演讲道理的同时获取一份轻松愉悦的审美感受。

所谓"感染力"，是指交际者说写时有意识地使用一些特定的表达法（即修辞手法），通过语言文字激发起他人相同思想感情的力量。就汉语来说，凡是以汉语或汉字为媒介，交际者（说者或写者）睿智的创意造言，能让受交际者（听者或读者）惊喜、惊讶、惊愕、惊叹，从而引发其强烈的认同感并欣然从之，或对交际者所抒发的喜怒哀乐等情感产生强烈的共鸣并予以深切同情，那么我们就可以据此确认交际者的言语表达是具有"感染力"的。

一般说来，以语言文字为媒介创作的言语作品（包括口头与书面的），要想激发起接受者的思想感情的共鸣，产生一种让人深切感动的力量（即"感染力"），只有两条途径：一是作品的思想内容有深切感人的力量，二是作品的表达技巧有撼动人心的魅力。也就是说，"感染力"或是来源于作品所表达的情感、思想、理念能让人产生共鸣，令人情不自禁地产生深切的感动与认同；或是来源于作品创意造言的技巧令人耳目一新，让人为之折服感佩。如果能够

① 吴礼权：《语言策略秀》（修订版），暨南大学出版社 2013 年版，第 15 页。

二者兼顾，则其"感染力"更大。例如：

> 力拔山兮气盖世，时不利兮骓不逝。
> 骓不逝兮可奈何？虞兮虞兮奈若何？
>
> ——秦·项羽《垓下歌》

上引这首诗，是西楚霸王项羽兵败乌江时唱出的无助心声。两千多年来，只要人们读到这首诗，都会情不自禁地为之深切感动，并为项羽掬一把同情的泪。我们都知道，项羽在与刘邦的争战中最终失败，乃是他刚愎自用、不善用人的结果，是咎由自取，丝毫没有理由怨天尤人。但是，他兵败垓下，于乌江边自刎前对着他心爱的虞姬唱出的这一曲心声却依旧打动了不少人，使大家对他的失败寄予了深切的同情，甚至给项羽作传的太史公司马迁本人，写到项羽生平事迹时也要感情用事，不能客观地以史家的冷静来看待项羽的失败。至于上引《垓下歌》，因为既写出了项羽穷途末路的悲情事实，又用了"夸张"的表达手法，来自作品内容（事实）与表达技巧两方面的因素兼具，因此读来就格外具有一种催人泪下的强大"感染力"。

所谓"辩驳力"，是指交际者说写时有意识地使用一些特定的表达法（即修辞手法），在与受交际者进行言语博弈时以创意造言的智慧战胜或折服受交际者的语言效力。我们都知道，在言语交际活动中，交际者与受交际者并非只有合作而无竞争，也并非只有配合而无博弈。事实上，言语交际中交际者与受交际者的合作与竞争、博弈都是"司空见惯浑闲事"。在现实生活中，不仅升斗小民会为了鸡毛蒜皮之事而起口角，高高在上的政治家、道貌岸然的学者也会常常因为政见或观点的不同而大打口水仗。这些现象，其实都是言语博弈的表现。既然是言语博弈，那就有一个谁胜谁负的问题。如果博弈双方的主动者是交际者，那么被动者就是受交际者。交际者提出一个观点，或是说出一番指责受交际者的话，那么受交际者必然奋起而辩驳。

那么，受交际者怎么进行辩驳的呢？怎样的辩驳才算是具有"辩驳力"呢？对于前者，我们不能一概而论。因为怎样辩驳，是需要受交际者根据当时与交际者进行言语博弈的具体情况，根据交际者提出的观点或提出的指责予以分析后发挥创意造言的智慧，才能寻找到一个对症下药、有的放矢的有效辩驳策略，没有固定不变的辩驳模式。对于后者，即"辩驳力"的确认，我们认为是有确切标准的。这个标准就是看受交际者的辩驳有没有艺术性，能否以柔克刚，发挥"四两拨千斤"的效果。如果能达到这种境界，我们就认为他的言语博弈具有"辩驳力"；否则，像"泼妇骂街"式的辩驳，即使火力再猛，也算不得是有"辩驳力"的。例如：

> 孔文举年十岁，随父到洛。时李元礼有盛名，为司隶校尉，诣门者皆俊才清称及中表亲戚乃通。文举至门，谓吏曰："我是李府君亲。"既通，前坐。元礼问曰："君与仆有何亲？"对曰："昔先君仲尼与君先人伯阳有师资之尊，是仆与君奕世为通好也。"元礼及宾客莫不奇之。太中大夫陈韪后至，人以其语语之。韪曰："小时了了，大未必佳。"文举曰："想君小时，必当了了。"韪大踧踖。
>
> ——南朝·宋·刘义庆《世说新语·言语第二》

在上引这个故事中，少年孔融与太中大夫陈韪的言语博弈，就具有极强的"辩驳力"。正因为如此，才会作为文人佳话在《世说新语》中记载下来，千百年来一直为人们所津津乐道。太中大夫陈韪看到李元礼等当时士大夫上层人物都对早慧的孔融赞赏不已，就冷静地提出了自己的不同意见："小时了了，大未必佳"，即认为小孩子小时候太聪明，长大后未必有什么出息。客观地说，这话是说得非常中肯的，后来孔融被曹操所杀的悲惨结局也证明了陈韪是有先见之明的。但是，当时陈韪在与早慧的孔融进行言语博弈时，却是输家，而少年孔融则是赢家。对于陈韪明显不具友好意图的评价，孔融没有针锋相对地进行驳斥，而是顺着陈韪"小时了了，大未必佳"这句话的逻辑，以反转因果的方法，用同样的推理方式自然而然地推出了"想君小时，必当了了"的结论，意思是说，看陈韪现在这样没有出息，就知道他小时候是很聪明的。很明显，这是绕着弯子在骂陈韪老大而无成就。但是，由于孔融对陈韪批评语的回击与辩驳是以"折绕"的表达手法进行的，因此表意相当含蓄婉转。这样，在旁观者看来，孔融对陈韪批评语的辩驳（反批评）既有力地维护了他自己的人格尊严，又显得彬彬有礼，符合封建时代长幼人伦的道德规范。正因为如此，我们可以说孔融与陈韪的言语博弈具有极强的"辩驳力"。

所谓"沟通力"，是指交际者说写时有意识地使用一些特定的表达法（即修辞手法），顺畅地实现了与受交际者进行思想交流与情感沟通的预定目标任务。如果能臻至这一目标，我们就可据此认为当时交际者的言语交际是具有特殊效力的。这种特殊的语言效力，我们可以将之称为"沟通力"。

在言语交际中，"沟通力"应该是交际者追求的一个非常重要的指标。因为除了政治家、学者或社会各界名人所作的报告、演讲是单向的观点宣达之外，我们日常的言语交际都是双向互动的，交际者所要实现的预定言语交际目标是需要受交际者配合的。特别是交际者与受交际者之间交换看法、交流思想、沟通感情，更是一种双向互动的活动，一定是以"沟通力"为追求的主要目标的。值得指出的是，在言语交际中，要想保证思想感情交流或沟通的顺畅，亦即具有"沟通力"，交际者除了要有世情练达的社交能力外，还要有洞悉人心与创意造言的智慧，否则恐怕难以将话说到受交际者的心坎里，让受交际者在言语交际过程中欣悦地配合，从而顺畅地实现事务上或思想情感上的沟通。相对来说，事务性的沟通，"沟通力"的取得难度要小点，而思想与情感的交流与沟通，"沟通力"的取得就要难得多了。不过，如果真有创意造言的智慧，真有洞悉人心的敏锐性，思想或情感的沟通也可以是顺畅的，"沟通力"预定目标的实现也是有可能的。例如：

　　我与她曾八年同窗，此期间接触很少，相遇时也只打
个招呼，点点头。我们都很年轻，踌躇满志而又矜持骄傲。

　　后来，我们都踏上了工作岗位。时光悠然逝去，我成
了大小伙子。偶然的机会我得知她仍然是个老姑娘。于是
我冒昧给她去一封信：

　　小莉：你好！听说……对吗？若真的话，我想……

　　　　　　　　　　　　　　　　你的同学　萌雅

过了 15 天，我终于收到她的回信：

　　萌哥：您好！也听说……对吗？若是的话，我也
想……

　　　　　　　　　　　　　　　　你的小妹　莉

　　这就是我的初恋。

　　　　　　　——萌雅《初恋》，《月老报》1986 年第 16 期

　　上引这个故事，交际者（萌雅）与受交际者（小莉）是中学男
女同学。交际者听说受交际者毕业工作后多年尚未成家，仍是待字
闺中，于是就萌发了向受交际者求爱的念头。因为二人是同学关
系，太熟悉了，因此真的到了要表白感情的时候，交际者反而感到
为难了。最终，交际者选择了一个较为合适的沟通方式，那就是写
信。虽说写信表达感情不像面对面那样难以启齿，但交际者仍然觉
得难以下笔。之所以难以下笔，是因为交际者洞悉了受交际者的心
理，她是一个老姑娘，心理比较脆弱，对男女感情问题也比较敏
感。正是基于对受交际者心理状态的了解，所以交际者选择了一种
"留白"表达法，非常婉转地陈述了二人都是单身的现状，含而不
露地表达了自己希望与受交际者发展感情关系的愿望。由于交际者
对受交际者的心理状态把握得非常准确，创意造言富有智慧，给足
了受交际者面子，结果顺畅地与受交际者实现了心灵的沟通。十五
天后，受交际者仿照交际者的书信文本模式回了交际者一封信，一
切都尽在其中了，由此一桩甜蜜的爱情就此拉开了序幕。可见，交
际者（萌雅）与受交际者（小莉）的书信传情是极具"沟通力"

的。由此，也说明了上面我们所强调的两点："沟通力"的取得，既需要交际者有高度的创意造言的智慧，又需要交际者有洞悉人情世故的心智，二者缺一不可。

以上我们对"说明力"、"表达力"、"突破力"、"说服力"、"感染力"、"辩驳力"、"沟通力"等七种"语言力"都作了清楚的概念内涵界定，还有一个"理解力"在此也需要清楚地予以界定。

应该指出的是，"理解力"与上述七种"语言力"在本质上是不同的。因为上述七种"语言力"都是基于表达者（即交际者）的视点，是指交际者通过语言的创造性运用而产生的一种语言效力。而"理解力"则是站在接受者（即受交际者）的立场，是考察受交际者对交际者创意造言的努力而产生的某种语言效力的领悟与把握能力。正因为如此，我们可以对"理解力"作如下这样一个概念内涵界定。

所谓"理解力"，是指受交际者对于交际者为了实现达意传情的预定目标而运用某种表达法的意图能够准确解读并迅速予以回应的能力。从本质上说，"理解力"就是一种"语言能力"，就像一个人在一定的语言社会中成长，经过耳濡目染的"习得"过程，掌握某种语言一定的词汇与语法规则就能开口说话的"语言能力"一样。前文我们说过，语言是人类最重要的交际工具。以语言为工具而进行的言语交际，乃是一种双向互动的语言活动，包括交际者的表达与受交际者的接受两个方面。表达需要运用词汇与语法规则进行遣词造句，接受则需要对经由词汇与语法规则运用而产生的言语作品进行解读。遣词造句是通过语言"习得"而获得的一种"语言能力"，对他人遣词造句所产生的言语作品进行准确解读的"语言能力"，同样也是通过语言"习得"而获得的一种"语言能力"。不过，应该强调指出的是，遣词造句的"语言能力"与对他人遣词造句所产生的言语作品进行解读的"语言能力"（即上面我们所说的"理解力"）在"习得"方面是有差别的。遣词造句方面的"语言能力"的"习得"是较为简单的，属于低级的"语言能力"。之所以说它是较为简单的，是低级的，这是因为我们通过机械的学习就能获得。在现实生活中，我们经常看到，一个三四岁的孩子就能自如流利地遣词造句，基本意思的表达毫无问题。这就有力地说明了一个问题：学说话的"语言能力"是容易获得的；相反，在现实生活中，许多智商、知识水平非常高的成人在听别人说话时都有产生误解的时候。这又有力地说明了一个问题：听说话的"语言能力"（即"理解力"）是不容易学会的，至少可以说是不容易学好的。虽然"理解力"的获得不像遣词造句的"语言能力"那样简单，但并不是学不会、学不到的。事实上，只要我们平时加强学习，留心别人创意造言的技巧，熟练掌握一些言语交际中经常运用的表达手法，注意考察言语交际时特定的情境（包括言语交际的时间、地点、环境，参与方的知识背景、职业特点、心理状态等），就能准确把握交际者真正想要传达的情意，做个"善解人意"者，由此很好地与交际者进行互动，在言语交际中无往而不利。下面我们看一个现实的例证：

　　　人到了迟暮，如石火风灯，命在须臾，但是仍不喜欢别人预言他的大限。丘吉尔八十岁过生日，一位冒失的新闻记者有意讨好的说："丘吉尔先生，我今天非常高兴，希望我能再来参加你的九十岁的生日宴。"丘吉尔竖了一下眉毛说："小伙子，我看你身体满健康的，没有理由不能来参加我九十岁的宴会。"胡适之先生素来善于言词，有时也不免说溜了嘴，他六十八岁时候来台湾，在一次欢宴中遇到长他十几岁的齐如山先生，没话找话的说："齐先生，我看你活到九十岁决无问题。"齐先生愣了一下说："我倒有个故事，有一位矍铄老叟，人家恭维他可以活到一百岁，悠然作色曰：'我又不吃你的饭，你为什么限制我的寿数？'"胡先生急忙道歉："我说错了话。"

　　　　　　　　　　　　　　　　　　——梁实秋《年龄》

　　上引故事中，胡适恭维齐如山，说他活到九十岁绝无问题，这肯定是出于一番好意，是胡适有意亲近齐如山的表现。但是，齐如山对于生命有较高的期望值，觉得胡适是限制他的寿数，所以心生不满。不过，齐如山是个明白人，他知道胡适的话没有恶意，也知道胡适在学术界与社会上的名声与地位盖过自己很多，他无法直接发泄对胡适的不满，所以他选择运用了"讽喻"这一表达手法（根据说写时的情境临时编造一个故事寄托所要讽刺的意涵），讲了一个百岁老人做寿的故事。结果，故事还没讲完，胡适就急忙道歉了。那么，胡适为什么要道歉呢？因为他听懂了讲故事人（交际者）齐如山所讲故事的深刻含义，佩服他创意造言的智慧，既不露痕迹地表达了不满之情，又给自己留足了面子。所以，他能心悦诚服而又爽快地向齐如山道歉。这里，我们既可以看到交际者齐如山创意造言的智慧与表情达意的"语言力"，又能清楚地见到受交际者胡适敏捷的语言"理解力"。若要追究胡适为何具有如此敏捷的语言"理解力"的原因，主要有两个方面：一是胡适是大学问家，熟悉中国人自先秦以来就一直喜欢运用的"讽喻"表达手法，所以齐如山讲故事，他一听就懂；二是胡适是才思敏捷的人，善于分析言语交际的情境，所以他能结合齐如山的故事情境准确破译出其所讲故事的弦外之音。可见，语言"理解力"的获得既需要先天所赋予的领悟力，又需要后天的学习与修炼。

本丛书名曰"语言力"，包括《说明力》、《表达力》、《突破力》、《说服力》、《感染力》、《沟通力》、《辩驳力》和《理解力》八种。这套"语言力"丛书的写作，其意在于尽可能地发掘中国古哲今贤创意造言智慧的富矿，从中总结归纳出相关的规律，提供给广大读者参考，以期有效提升广大读者的"语言力"，使其在今后的言语交际活动中无往而不利。为了增强可读性，在本丛书的每一部中，笔者都努力在选材上做到经典性与生动性相结合，写作上努力在"化深奥为浅显"、"化平淡为生动"方面下功夫，希冀读者在获取知识、明白学理的同时获取一种阅读的审美享受。

吴礼权

2015 年 9 月 28 日于复旦大学

目　录

总　序 ……………………………………………………… （1）

第一章　绪　论 …………………………………………… （1）
　　一、突破力 ………………………………………… （1）
　　二、表达法 ………………………………………… （6）
　　三、突破力与表达法的关系 …………………………（13）
　　四、提升语言突破力的基本途径 ……………………（20）

第二章　出新意于法度之中 ………………………………（27）
　　一、扭断语法的脖子：列锦的突破力 ………………（28）
　　二、简约隽永之美：转品的突破力 …………………（62）
　　三、资源重组的价值：序换的突破力 ………………（75）
　　四、聚焦主旨，先声夺人：倒装的突破力 …………（89）

第三章　寄妙理于豪放之外 ………………………………（102）
　　一、柳暗花明又一村：别解的突破力 ………………（104）
　　二、顺水推舟：拈连的突破力 ………………………（122）
　　三、和而不同：同异的突破力 ………………………（138）
　　四、假作真来真亦假：倒反的突破力 ………………（150）

第四章　嬉笑怒骂，皆成文章 ……………………………（161）
　　一、夺他人之酒杯，浇心中之块垒：仿讽的突破力 …（162）
　　二、夫人变身如夫人：降用的突破力 ………………（174）
　　三、穿越时光隧道：移时的突破力 …………………（186）

1

四、声东击西：歧疑的突破力 ……………………（198）

五、一行白鹭上青天：旁逸的突破力 ……………（207）

参考文献 ………………………………………………（219）

后　记 …………………………………………………（222）

吴礼权主要学术论著一览 ……………………………（229）

第一章 绪 论

一、突破力

我们都知道，语言是一种社会现象，任何一种语言的语法规则与语义内涵，都是使用该语言的全体社会成员约定俗成的产物。因此，为了能够顺利地完成言语交际任务、传达信息、交流思想、沟通情感，使用该语言的所有社会成员都必须遵守该语言相关的语法规则，按照使用该语言的全体社会成员约定的语义内涵使用相关的词语。否则，各说各话，大家都不遵守既定的语法规则与语义内涵，势必就成了鸡同鸭讲，彼此都不知所云。如此，语言就难以发挥其作为人类最重要的交际工具的作用了。

以语言为工具进行交际，一般说来有三种境界。第一种境界是交际者（communicator）将所要表达的意思说得非常清楚、非常明白，没有任何歧义或丝毫的模糊，不会给受交际者（communicatee）造成困惑或误解。比方说，有人说："十二点了，我肚子饿了"，听话人马上就能明白他的意思：说话人是想吃饭了；第二种境界是将所要表达的意思说得生动形象、通俗易懂，或是让人觉得印象非常深刻。比方说，林语堂曾在台北的一个毕业典礼上讲话，批评在他之前讲话的各位长官演讲太冗长，说了一句名言："绅士的讲演，应当是像女人的裙子，越短越好。"这句话所要表达的真意是说："演讲应该简洁明了，冗长啰唆，只会招人厌弃。"由于说话人运用了比喻表达法，不仅表意显得生动形象，道理浅显易懂，而且，对他人的批评也显得婉转含蓄，充分体现了绅士风度。又比方说，李白曾有两句诗说："白发三千丈，缘愁似个长"，表达的是他怀才不遇的愤激之情，给人的印象特别深刻，读之令人情不自禁地为其一生不得志的遭遇而生发深切的同情。这是因为诗人运用了"夸张"表达法。如果不用"夸张"表达法，说成"白发三尺三，缘愁似个长"，虽然符合客观实际与逻辑情理，却不能感人深切；第三种境界是将所要表达的意思以一种艺术化的方式呈现，传递给接受者的不仅有情意，还有一种美感或是情感愉悦。

第一种境界，只要交际者具备基本的语言运用能力和逻辑思维能力，会娴熟地运用相关语法规则，懂得逻辑推理的基本格式，就能将心中所思、所想清楚明白地表达出来，让受交际者有一个清楚的了解。也许有人会认为，"讲清楚"、"说明白"在言语交际中是不需要什么努力就能做到的，算不上是一种言语表达的高境界。其实不然。在现实生活中，我们常常可以看到有些人言不达意，甚至言不由衷。心里想的说不出来，或是心里想的是这个意思，说出来的却是另一个意思。这就是"讲不清楚"、"说不明白"的表现。所以，我们认为，"讲清楚"、"说明白"也是一种很高的言语表达境界。臻至这种境界，需要交际者有一定的"说明力"，即基本的语言运用能力与逻辑思维能力。

第二种境界，则需要交际者有相当好的语言修养，具备创意造言的智慧与建构修辞文本的技巧。唯有如此，才能将所要展露的情感圆满地予以呈现，将所要阐明的道理说得浅显易懂，将所描绘的情景表现得生动形象，将所要强调的语意予以突出强化，从而给接受者留下深刻的印象。臻至这种境界，则需要交际者具备一定的"表达力"。本丛书有一本叫《表达力》，就是专门讨论这个方面的。

第三种境界，则不仅需要交际者有良好的"说明力"，还要在具备"表达力"的基础上展现其"突破力"。

所谓"突破力"，是特指说写表达中交际者突破遣词造句的常规语法范式或是约定俗成的语义规约所创造出来的一种异乎寻常的语言效力。这种语言效力，源自交际者创意造言的智慧，源于交际者情意表达的艺术化呈现，它传递给接受者的不仅有情意，还有一种美感或情感愉悦。

从理论上说，语言作为人类一种最重要的交际工具，其基本功能就是传达信息、沟通情感、交流思想，只要我们在言语交际中将所要传达的信息、所要沟通的情感、所要交流的思想"讲清楚"、"说明白"，也就够了。也就是说，在言语交际中，交际者只要具备了一定的"说明力"就可以了。那么，为什么在实际语言生活中，交际者还要追求"表达力"与"突破力"呢？

这是因为，一方面，人是情感动物，有喜、怒、哀、乐等情绪，有爱、恶、欲、求等心理；另一方面，人是社会的人，而非孤立的人，每个人都是某一特定社会群体中的一员。因此，作为言语交际的主体，每个人以语言为工具进行交际时，就不可能由着自己的性子，随着自己的喜、怒、哀、乐等情绪，遂行自己的爱、恶、欲、求等心理而有什么说什么、有什么写什么，而是必须抑制自己的情感，调整个人的情绪，充分考虑受交际者的情感，甚至是迎合受交际者的心理，选择应该怎么说，怎么写。当他想宣泄自己喜、怒、哀、乐等情绪时，就必须考虑到受交际者的感受与心理，控制好自己的情绪，选择恰当的表达方式，将某种情感平和含蓄地表达出来，而不能只顾自己说得畅快、写得痛快；当他想向他人传达某种信息时，就必须考虑受交际者的接受能力，选择受交际者能听得懂、看得懂的表达方式，将所要传达的信息清楚明白地传递给受交际者，而不能自说自话，视对方为无物；当他与他人交换意见、交流思想时，必须考虑受交际者的思想状况，有的放矢，选择恰当的表达方式，将所要交流的思想、观点或主张表达出来，说服受交际者欣然接受，而不能强人所难。

言语交际之所以要考虑表达方式，要考虑受交际者的情感与心理，这与言语交际的功能有直接关系。我们都知道，只要是一个正常人，他的言语就不可能是自说自话，而是"有所为而为"，即有特定的交际目标。而要实现其特定的交际目标，就必须有受交际者的配合。说得通俗点，就是说，交际者怎么说、怎么写，当然都可以；但是，受交际者是否乐于接受，这是受交际者的事，不是由交际者说了算的。要想让受交际者欣然接受，并产生思想或情感共鸣，就要看交际者是否具有创意造言的智慧，言语表达是否有突破力，能否深切扣动受交际者心弦，令其产生深切的感动，或带给受交际者以某种审美享受或情感愉悦。例如，写游子在异乡的孤寂之情几乎是中国文学特别是古代诗词的"母题"。正因为如此，中国古代诗词中有关这方面的名句也就特别多。如唐人诗句中，就有诸如："长江悲已滞，万里念将归。况属高风晚，山山黄叶飞"（王勃《山中》），"二月江南花满枝，他乡寒食远堪悲"（孟云卿《寒食》），"孤灯然客梦，寒杵捣乡愁"（岑参《宿关西客舍寄东山严许二山人时天宝初七月初三日在内学见有高道举征》），"故山归梦远，新风客愁新"（钱起《长安落第作》），"关门不锁寒溪水，一夜潺湲送客愁"（李涉《再宿武关》），"花近高楼伤客心，万方多难此登临"（杜甫《登楼》），"万里悲秋常作客，百年多病独登台"（杜甫《登高》），"还家万里梦，为客五更愁"（张谓《同王征君湘中有怀》），"独在异乡为异客，每逢佳节倍思亲"（王维《九月九日忆山东兄弟》），"今夜月明人尽望，不知秋思落谁家"（王建《十五日夜望月寄杜郎中》），"举头望明月，低头思故乡"（李白《静夜思》），"日暮乡关何处是，烟波江上使人愁"（崔颢《黄鹤楼》），"外地见花终寂寞，异乡闻乐更凄凉"（韦庄《思归》），"乡心正无限，一雁度南楼"（赵嘏《寒塘》），"乡泪客中尽，孤帆天际看"（孟浩然《早寒江上有怀》），"移舟泊烟渚，日暮客愁新"（孟浩然《宿建德江》），"行人无限秋风思，隔水青山似故乡"（戴叔伦《题稚川山水》），"一夕高楼月，万里故园心"（白居易《江楼闻砧》），"月落乌啼霜满天，江枫渔火对愁眠"（张继《枫桥夜泊》）等。宋、金、元、明诗人的作品中同样也有这类名句，如："无端一夜空阶雨，滴破思乡万里心"（宋·张咏《雨夜》），"萧萧梧叶送寒声，江上秋风动客情"（宋·叶绍翁《夜书所见》），"野岸柳黄霜正白，五更惊破客愁眠"（宋·欧阳修《沐河闻雁》），"醉梦入江南，杨花数千里"（宋·严参《看雪》），"新诗淡似鹅黄酒，归思浓如鸭绿江"（金·完颜寿《思归》），"自叹不如华表鹤，故乡常在白云中"（金·高士谈《晚登辽海亭》），"书生半醉思南土，一曲灯前唱鹧鸪"（元·杨允孚《滦京杂咏》），"万山秋叶下，独坐一灯深"（明·何景明《十四夜》）等。清人纳兰性德《长相思》词有"风一更，雪一更，聒碎乡心梦不成，故园无此声"这样的句子，也是写异乡孤寂之情。以上这些诗句，虽然都道出了人类共同的恋乡思乡情感，都有打动人心的力量，不过，按照上面我们所说的言语表达的三种境界，上面所列举的诸多名句，都只是属于第一种境界或是第二种境界，尚未进入第三种境界。比方说，唐代诗人王维的诗句"独在异乡为异客，每逢佳节倍思亲"（《九月九日忆山东兄弟》），无论是知名度，还是千百年来被人们引用的频率，都是很高的。但是，就言语表达本身来看，它并没有突破汉语语法既有的规则与范式，也未悖逆正常的逻辑思维定势，仍是中规中矩的遣词造句。也就是说，它没有体现出什么创意造言的智慧或曰技巧。因此，它所臻至的只是言语表达的第一种境界，即"讲清楚"、"说明白"的境界，体现出的是"说明力"，而非"表达力"与"突破力"。上引诸多诗句，实际都与王维的这两句诗相似。它们之所以能成为千古名句，事实上只是因为诗人们（交际者）将人类共同的羁旅乡思情感体验"讲清楚"、"说明白"了，让人有一种"心有戚戚焉"而已。至于唐人李涉《再宿武关》诗中"关门不锁寒溪水，一夜潺湲送客愁"二句，则算是达到了言语表达的第二种境界。因为这两句诗运用了"拟人"修辞法，不仅清楚地交代了诗人乡思深切、夜不能眠的事实，而且形象地再现了诗人"独在异乡为异客"的孤寂之情，读之令人印象深刻，具有深切感人的力量，具备了我们上面所说的"表达力"。

应该说，上面我们所列举的名句，都有感人的力量，但大多与李涉的诗句相似，只具有程度不等的"表达力"，还说不上具有"突破力"。在表达乡思离愁的孤寂之情方面，真正具有"突破力"的，最有名也最为人所熟知的，便是元代作家马致远的《天净沙·秋思》："枯藤老树昏鸦，小桥流水人家，古道西风瘦马。夕阳西下，断肠人在天涯。"这首小曲不仅真切地写出了漂泊他乡的游子孤寂无助的心情，而且还别具一种凄美动人的意境，画面感十分鲜明，语义张力特别大。因此，它给予接受者的不仅有情意，还有一种审美享受。这便是我们上面所说的"突破力"。那么，这首小曲为什么会具有超越"说明力"与"表达力"的"突破力"呢？这是因为作者在表达游子背井离乡的孤寂之情时运用了一种独特的表达法：列锦。"枯藤老树昏鸦，小桥流水人家，古道西风瘦马"三句，每一句都没有一个动词，也没有一个介词、连词等其他虚词，纯粹以名词连续铺排的形式构句。三句共九个名词依次排比，虽然从构句上看不符合汉语语法规范，却使语义表达的张力大大扩张。三个名词铺排句就像三个经过剪辑处理过的电影镜头，构成了一幅无限凄凉的秋日画卷，营造出一种令人无限感伤的意境，以画面呈现的形式将游子漂泊异乡的孤寂之情形象生动地再现出来。正因为有此三个名词铺排句构成的画卷作铺垫，所以，后两句直白的主旨说明："夕阳西下，断肠人在天涯"，才会有撼动人心的力量。可见，列锦表达法的运用是马致远作品具有"突破力"的关键。

二、表达法

所谓"表达法"，乃是"一种为了达到某种特定表达效果而对语言资源进行合理有效调配的语言运用模式。它既是一种语言运用的策略，也是一种行之有效的修辞方式"[①]。

表达法，是人们在长期语言实践中创造出来的，是语言随着社会的发展而发展的产物。每一种民族语言都有一定数量的表达法，其中，有些表达法是人类各种语言所共用的表达法，如比喻、比拟、引用等，汉语中有，英语、德语、法语和日语等其他各种语言中也都有。有些表达法则可能是某种民族语言所特有的，比方说析字表达法，只在汉语中有（日语中也有"米寿"、"白寿"等词汇，

[①] 吴礼权：《表达力》，台湾商务印书馆 2011 年版，第 3 页。

也属于"析字",那是因为日语使用了汉字的缘故),其他民族语言中都不可能出现。因为这种表达法与汉字是表意文字的性质有关,与汉字形体可以自由拆分与组合的特点有关。如汉末孔融《离合作郡姓名字诗》:

> 渔父屈节,水潜匿方。与时进止,出寺弛张。吕公矶钓,阖口渭旁。九域有圣,无土不王。好是正直,女固子臧。海外有截,隼逝鹰扬。六翮将奋,羽仪未彰。龙蛇之蛰,俾它可忘。玟璇隐曜,美玉韬光。无名无誉,放言深藏。按辔安行,谁谓路长。

这首诗共二十二句、八十八个字,其所要表达的意思,根据宋人叶梦得的研究与解说,只是为了离合出"鲁国孔融文举"这六个字。① 这种"析字"表达法的运用,虽然明显带有文字游戏的意味,却突显出表达者锐意创新的努力与汉字本身可以大做文章的潜质。应该说,"析字"表达法的创造,乃是深深植根于汉语、汉字这一肥沃的土壤之中的。如果没有汉语、汉字,这种表达法就无由产生。正因为如此,"析字"虽带有一定的游戏意味,却在汉语发展中始终保持着旺盛的生命力。甚至在特定语境下,还有超乎寻常的语言效力,如宋人黄庭坚《两同心》词有曰:

> 你共人,女边着子。争知我,门里挑心。

这四句词,是"写一个女子不满男子与别的女人相好而郁闷的心情"②。但词人却没有直白本意,而是以"析字"表达法替女子代言,婉约含蓄地倾诉了其内心的苦闷之情。因为"女边著子",即"好"字,乃合"女"、"子"二字而成;而"门里挑心",则为

---

① 陈望道:《修辞学发凡》,上海教育出版社 1997 年版,第 147 页。
② 吴礼权:《现代汉语修辞学》(修订版),复旦大学出版社 2012 年版,第 261 页。

"闷"字，是合"门"、"心"二字而成。合二句而成意，即谓："你背情与别的女人相好，教我如何不郁闷。"这样的表达，可谓婉转含蓄，怨而不怒，最能体现中国传统诗教"温柔敦厚"的要求。

又如南朝宋人刘义庆《世说新语·捷悟》有曰：

> 杨德祖为魏武主簿，时作相国门。始构榱桷，魏武自出看，使人题门作"活"字，便去。杨见，即令坏之。既竟，曰："门中活，阔字，王正嫌门大也。"

这段文字，说的是杨修与曹操斗智的故事。杨修奉曹操之命监修相国门，门快造好时，曹操前往视察，觉得门造得太大，过于招摇，遂令杨修重建。但是，曹操命令杨修重建却没有明言，而是在造好的相国门上题了一个"活"字。杨修思而得其意，立即让人拆了重修。曹操对杨修监造相国门的工作表示不满，既没有明言批评，也没明言下令重修，但杨修却心领神会，迅速替他完成了任务。这是因为，交际者曹操是个聪明人，受交际者杨修也是一个聪明人。曹操创造性运用"析字"表达法，给足了杨修面子，杨修迅速解读出曹操"析字"表达法的真意而予以默契配合。结果，主宾皆欢喜。也因为如此，二人的这一言语交际才成为千古传诵的文坛佳话。

再如清代词人褚人获的《坚瓠集》卷二"巧对"里有这样一段文字：

> 有三女而通于一人者，色美而才。事发到官，出一对云："三女为奸（姦），二女皆从长女起。"一女对云："五人张伞（傘），四人全仗大人遮。"官薄惩之。

这则故事，说的是中国古代有三个女子不守妇人之德，大家通同一气与同一个男子私通。东窗事发后，被移送官府依法追究刑责。三个女子到案后，问案的官老爷见了她们，却并未像人们想象的那样，惊堂木一拍，大声喝问道："你们三人共通一男，伤风败俗，何人为首？"而是像不经意般自言自语道："三女为奸，二女皆从长女起。"当大家还在感到困惑时，其中的一个女子早已应声回答道："五人张伞，四人全仗大人遮"。结果，问案的官老爷听了非常高兴，遂大事化小，小事化了，对三个犯案女子略为批评教育了几句，就赦免了她们的罪行，让她们回家了。那么，这样一桩在中国古代性质非常严重的伤风败俗之罪，问案官老爷怎么就这样处理了呢？犯案的三个女子怎么就能这样被轻易地免罪了呢？究其原因，只是因为问案的官老爷询问案由不直说，而是运用了"析字"表达法，通过汉语"奸（姦）"字的离合，以陈述句"三女为奸，二女皆从长女起"来代替疑问句"你们三人作奸犯科，何人为首"，既展露了才学，又展示了风雅。而那个回话的女子则如法炮制，也以"析字"表达法表意，通过离合汉语"伞（傘）"字，同时关合官老爷的话做成了一个下联："五人张伞，四人全仗大人遮"，在"不著一字"的情况下，含蓄地向官老爷求了饶、认了罪。问案官老爷喜欢炫才示雅，而回话女子则也有才可炫、有雅可示，双方一拍即合，彼此就成了知音。试想，这怎能不让官老爷法外施恩呢？

如果要说"析字"表达法特殊的语言效力，其实，远不止如上所说的几个方面。下面我们不妨再看几个例子。南朝宋人刘义庆《世说新语·简傲》中记有这样一则故事：

> 嵇康与吕安善，每一相思，千里命驾。安后来，值康
> 不在，喜出户延之。不入，题门上作"凤（鳳）"字而去。
> 喜不觉，犹以为欣，故作。"凤（鳳）"字，凡鸟也。

这段文字，说的是三国魏末名士吕安（三国魏镇北将军、冀州牧吕昭次子）与当时文坛巨子嵇康相善。吕安非常重视与嵇康的友情，每当想念嵇康时，就不远千里，驱车命驾，前往造访。有一次，吕安赶到嵇康府上时，正好嵇康出门了。嵇康的兄长嵇喜见吕安远道而来，连忙出门相迎。可是，吕安听说嵇康不在家，就不肯

进门。临走时，在嵇府门上题了"凤"字而去。嵇喜见吕安题"凤"字于门上，以为是在赞扬他为人中之凤，于是大喜。后来，嵇喜才知道，原来吕安不是赞扬他，而是在骂他，说他不及其弟嵇康，只是一只"凡鸟"而已，所以，他不肯应嵇喜之邀而入嵇府稍坐。我们都知道，骂人不好，文人乃是雅士，当然更不应该骂人。可是，吕安骂嵇喜，《世说新语》却将之作为文坛佳话予以记载，这是因为吕安骂人有水平，骂得典雅，骂得风趣。之所以显得典雅，显得风趣，乃是因为吕安题字运用的是"析字"表达法，是就"凤（鳳）"字形体做文章，即将"鳳"字离析为"凡"、"鳥"来骂人。类似的例子，在汉末民谣中也有。如《后汉书·五行志一》记载的一则民谣说："千里草，何青青；十日卜，不得生"，后有按语说："千里草为董，十日卜为卓"，这明显也是运用了"析字"表达法，意思是诅咒奸臣董卓祸国殃民，活不了十天。

"析字"表达法除了用来不着痕迹地骂人外，在中国古代还被用作为某些政治目的造势或寻找天意根据的语言效力。如《三国志·魏书·文帝纪》有记载说：

> 易运期谶曰："言居东，西有午，两日并光日居下。其为主，反为辅。五八四十，黄气受，真人出。"言午，许字。两日，昌字。汉当以许亡，魏当以许昌。今际会之期在许，是其大效也。易运期又曰："'鬼在山，禾女连，王天下。'臣闻帝王者，五行之精；易姓之符，代兴之会，以七百二十年为一轨。有德者过之，至于八百，无德者不及，至四百载。是以周家八百六十七年，夏家四百数十年，汉行夏正，迄今四百二十六岁。又高祖受命，数虽起乙未，然其兆徵始于获麟。获麟以来七百余年，天之历数将以尽终。帝王之兴，不常一姓……"

这段文字记载，说的是"曹丕取汉而代之的依据。其中'言居东，西有午，两日并光日居下'，是以析字的方法合'言'、'午'

为'许'，合两'日'为'昌'，含蓄地道出以许昌为政治中心（也就是以曹氏为中心）的天意。'鬼在山，禾女连，王天下'，也是析字。合'鬼'、'禾'、'女'而成'魏'，直言不讳地宣扬'魏王当坐天下'的意旨"①。这是典型的利用"析字"表达法而进行其政治图谋的表现。类似的情况，在其他朝代也有。如唐末诗人皮日休的《打油诗》："欲知圣人姓，田八二十一。欲知圣人名，果头三曲律"，也是非常明显地以"析字"表达法遂行其政治图谋的例子。因为"田八二十一"，合的是"黄"字；"果头三曲律"，合的是"巢"字。因此，"整首诗的意思就是一句话：'黄巢是圣人。'言外之意就是：'既然黄巢是圣人出世，那我们大家就拥戴他，跟他一起造反吧。'虽是赤裸裸地宣扬造反，但因运用了析字手法，表意含蓄，且耐人寻味，所以就易于传播，成为黄巢造反的最佳广告文宣"②。

其实，"析字"表达法，在中国古代不仅可以在实现阴谋家的政治权谋中发挥作用，而且，还可以作为对政敌进行政治迫害与打击的工具。如《新唐书·裴度传》有这样一段文字记载：

> 宝历二年，度请入朝，逢吉党大惧，权舆作伪谣云："非衣小儿坦其腹，天上有口被驱逐。"以度平元济也。都城东西冈六，民间以为乾数，而度第平乐里，直第五冈。权舆乃言："度名应图谶，第据冈原，不召而来，其意可见。"欲以倾度。天子独能明其诬，诏复使辅政。

这段史实，说的是唐朝后期名相裴度在唐宪宗时替朝廷平定淮西节度使吴元济叛乱，对维护唐朝中央政府的权威立下巨功。但到唐穆宗时，却被李逢吉设计排斥外迁，李逢吉反而入朝为相。唐穆宗暴疾而亡后，唐敬宗即位。裴度要求入朝觐见，李逢吉惧怕裴度

---

① 吴礼权：《现代汉语修辞学》（修订版），复旦大学出版社 2012 年版，第 263 页。
② 吴礼权：《现代汉语修辞学》（修订版），复旦大学出版社 2012 年版，第 263 ~ 264 页。

得到唐敬宗的信任而得势，因而深感不安。为了阻止裴度入朝觐见唐敬宗，李逢吉遂阴结张权舆，令其作谶言伪谣而欲离间唐敬宗与裴度的君臣关系，以左右唐敬宗的决策。幸亏唐敬宗颇为圣明，识破了李逢吉的险恶用心，力排众议，诏令裴度再度入朝为相，主持朝政。上引张权舆诬陷裴度的谶言伪谣："非衣小儿坦其腹，天上有口被驱逐"，运用的也是"析字"表达法，"离析裴度之姓为'非'、'衣'，离析淮西节度使吴元济之姓为'天'、'口'，意在告知唐敬宗，裴度虽然平定割据藩镇的乱臣吴元济有功，但并非出于国家利益，而是私人恩怨"①。很明显，这是典型的以"析字"表达法进行政治斗争的例子。

除了上述诸多方面外，在中国古代，"析字"表达法还有一种独特的语言效力，就是用以"阐发表达者的学术思想或政治理念"②。如汉朝董仲舒《春秋繁露·天道无二第五十一》有曰：

> 是故古之人，物而书文，心止于一中者，谓之忠；持二中者，谓之患；患，人之中不一者也。不一者，故患之所由生也。是故君子贱二而贵一。人庸无善，善不一，故不足以立身；治庸无常？常不一，故不足以致功。诗云："上帝临汝，无二尔心。"知天道者之言也。

董仲舒上述这段话对"忠"、"患"二字义的解说，运用的也是"析字"表达法，其意是要阐发他宣扬的哲学思想。与此相类的，还有《左传·宣公十二年》记楚庄王对"武"字的解说（楚子曰："非尔所知也。夫文，止戈为武。"），也是"析字"表达法的运用，意在通过离析"武"字的字形阐明其政治与军事观点。"虽然从纯文字学的观点来说，'止戈为武'式的解释也许不足为凭，但从修辞的角度看，以'析字'的方法推阐自己的观点，也不失为一种很

---

① 吴礼权：《现代汉语修辞学》（修订版），复旦大学出版社 2012 年版，第 264 页。
② 吴礼权：《现代汉语修辞学》（修订版），复旦大学出版社 2012 年版，第 264 页。

有创意的表达方式"①，能发挥其他表达法难以企及的语言效力。

除了"析字"，汉语中还有很多独特的表达法，也都是汉民族人在长期的语言实践中创造出来并经由无数人运用而逐渐稳固下来的。例如，我们在《表达力》一书所说到的"回环"表达法、"错综"表达法、"双关"表达法、"藏词"表达法、"顶真"表达法、"叠字"表达法等，都是汉语所特有的表达法。至于中国古代诗、词、曲等韵文中最常用的"对偶"表达法、"协韵"表达法，虽不能说为汉语所独有，但至少在其他语言中运用没有汉语这样频繁，而且有自己的特点。以上这些表达法，我们在《表达力》一书中都详细论述过，它们在言语交际中所发挥出来的独特的语言效力也是有目共睹的，兹不赘述。

本书所说的表达法，主要是指与言语交际的"突破力"相关的表达法。具体说来，主要有"列锦"表达法、"转品"表达法、"序换"表达法、"倒装"表达法、"别解"表达法、"拈连"表达法、"同异"表达法、"倒反"表达法、"仿讽"表达法、"降用"表达法、"移时"表达法、"歧疑"表达法、"旁逸"表达法等。这些表达法，因其突破了汉语遣词造句的常规语法范式或是约定俗成的语义规约，因此，在言语交际中都能产生超乎寻常的语言效力，不仅能有效地将所要表达的情意传递给受交际者，而且，还能给受交际者一种美感经验或某种情感愉悦。

三、突破力与表达法的关系

在《表达力》一书中，我们曾经说过，"特定的'表达力'是通过特定的'表达法'才能获得的。也就是说，'表达力'与'表达法'之间存在着一定的对应关系，虽'无一定之律，而有一定之妙'"②。同时，我们也曾明确指出，一般说来，能够臻至"含不尽

---

① 吴礼权：《现代汉语修辞学》（修订版），复旦大学出版社 2012 年版，第 264 页。
② 吴礼权：《表达力》，台湾商务印书馆 2011 年版，第 6 页。

之意，见于言外"境界，具有"婉约蕴藉"表达力的，主要对应
"双关"、"折绕"、"讳饰"、"藏词"、"留白"、"用典"、"推避"、
"讽喻"、"镶嵌"、"析字"等表达法；能够臻至"状难写之景，如
在目前"境界，具有"传神生动"表达力的，大体说来，主要对应
"比喻"、"比拟"、"摹状"、"示现"、"飞白"等表达法；能够臻至
"整而不滞，错综灵动"境界，具有"视听美感"表达力的，主要
对应"对偶"、"排比"、"回环"、"错综"等表达法；能够臻至
"发蕴飞滞，披瞽骇聋"境界，具有"强化印象"表达力的，则主
要对应"夸张"、"反复"、"设问"、"精细"、"层递"、"异语"等
表达法。①

其实，本书所说的"突破力"，情况亦然。根据研究与分析，
我们认为，特定的"突破力"也是需要通过某些特定的"表达法"
才能获得的。也就是说，"突破力"与"表达法"之间也存在着一
定的对应关系。根据我们的观察，能够臻至"出新意于法度之中"
境界，具有"新异灵动"突破力的，一般说来，主要对应于"列
锦"、"转品"、"序换"、"倒装"等表达法；能够臻至"寄妙理于
豪放之外"境界，具有"出人意表"突破力的，主要对应于"别
解"、"拈连"、"同异"、"倒反"等表达法；能够臻至"嬉笑怒骂，
皆成文章"境界，具有"幽默风趣"突破力的，主要对应于"仿
讽"、"降用"、"移时"、"歧疑"、"旁逸"等表达法。

不过，应该指出的是，上面我们所说的"突破力"与"表达
法"之间的对应关系只是相对的，而非绝对的。也就是说，这种对
应关系是就一般情形而言的，并非说除了上述几种表达法之外，就
没有别的表达法也具有突破力。事实证明，语言运用是一种创造性
的活动，也是一种非常复杂的思维活动。交际者的语言运用之妙，
往往存乎一心，很难一概而论。因此，在实际言语交际中，上述对
应关系就会出现一些例外。下面我们先来看一个例子：

---

① 吴礼权：《表达力》，台湾商务印书馆 2011 年版，第 6 页。

　　汽车夫把私带的东西安置了，入座开车。这辆车久历风尘，该庆古稀高寿，可是抗战时期，未便退休。机器是没有脾气癖性的，而这辆车倚老卖老，修炼成桀骜不驯、怪僻难测的性格，有时标劲像大官僚，有时别扭像小女郎，汽车夫那些粗人休想驾驭了解。它开动之际，前头咳嗽，后面泄气，于是掀身一跳，跳得乘客东倒西撞，齐声叫唤，孙小姐从座位上滑下来，鸿渐碰痛了头，辛楣差一点向后跌在那女人身上。这车声威大震，一口气走了二十里，忽然要休息了，汽车夫强它继续前进。如是者四五次，这车觉悟今天不是逍遥散步，可以随意流连，原来真得走路，前面路还走不完呢！它生气不肯走了，汽车夫只好下车，向车头疏通了好一会，在路旁拾了一团烂泥，请它享用，它喝了酒似的，欹斜摇摆地缓行着。每逢它不肯走，汽车夫就破口臭骂，此刻骂得更利害了。骂来骂去，只有一个意思：汽车夫愿意跟汽车的母亲和祖母发生肉体恋爱。骂的话虽然欠缺变化，骂的力气愈来愈足。

——钱钟书《围城》

　　这段文字，是写小说主人公赵辛楣、方鸿渐等一行五人从上海前往国立三闾大学路上所乘汽车的状况。这个故事情节，若是放在一般作家笔下，可能只要这样几句话就干净利落了："这辆汽车太过破旧，性能很不稳定，开起来状况不断，汽车夫只得开开修修，气得破口骂娘。"真的这样写，倒也简洁明了。不过，就文字的表达效果看，就平淡得如同一杯白开水，毫无韵味可言了。要想让读者继续读下去，恐怕很难；要想带给读者一种愉悦的审美享受与美好的阅读体验，恐怕更是不可能了。

　　钱钟书的高明之处在于，他懂得小说语言不同于记叙文，不能只在"讲清楚"、"说明白"的"说明力"层次上用力，还必须在追求"表达力"与"突破力"上努力。为了使小说语言表达鲜活生动，使故事情节显得血肉丰满，让读者一读便会历久难忘，作者运用了三种表达法。"一是比拟，将无生命的汽车当作有性格、有情感、有脾气的人来写：'这辆车久历风尘，该庆古稀高寿'、'而这辆车倚老卖老，修炼成桀骜不驯、怪僻难测的性格'、'前头咳嗽，后面泄气，于是掀身一跳'、'这车声威大震，一口气走了二十里，忽然要休息了'、'这车觉悟今天不是逍遥散步，可以随意流连，原来真得走路'、'它生气不肯走了'、'请它享用，它喝了酒似的，敧斜摇摆地缓行着'。二是比喻，写汽车性能不稳的样子是'有时标劲像大官僚，有时别扭像小女郎'。这些比拟、比喻策略的运用，使本来平淡的汽车性能不稳、破烂不堪的情状鲜活生动，意趣横生，令人拍案叫绝。三是折绕，将汽车夫骂汽车的粗话折绕地写成：'汽车夫愿意跟汽车的母亲和祖母发生肉体恋爱'，含蓄蕴藉，而又幽默诙谐，令人忍俊不禁。"①

　　前文我们已经说过，"比喻"表达法与"比拟"表达法一般都具有形象生动的表达效果。上引文字之所以读起来形象生动，趣味横生，就是因为有"比喻"与"比拟"两种表达法的运用，所以才有"传神生动"的"表达力"产生。除此之外，上引文字还给读者留下另一种阅读感受——幽默风趣，油然而生一种愉悦的审美享受。这是为什么呢？主要是因为上引文字中还运用到另一种表达法"折绕"。所谓"汽车夫愿意跟汽车的母亲和祖母发生肉体恋爱"，其意就是中国人爱骂的"三字经"。由于作者是采取迂回曲折的方式来表述"三字经"的内涵，所以，表意上就显得含蓄典雅，有余味曲包的韵味。同时，"肉体恋爱"的新异表述别具创意造言的智慧，读之让人油然而生一种大出意料的惊喜，不经意间便收获到一份轻松愉悦的阅读审美体验。可见，"折绕"表达法的运用在这里已经突破了"表达力"的层次，而进入到了"突破力"的境界。

　　其实，不仅是"折绕"表达法与"表达力"在对应关系上有例外，其他表达法也有突破对应关系的例外情况。下面我们来看一则有关清华大学校长梅贻琦妙语生花的故事：

----

① 吴礼权：《语言策略秀》（修订版），暨南大学出版社 2013 年版，第 12 页。

　　梅贻琦任清华大学校长的时间很长，而清华大学从1911年开办起，大约换了十几任校长，有的只做了几个月，有的还没到任就被学生抵制掉了。

　　有人问梅贻琦："怎么你做了这么多年？"

　　梅贻琦答道："大家倒这个，倒那个，就是没有人愿意倒霉（梅）吧！"

　　　　　　——明山、舒志编《好口才——交际口才365》

　　说起清华大学，或是清华大学校长梅贻琦，海峡两岸的中国人都耳熟能详。清华大学，今日已是名闻遐迩的学校。1949年后分居于内地北京的清华大学与台湾新竹的清华大学，今日也都是海峡两岸莘莘学子所向往的高等学府。但是，了解清华大学历史者皆知，清华大学的创建乃是国耻的产物。它的前身是清华学校，开办于1911年。1925年起才逐步改制成大学，并于1928年正式纳归国立大学。老报人徐铸成在《旧清华的生活片断》中记述说，清华大学是"用美国'退还'庚子赔款的一部分作为基金而创办的。所以，它不归教育部而归外交部领导，董事会的董事有一半是美国人"。"作为留美的预备学校，不仅课程要衔接美国的大学，生活上也要竭力'学习'美国的生活方式。"

　　清华大学是中国大学史上的奇迹，清华大学校长梅贻琦则是中国现代教育史上的传奇人物。今天在内地的许多教育界人士一谈到大学教育，都会脱口而出引用到一句名言："所谓大学者，非谓有大楼之谓也，有大师之谓也。"说出这句名言的，就是清华大学校长梅贻琦。梅贻琦1914年自美国学成回到清华以后，一直服务于清华大学。1928年任代理校长，1931年正式担任校长，连任十七年，是清华大学历史上少见的"终身校长"。也许有人会由此推测，认为清华大学校长职位稳定，是个轻松的职位。其实，情况恰恰相反。清华大学因为特殊的背景，所采用的乃美国式教育模式。因此，清华大学校长的推选与任命模式，跟当时其他国立大学完全不同。清华大学校长不好当，乃是当时教育界人士与清华人的共识。

曾经就读于清华大学、后来成为中国现代新闻史上著名报人的徐铸成先生（曾任《大公报》和《文汇报》主笔、总编）就曾著文谈到这一点：

> 1928 年，国民党的势力到了北京，蒋、冯、阎、李（宗仁）四"巨头"碧云寺祭灵，象征着国民党"团结"的顶峰，也成为新军阀分裂、混战的起点。……不久，南京派了与 CC 有关的"人才"吴南轩当清华校长，显然想抢这块地盘和肥肉，学生会表示拒绝，教授会不予合作。他不顾一切，到校"视事"，好不容易大约维持了半年，只能夹着尾巴滚了。记得他走后，清华学生会还在北京报上登载一个广告，大意是这样写的："吴南轩先生鉴：台端不告离校，许多手续尚未办清，如台端亲手向本校图书馆借阅的初刊珍本附图的《金瓶梅》全套，迄今尚未归还，望即来校清理。"这个不大不小的玩笑，开得可谓"谑而虐"矣。
>
> 国民党的党棍们还不甘心，接着派了罗家伦接任清华校长，想以罗的"五四健将"的声望，压住清华的阵脚。但学生并不买这笔账，继续坚决反对；罗大约做了一年的校长，也不得不铩羽而去，被调任为南京中大校长。从此，直到解放，清华一直由梅月涵先生任校长，在此以前，他曾长期任教务长，是一个纯然的学者。
>
> ——《罗家伦与吴南轩》，见于《旧闻杂忆》一书①

从清华学子徐铸成的这段回忆文字，就可推知当年做清华大学校长之不易的情状了。既然清华大学校长不好做，吴南轩与罗家伦这两位时代风云人物挟国民政府之任命尚镇不住清华师生，结果都

---

① 引者按：此文说法有讹误。罗家伦是 1928 年 8 月任清华大学首任校长，吴南轩于 1931 年 4 月继任其后。

落荒而逃，那么梅贻琦区区一书生何以能连任清华校长那么长时间而不鞠躬下台呢？这自然会引起人们的好奇。最后，终于有人忍不住了，就问起了梅贻琦这个问题："怎么你做了这么多年？"这个问题虽然问得唐突，也不够礼貌，却问得不无道理，因为人人都想知道其中的答案，一抒心中的不解。然而，"这个有道理且人人想知道答案的问题却是不易回答的'烫手山芋'，接不好，但又推不掉。如果梅贻琦很认真地介绍他做校长的经验，不但几句话说不清，而且显得过于骄傲了，给人不谦虚的感觉，而这种感觉恰恰是中国人最忌讳的，因为中国人历来是视谦虚为美德，《尚书》中早就说过：'满招损，谦受益。'如果一个大学校长连这个都不懂，那他在人们心目中是个什么形象呢？还不被认为是个自高自大的狂徒？即使他再有能耐，他的这种德行也让人打心眼里反感了。如果梅贻琦谦虚地说：自己运气好。那别人又觉得他这个人不实在，有点不够诚实"①。除此，还有一种办法，就是笑而不答，或是说"无可奉告"。不过，那样会给人一种玩神秘或搞外交的感觉。这对于一个大学校长来说，也是不恰当的。事实上，梅贻琦没有采用上述诸种方法回答问题，而是以"双关"表达法，"运用'因地制宜，就地取材'的策略，利用自己的姓氏把这个问题巧妙地给化解了：'大家倒这个，倒那个，就是没有人愿意倒霉（梅）吧！'由'倒人'及于'倒霉'，并通过谐音双关的表达策略，由'梅'与'霉'的同音关系，表面说的是'倒霉'，实际关涉的是'倒梅'，从而婉转表达出这样的意思：倒梅某人就好比倒霉，没人想干。不是我梅某人有什么特别的能耐，别人倒不了，而是别人不想倒我而已。表意婉转，态度谦虚，语言又别具风趣，巧妙地解答了用正常语言表达难以解答的问题"②。

前面我们说过，"双关"表达法对应的是"婉约蕴藉"的表达

① 吴礼权：《能说会道：说话的艺术》（修订版），暨南大学出版社 2014 年版，第 52 页。

② 吴礼权：《能说会道：说话的艺术》（修订版），暨南大学出版社 2014 年版，第 52～53 页。

力，但是，这里梅贻琦的回答却别具一种幽默风趣的效果，已经进入了"突破力"的层次。因为梅贻琦运用"双关"表达法，不仅巧妙地回复了提问者的问题，而且通过自我解嘲的幽默，化严肃为轻松，让人有一种轻松愉悦的感受，在会心一笑中领略到其人格的魅力。这里，我们可以再次见到"表达法"与"突破力"之间的对应关系是相对的，而非绝对的。

正因为本书所论述的表达法与突破力之间对应关系只是相对的，而非绝对的，因此，我们在实际的语言实践中，就应该依托特定的情境大胆地创造，而不必拘泥于本书所说的那几种突破力与表达法之间的对应关系。否则，便会"胶柱鼓瑟"，陷入不可自拔的泥沼之中。只要掌握"无一定之律，而有一定之妙"的原则，就一定能够在修辞文本创造中如鱼得水，游刃有余，使自己的言语表达具有突破力。

四、提升语言突破力的基本途径

一般说来，"只要是一个正常人，他/她都能用语言或文字（文字是语言的记录符号）传达出自己的思想，与人进行沟通交流，表达情感、情绪。但是，有正常语言能力的人，并不都是有语言表达力的人。有的人笨口拙舌，常常言不达意，结果在社会生活中处处碰壁，一生困顿。而有的人则伶牙俐齿，见人说人话，见鬼说鬼话，八面玲珑，行走于社会中春风得意，飞黄腾达。可见，有语言能力并不意味着有语言表达力"[1]。

同样，有语言"表达力"的人，也未必都具备语言"突破力"。在现实生活中，我们经常看到很多人都能熟练运用比喻、比拟、夸张等许多常见的表达法来表情达意，甚至一些小孩子也会运用一些表达法来表达自己的所见、所思。比方说，一个小孩子对他妈妈说："妈妈，今天我跟爸爸去了南京路步行街，那里人山人海，真

---

[1]　吴礼权：《表达力》，台湾商务印书馆2011年版，第8页。

热闹啊!"这是运用了比喻表达法,表达了孩子对他当日参观上海南京路步行街的感受,表意很清楚,情感很真切,给其母亲的印象也很鲜明。因此,我们可以说,这个孩子的话具有一定的"表达力"。但是,我们不能说这孩子的话具有"突破力"。道理很简单,孩子的话只是清楚地表达了自己的强烈感受,让其母亲留下了深刻印象,却并没有让其母亲在了解其感受之外获取到某种审美享受或是一份愉悦的情感体验。但是,同样是运用比喻表达法,有些人所建构的比喻文本,则完全不同,既有"表达力",也具有"突破力"。如:

> 尼克松一次问周恩来总理:"总理阁下,中国好,林彪为什么往苏联跑?"
>
> 周恩来回答:"这不奇怪。大自然好,苍蝇还是要往厕所跑嘛!"
>
> ——段名贵编《名人的幽默》

这段文字,说的虽然是四十多年前的故事,但是,只要是在20世纪60年代出生的人,大概都能读懂这则故事,并知道故事的背景。上例中美国总统尼克松提到的林彪,在20世纪60年代与70年代可是个非常了不得的历史人物。"特别是在'文化大革命'时期,他可谓是中国红极一时的人物,是中共中央副主席、中央军委副主席、国防部长,而且是被写进中共党章中的党的接班人。可是,他并不甘心久居'一人之下,万人之上'的现有地位。'文革'中他同陈伯达等结成以他为首的政治利益集团,并勾结江青为代表的另一政治利益集团,阴谋夺取中共中央和国家的最高权力。1971年9月8日,利用手中所掌握的国家军队大权,下达武装政变口令,妄图谋害毛泽东,另立中央。阴谋败露后,与其妻叶群、其子林立果等仓皇乘飞机出逃苏联,结果机毁人亡,葬身于蒙古的温都尔汗。

林彪叛党、叛国的事件，不仅震惊了全中国，也震惊了全世界。"①
然而，林彪事件刚刚过去几个月，1972 年 2 月，美国第 37 任总统
理查德·米尔豪斯·尼克松（Richard Milhous Nixon，1913—1994）
为了抗衡当时世界的另一霸主苏联，冲破重重阻力，以秘密的方式
飞抵中国内地访问，为日后中美关系正常化打开了一扇门。尼克松
来华后，先后与中国领导人毛泽东、周恩来进行了会见并谈判，最
后中美两国发表了《上海联合公报》，由此开启了中美两国关系正
常化外交的艰难历程。虽然尼克松是为改善中美关系而来，但是中
美两国意识形态上的分歧是不可能因为要共同抗衡苏联而得到弥合
的。因此，尼克松当时访华自然不会放过林彪事件来与中共领导人
过招。应该说，以林彪当时在中共乃至中国的特殊地位而突然叛逃
苏联，这件事无论是对中国人民来说，还是对西方国家来说，都是
不可理解的，自然更是中国政府在国际上难以解释清楚的。偏偏这
样一个难题，尼克松在访华期间却"哪壶不开提哪壶"，在与中国
领导人周恩来的会谈时特意拿出来为难周恩来总理。很明显，尼克
松重提林彪事件是别有用心的，是他出于意识形态作怪的心理和作
为资本主义大国政治家的一种政治算计。他问："总理阁下，中国
好，林彪为什么往苏联跑？"表面看，似乎只是出于好奇而提了一
个问题，实际上"内有深刻的含义，意思是说：'既然中国的社会
主义那么好，林彪那样的高官就不应该逃往苏联的'"②。因此，尼
克松提出这个问题，"事实上就是要拿林彪叛逃一事来以偏概全地
否定中国的社会主义制度和中国共产党政府，要出中国政府的丑。
因此，尼克松的这个问题，搁谁都难以回答。如果你从政治路线上
的分歧去回答，很难对一个不了解中国政治情况的美国总统说清
楚；如果不回答，他会作出很多有关中共内部斗争等无端的猜测。
再说，你真的不回答问题，一来显得不礼貌，尼克松能够冲破国内

① 吴礼权：《能说会道：说话的艺术》（修订版），暨南大学出版社 2014 年版，第
28 页。
② 吴礼权：《能说会道：说话的艺术》（修订版），暨南大学出版社 2014 年版，第
29 页。

那么大的阻力，以秘密的方式飞抵中国访问，中国的总理却以不回答问题的方式待客，似乎不合外交礼仪；二来还可能让尼克松觉得中共内部真有什么见不得人的内幕。但是，要老老实实、一本正经地回答这个问题，又是不易让尼克松明白清楚的。毕竟中美由于意识形态上的差异和美国对中国共产党政权的偏见，双方在政治、思想、理念等方面本来就没有什么共识或共同语言"[1]。

事实上，尼克松这个刁钻的政治难题没有难倒语言与外交天才周恩来。对于尼克松一本正经的提问，他只以一个十分巧妙的比喻一句带过："这不奇怪。大自然好，苍蝇还是要往厕所跑嘛!"通过引类搭挂、借此喻彼的策略，将"中国比作美好的大自然，把林彪比作苍蝇，把与中国对立的苏联（当时称为苏修）比作厕所，说林彪叛离中国、逃往苏联就像是苍蝇不喜欢美好的大自然而喜欢污秽的厕所一样，比得新颖独特，而又机趣幽默，使崇尚幽默的美国人不得不佩服；同时，在比喻中又不着痕迹地夸赞了中国社会主义好，贬斥了霸权主义与大国沙文主义的苏联，把林彪的人格也贬得一文不值。这样，既荡开了政治或意识形态问题，又可以活跃外交气氛，体现新中国领导人的外交风采，让尼克松不得不佩服他的政治对手，不得不正视与中国改善关系并共同抑制苏联霸权主义的战略意义"[2]。

前文我们说过，比喻表达法是一个人人都会运用的表达法，甚至连小孩子运用起来也很娴熟。那么，为什么周恩来回答美国总统尼克松提问时运用"比喻"表达法建构的上述一个比喻修辞文本就那么有魅力而被传为佳话呢？其实，其中的道理很简单。周恩来的这个比喻之所以高妙，成为外交史上的经典修辞文本，乃是因为周恩来设喻新颖，创意造言极具智慧，将"林彪爱苏联"（比喻的"本体"）与"苍蝇爱厕所"（比喻的"喻体"）匹配到一起，虽大

---

① 吴礼权：《能说会道：说话的艺术》（修订版），暨南大学出版社 2014 年版，第 29 页。

② 吴礼权：《能说会道：说话的艺术》（修订版），暨南大学出版社 2014 年版，第 29 页。

出人意料之外，但仔细回味却又在人意料之中，因此，尼克松听了不仅哑口无言，而且打心眼里佩服周恩来的机智与幽默，从而在外交博弈中获取到一份意外的审美愉悦。可见，周恩来虽然运用的是平常的"比喻"表达法，却收获了超越"表达力"的"突破力"。

上面的例子说明，与"表达力"存在对应关系的一些表达法运用得有创意，都能取得超乎"表达力"之外的"突破力"，那么本书所论述的那些与"突破力"存在直接对应关系的表达法又是如何呢？下面我们不妨先来看一个例子。

网络上曾有人伪造了一首诗，嫁名宋代大诗人陆游。其诗名曰《卧春》，全文如下：

> 黯梅幽闻花，卧枝伤恨底。遥闻卧似水，易透达春绿。岸似绿，岸似透绿，岸似透黛绿。

这首伪造的陆游诗，从内容上看是写诗人对于春天的喜爱之情，所写的意境还真有些韵味。这本来已经非常不简单了，可是这位伪造者（其实就是一个修辞者）又在此基础上对假诗进行翻新改造，通过"仿讽"（谐音仿讽）的方式创造出这样一则在网络上广为流传的笑话：说有一个山东籍的语文老师给学生朗读上引这首陆游的《卧春》诗，让学生听读默写，结果有一个学生默写的文字如下：

> 俺没有文化，我智商很低。要问我是谁，一头大蠢驴。俺是驴，俺是头驴，俺是头呆驴。①

这首诗是以方言谐音为手段而创造出来的一个修辞文本，是仿讽表达法的创造性运用。因为仿讽表达法原本只有仿词、仿语、仿

---

① http://blog.sina.com.cn/s/blog_4a1893200100a3p2.html.

句、仿篇（或曰"仿调"）等四种情况①，从语音的角度予以仿拟则是没有的。这是现代网民的创造，它既清楚地昭示了语言是随着社会的发展而发展的规律，又说明了作为修辞格的"表达法"是语言运用的产物，在语言运用中会有所发展变化，而并非一成不变。上引这个"谐音仿讽"文本，事实上就是现代语言运用中网民创意造言的结果，表现出了高度的文本创造智慧，读来幽默机智，令人忍俊不禁，不得不佩服其创意造言的智慧。很明显，这种表达效力是一般表达法所不能企及的。因为这个文本不仅深刻揭示了语文教学中方言的使用问题，而且还带给读者一种轻松愉悦的审美体验，早已超越简单的表情达意层次，也不仅仅只是生动形象，而是进入到了具有审美价值的"突破力"境界。

下面我们再来看一例与"突破力"有直接对应关系的"别解"表达法的运用效果。

三十年代，有一回上海艺文界的名流在国际饭店宴请张大千，稔知他最爱听梅兰芳唱戏，特地邀请梅兰芳作陪。入席时，大家公推张大千坐首席，再三恭请。

"大千先生，您是主客，理应坐首席，这个位子您如果不坐，还有谁能坐呢？"

大师面露诡谲的神情，莞尔一笑：

"梅先生是君子，理应坐在首位；我是小人，该当叨陪末座。"

几句话使众人莫名其妙，当下都愣在现场。梅兰芳很不好意思地赔笑道：

"张大师，今天是上海艺文界合请您，在下奉命来作陪，颇感光荣，何来'君子'、'小人'？请不吝指教！"

大千先生好整以暇，从容不迫地说：

"不是有句话'君子动口，小人动手'吗？您唱得一

---

① 吴礼权：《现代汉语修辞学》（修订版），复旦大学出版社 2012 年版，第 208 页。

口好戏，誉满天下！我只不过动手画几笔画而已。所以特
地要请您君子上坐，让我小人动手执壶！"

　　一席话使众人恍然大悟，宾主开怀，于是请梅张二位
并排上坐。

——沈谦《张大千小人执壶》

　　上引这则文字，说的是国画大师张大千幽默机智的故事。众所
周知，中国自古以来便号称礼仪之邦，凡事都要讲究礼节。饮食文
化是中国文化的一大特色，自然在饭桌上也就少不了排座次的礼
节。除此，中国文化还有一个特色，就是提倡谦让。正因为有这么
多的文化特点，便有了上面故事中国画大师张大千与京剧大师梅兰
芳酒席上互让主宾座次的情节发生。应该说，酒席上互相谦让主宾
座次，在中国乃是司空见惯的事，大家都不以为意了。那么，为什
么张大千与梅兰芳互相谦让主宾座次会在艺文界被传为佳话呢？究
其原因，并非因为这互相谦让的主角是名人，而是因为其中的一个
主角张大千的一席话巧妙地运用了"别解"表达法，通过对"君子
动口，小人动手"这一汉语习用语固有内涵颠覆性的别解、曲解，
在自嘲自贬中让在座嘉宾情绪心理上一起一落，"失之于期待，得
之于意外"，从而产生了一种意想不到的语言效力，让大家觉得幽
默风趣，不经意间便收获了一种轻松愉悦的审美体验。这种审美体
验，便是超越语言表情达意"表达力"之上的"突破力"。

　　汉语有悠久的历史，汉语修辞也有悠久的历史。数千年来，中
国无数贤哲在追求语言表达"突破力"方面进行过不懈的努力，积
累了丰富的创意造言智慧，由此形成了许多有效的表达法。只要我
们认真汲取先贤前哲创意造言的经验，努力在追求"突破力"上用
心尽力，并有意识地借鉴本书所提供的范本，研究不同表达法与
"突破力"之间的关系，那么就会有效提升自己言语交际中的语言
突破力。这几个方面，应该可以作为提升我们语言突破力的有效
途径。

第二章　出新意于法度之中

　　前面我们说过，语言是一种社会现象，也是人类最重要的交际工具。因此，语言表达就需要有一定的规范，否则，语言就不能充当人类传递信息、交流思想、沟通情感的交际工具。我们都知道，每一种语言都有自己特定的"语法"，汉语有汉语的语法，英语有英语的语法，俄语有俄语的语法。之所以需要语法，目的就是要建立一种语言表达规范，让某一社会团体的全体成员遵守，这样，大家才能以语言为工具，相互传情达意或交流信息。用语言作工具来传情达意或交流信息，在人类的初始阶段可能并不需要特别讲究（那时语言很简单，人类的思维也不够发达），可是人类发展到了一定阶段，随着人类思维的发展、社会生活的丰富，语言也会随之发展变化，除了词汇日益丰富外，语法也会日益严密，形成一定的规范。语法严密是好事，形成规范也是必要的，因为这有助于人们准确地表情达意或交流信息。但是，语法不能就此固定不变，规范也不能永久不移，因为语言是发展变化的。除此之外，人们在使用某种语言进行表达时，还会考虑表达效果问题，这就出现了语言表达的创新。这种语言表达的创新，就是我们今天所说的修辞。严格地说，一种语言之所以要建立语法规范，那是因为人们在语言表达时需要有"法"可依，即以约定俗成的语言表达模式让人们彼此能够顺利地实现思想情感或信息的交流；而一种语言的语法规范之所以会被突破，那是人们语言表达锐意创新的结果，即修辞的产物。语法要求人们遵守语法规范，修辞则强调突破语法规范。遵守语法规范的结果，保证了人们的交际能够顺利进行；突破语法规范的结果，促使语言发展变化，充满活力。

　　挣脱旧有框框的束缚，打破既有规范的格局，这是人类潜在的本性。因为有此本性，人类才有破旧立新的冲动，人类社会才因之而有发展。语言的发展规律亦然。我们用语言表情达意或交流信息时，总是有一种锐意创新的冲动。为什么会有这种冲动呢？因为，想使我们的语言表达具有突破力，或是给人留下深刻印象，或是产生幽默生动的效果。如果按照既有的语法规范，老老实实地说、写，可能意思表达清楚了，却产生不了什么特殊的效果，也就是没有什么突破力。可是，如果完全挣脱既有语法规范的束缚，过分地强调创意造言，则又势必因为语言表达的"个性化"色彩过浓而影响交际（即接受者看不懂或听不懂）。为此，就需要我们在语言表达中寻求一种平衡：一方面遵守既有的语法基本规范与语义解释模式，另一方面又突破旧有的框框而"无中生有"，即"出新意于法度之中"，从而保证在完成传情达意的交际任务的同时，给接受者以深刻的印象或最大的审美愉悦。

那么，如何实现"出新意于法度之中"的目标，充分展现语言的突破力，使传情达意的效果最大化呢？就汉语而言，以下几种表达法庶几及此矣。

一、扭断语法的脖子：列锦的突破力

提升语言的突破力（特别是文学作品语言的突破力），实现"出新意于法度之中"的目标，在汉语中有很多表达法可以及此。其中，有一种表达法以往人们不太注意，却深具魅力，这便是"列锦"表达法。

所谓"列锦"表达法，是指一种"以名词或以名词为中心的定名短语，组合成一种多列项的特殊的非主谓句，用来写景抒情，叙事述怀"①的语言表达方法。这种表达法，既与汉语语法注重"意合"的特点契合，又体现了挣脱语法规范、锐意创新的倾向，增加了语言表达的张力，真正是"出新意于法度之中"的修辞创造。以这种方法

---

① 谭永祥：《汉语修辞美学》，北京语言学院出版社 1992 年版，第 224 页。

建构的文本，我们将之称为"列锦"修辞文本。以"列锦"表达法建构起的修辞文本，虽然从语法上分析不合乎正常的汉语语法规范，却有其产生与存在的心理学依据。关于这一点，笔者曾作过专门阐释："修辞文本建构者之所以会将一组名词或名词性短语堆叠起来写景抒情、叙事述怀，是基于一种接近联想的心理机制。一般说来，构成'列锦'修辞文本的各名词或名词性短语，它们所表示的都是在时空上相互接近、毗邻的事物。修辞者（表达者）由于当前刺激物同记忆中事物之间在空间或时间上相互毗邻、接近，便在经验上将之联结起来，由一种事物联想到其他与之相邻近的事物。这样，便有了堆叠一组表示在时空上相互毗邻、接近的事物的名词或名词性词组而成的'列锦'修辞文本。"① 这种文本，"由于突破了常规的汉语句法结构模式，各名词或名词性短语之间的语法或逻辑联系没有明显地标示出来，因而从表达的角度看，增加了语言表达的张力，使表达者所建构的修辞文本更具丰富性、形象性、深邃性；从接受者的角度看，由于修辞文本隐去了各名词或名词性短语之间的语法或逻辑联系标识，这就给接受者的解读文本增加了难度，但同时，也由于表达者在语言文字上没有明确限死各语言组成成分之间的关系，这就给接受者在解读文本时以更大、更多的自由想象或联想的空间，从而获得更大、更多的文本解读的快慰与审美情趣"②。

正因为"列锦"表达法有存在的学理依据，且具有非常特殊的语言突破力，所以，它有悠久的历史。早在三千多年前的《诗经》中便有了"列锦"表达法的原始形态："喓喓草虫，趯趯阜螽"（《国风·召南·草虫》）。到了汉代诗歌中，这种列锦形态就非常普遍了。如：

青青河畔草，郁郁园中柳。

——汉·无名氏《古诗十九首·青青河畔草》

---

① 吴礼权：《修辞心理学》（修订版），暨南大学出版社 2013 年版，第 43 页。
② 吴礼权：《修辞心理学》（修订版），暨南大学出版社 2013 年版，第 43 页。

青青陵上柏，磊磊涧中石。

————汉·无名氏《古诗十九首·青青河畔草》

岩岩山上亭，皎皎云间星。

————汉乐府古辞《长歌行》

到了魏晋时代，这种形态的"列锦"则更加普遍。如：

青青子衿，悠悠我心。

————汉·曹操《短歌行》

郁郁河边树，青青野田草。

————三国魏·曹丕《见挽船士兄弟辞别诗》

青青河边草，悠悠万里道。

————晋·傅玄《青青河边草篇》

这些例子，都与汉代诗歌中的列锦表达法如出一辙。南北朝时期，列锦表达法的运用进一步发展，而且出现了新的形态。① "魏晋时期，在'列锦'模式上基本没有什么变化，只是沿袭继承的性质。如果说有什么变化，那就是两汉时期创造的列锦基本模式在诗歌中运用得更多一些，不像两汉时期那样零星。南北朝时期，列锦在表现形式上，既明显地继承沿袭了两汉魏晋时期的基本模式，也有明显的创新模式产生。这种新模式的特点是，基本保持两汉魏晋时期的典型模式不变，只是并列对峙的两句不再以叠字领起。而且这种模式的运用在南北朝时期数量颇大，表现出其已成为主流的趋势。如：'青槐金陵陌，丹毂贵游士'（南朝梁·沈约《长安有狭斜行》）、'杂色昆仑水，泓澄龙首渠'（南朝梁·简文帝萧纲《玩汉水诗》）等，都是南北朝时期新创的列锦新模式。"② 到了初唐，列

————————————

① 吴礼权：《南北朝时代列锦修辞格的转型与发展》，《楚雄师范学院学报》2009年第8期。

② 吴礼权：《从〈全唐诗〉的考察看盛唐"列锦"辞格的发展演变状况》，《阜阳师范学院学报》（社会科学版）2010年第1期。

锦表达法的结构形态"除了继承两汉魏晋时期的基本类型与南北朝时期的新创类型外，续有创新的模式出现。概括一下，主要有六种新模式：①两个'偏正式复合名词（或名词短语）＋偏正式复合名词（或名词短语）'形式的短句并列对峙而成列锦。如：'冀马楼兰将，燕犀上谷兵'（虞世南《从军行二首》）、'赤土流星剑，乌号明月弓'（杨炯《送刘校书从军》）等，即是。②两个'名词＋偏正式名词短语'形式的短句并列对峙而成列锦。如：'杜若幽庭草，芙蓉曲沼花'（杜审言《和韦承庆过义阳公主山池五首》之三），即是。③两个'偏正式复合名词＋偏正式复合名词＋名词'形式的短句并列对峙而成列锦。如'繁花明月柳，疏蕊落风梅'（骆宾王《游兖部逢孔君自卫来欣然相遇若旧》），即是。④两个'名词＋名词＋偏正式名词短语'形式的短句并列对峙而成列锦。如：'风云洛阳道，花月茂陵田'（卢照邻《哭明堂裴主簿》），即是。⑤毗邻成对的二句中有一句是'列锦'的模式。如：'青田白鹤丹山凤，婺女姮娥两相送'（张柬之《东飞伯劳歌》）的前一句，'红粉青娥映楚云，桃花马上石榴裙'（杜审言《戏赠赵使君美人》）的后一句，即是。⑥由三个以上的名词短语并列对峙而构成短语句群的'列锦'模式。如：'石榴酒，葡萄浆。兰桂芳，茱萸香'（苏绾《倡女行》），即是。"[1] 至于盛唐至晚唐，列锦的结构形态"与初唐时期的情况大体相似，只是其中稍有一些变化"[2]。甚至到五代时期，列锦的结构形态仍然沿袭初唐时期的模式。[3] 唐、五代以后的宋、元、明、清等各个时期的格律诗中，列锦表达法的运用仍然很活跃，赓续不绝。宋词诗中的"列锦"，如：

---

① 吴礼权：《从〈全唐诗〉的考察看盛唐"列锦"辞格的发展演变状况》，《阜阳师范学院学报》（社会科学版）2010 年第 1 期。

② 吴礼权：《从〈全唐诗〉的考察看盛唐"列锦"辞格的发展演变状况》，《阜阳师范学院学报》（社会科学版）2010 年第 1 期。

③ 吴礼权：《从〈全唐诗〉所存录五代诗的考察看"列锦"辞格发展演进之状况》，《湖南科技大学学报》（社会科学版）2010 年第 1 期。

梨花院落溶溶月，柳絮池塘淡淡风。

————晏殊《无题》

疏烟明月树，微雨落花村。

————余靖《子规》

西风酒旗市，细雨菊花天。

————欧阳修《秋怀》

元诗中的"列锦"，如：

蹻蹻荒邮路，悠悠远道情。

————倪瓒《荒村》

牡丹红豆艳春天，檀板朱丝锦色笺。

————戴表元《感旧歌者》

累累花下坟，郁郁茔西树。

————傅若金《悼亡四首》之二

明诗中的"列锦"，如：

萧萧林樾风，泫泫幽篁露。

————许继《夜坐》

杜曲梨花杯上雪，灞陵芳草梦中烟。

————唐寅《怅怅词》

暮雨帆樯江上舟，夕阳帘栊江上楼。

————何景明《秋江词》

至于词、曲中的列锦表达法运用，则更是司空见惯。唐、五代开始，词中的"列锦"运用就很普遍。[①] 唐词中的"列锦"，如：

---

① 吴礼权：《从〈全唐诗〉所录唐及五代词的考察看"列锦"辞格发展演进之状况》，《楚雄师范学院学报》2010 年第 1 期。

西风残照，汉家陵阙。

——李白《忆秦娥》

缥缈云间质，盈盈波上身。

——唐昭宗《巫山一段云》之一

梧桐树，三更雨。

——温庭筠《更漏子》

青草湖边草色，飞猿岭上猿声。

——王建《江南三台词》四首之二

五代词中的"列锦"，如：

渺莽云水，惆怅暮帆。

——张泌《河传》

残灯孤枕梦，轻浪五更风。

——徐昌图《临江仙》

九回肠，双脸泪，夕阳天。

——冯延巳《酒泉子》

四十年来家国，三千里地江山。

——李煜《破阵子》

很明显，以上诸例都是典型的列锦表达法的运用。至于宋、元、明、清各时期的词作中，"列锦"表达法的运用也是常态。

至于元曲中的"列锦"表达法运用，人们耳熟能详的莫过于马致远的《天净沙·秋思》："枯藤老树昏鸦，小桥流水人家，古道西风瘦马。"其实，在元曲中，诸如此类的"列锦"是非常多的。不说元曲的著名作家，就是一般作家，其作品中也是时常有很多精彩的"列锦"文本。如：

晓梦歌钟，高城草木，废沼荒台。

——卢挚《双调·蟾宫曲·宣城怀古》

五柳庄瓷瓯瓦钵,七里滩雨笠烟蓑。

      ——卢挚《双调·蟾宫曲·箕山感怀》

溟海星槎,清秋月窟,流水天台。

      ——卢挚《双调·蟾宫曲·广帅饯别席
     上赠歌者江云》

古道西风,荒丛细水,老树苍苔。

      ——卢挚《双调·蟾宫曲·云台醉归》

  卢挚在元曲作家中并不算闻名者,但其作品中的"列锦"表达法都运用得如此炉火纯青,其他著名作家的"列锦"文本建构水平如何则可以想见。

  现代诗中的"列锦"表达法运用,虽然没有古诗或格律诗中那样常见,但也时见其矫健的身影。如现代诗人阎振甲的诗歌《惊蛰雨·地头饭》,有云:

> 饭罐馍篮菜碗
> 草地野花石板
> 大人孩子围一圈
> 农忙时节顾不得回村
> 家家田头——野餐

  诗的前二行是由六个偏正结构的复合名词并置,其间没有虚词的连缀,明显属于列锦文本。因为它与后三行在语法结构上无关,语义上也相对独立。六个名词短语就好像是六个电影分镜头,如何组合成画面,有阅读者自由想象的空间,由此也提升了诗的审美价值空间。

  不仅现代诗中有列锦表达法的运用,甚至在一些现代散文或小说中也能看到"列锦"的身影。如碧野的散文名篇《天山景物记》中有一个小标题是:

雪峰·溪流·森林·野花

　　四个名词并置，就像四个电影分镜头组合在一起，令人对新疆天山美丽的景物有无限的遐想。台湾作家陈幸蕙有篇散文，题曰"春雨·古宅·念珠"，用的也是同样的方法，皆是"列锦"修辞文本。

　　小说中也时有"列锦"表达法的运用。如王蒙的小说《相见时难》开头的一段文字，就是大量使用"列锦"表达法的典型：

　　　　世界最大的航空港之一——芝加哥机场。名目繁多的航空公司，各霸一方而又联营。荧光屏幕上密密麻麻的飞机起飞时刻表和飞机抵达时刻表，绿光闪烁。候机楼里的茶，咖啡，可口可乐，橙子汁，番茄汁，三明治，热狗，汉堡包，意大利煎饼，生菜色拉，熏鱼，金发的白人与银发的黑人，巴黎香水与南非豆蔻，登机前的长吻。女士们，先生们，飞行号数633……

　　这段文字以大量的名词或偏正结构的名词短语一口气铺排而下，生动地再现了美国芝加哥国际机场繁忙而繁杂的生动景象，让人回味，让人遐想，有一种身临其境之感。

　　既然"列锦"表达法在汉语发展史上有着悠久的历史，我们的先人和前哲在此方面又有着丰富的实践经验，那么，下面我们不妨着重分析几例古今的列锦修辞文本，看看"列锦"表达法究竟有怎样独特的突破力而让我们的前贤与先哲如此迷恋。

　　（一）迢迢牵牛星，皎皎河汉女：痴情人的守望

　　　　迢迢牵牛星，皎皎河汉女。
　　　　纤纤擢素手，札札弄机杼。
　　　　终日不成章，泣涕零如雨。
　　　　河汉清且浅，相去复几许？

盈盈一水间，脉脉不得语。

——汉·无名氏《古诗十九首·迢迢牵牛星》

现在的中国年轻人，一到每年的 2 月 14 日，都在过西方的情人节（Valentine's Day）。这里既有赶时髦、追时尚的因素，也有寻找借口而纵情声色之意味。因为西方的风气比较开放，男女关系也不必那么严守"一对一"的原则。"情人"既可以是指恋人，也可以包括夫妇之外的另一个或几个男女。因此，西方的情人节是比较浪漫的，是男女挣脱社会伦理约束、动物本性大解放的狂欢节。林语堂先生曾在巴西某次集会上说过一句名言："世界大同的理想生活，就是住在英国的乡村，屋子里安装有美国的水电煤气等管子，有个中国的厨子，有个日本太太，再有一个法国的情妇。"虽然这是一则幽默大师的笑话，但从具有西方教育背景并深谙西方文明的林语堂嘴里说出来，可以由此窥知西方人的爱情观。

西方人的爱情观是开放的，这是众所周知的；中国人的爱情观是专一的，婚姻强调"从一而终"，这也是人所共知的。正因为如此，也就决定了西方的情人节是男女纵情狂欢的时刻，而中国本土的情人节则是男女相恋相爱的温馨一刻，但在古代则是有情人"相见时难别亦难"的凄切缠绵之时。

上引《迢迢牵牛星》一诗，写的就是中国古代男女相爱而难以团圆的凄楚情怀。虽然它表面是写神话传说中的牛郎与织女隔天河而不得见的苦楚，实际上折射的却是人间无数有情人难成眷属的情感苦痛。特别是诗的开头两句"迢迢牵牛星，皎皎河汉女"，凌空起势，一开始就牢牢地抓住了读者的心。袁行霈先生曾指出："此诗写天上的一对夫妇牵牛和织女，视点却在地上，是以第三者的眼睛观察他们夫妇的离别之苦。开头两句分别从两处落笔，言牵牛曰'迢迢'，状织女曰'皎皎'。迢迢、皎皎，互文见义，不可执着。牵牛何尝不皎皎，织女又何尝不迢迢呢？他们都是那样的遥远，又是那样的明亮。但以迢迢属之牵牛，则很容易让人联想到远在他乡的游子，而以皎皎属之织女，则很容易让人联想到女性的美。如此说来，似乎又不能互换了。如果因为是互文，而改为'皎皎牵牛星，迢迢河汉女'，其意趣就减去了一半。诗歌语言的微妙于此则可见一斑。称织女为'河汉女'是为了凑成三个音节，而又避免用'织女星'三字。上句已用了'牵牛星'，下句再说'织女星'，既不押韵，又显得单调。'河汉女'就活脱多了。'河汉女'的意思是银河边上的那个女子，这说法更容易让人联想到一个真实的女人，而忽略了她本是一颗星。不知作者写诗时是否有这番苦心，反正写法不同，艺术效果迥异。总之，'迢迢牵牛星，皎皎河汉女'这十个字的安排，可以说是最巧妙的安排而又具有最浑成的效果。"[①]

"迢迢牵牛星，皎皎河汉女"，作为诗篇的起首两句，确实由于"迢迢"与"皎皎"分居二句恰到好处，以此将"互文"与"叠字"两种修辞手法巧妙地融为一体，从而获致上述表达效果。除此，我们还应看到这二句之所以历来为人称道的更深一层的缘由，这就是"迢迢牵牛星，皎皎河汉女"本身是一个"列锦"修辞文本。两句都是由两个偏正结构的名词短语构成，前句以"牵牛星"为中心语，"迢迢"作为修饰语予以映衬；后句以"河汉女"为中心语，"皎皎"是修饰语。由于两句分别以"牵牛星"与"河汉女"为中心语，这就使二者作为诗篇所吟咏的男女主人公的地位更加突出，成为句子的焦点。如果这两句写成"牵牛星迢迢，河汉女皎皎"，那么句子的语法结构就发生了根本变化，成了两个寻常的汉语主谓句："牵牛星"与"河汉女"分别是两个句子的主语（subject），"迢迢"与"皎皎"都是形容词（adjective），分别是描写说明两个主语的谓语（predicate）。由于主语与谓语在语法结构中是处于同等地位的，因此，句子的焦点不是那么明晰。这样，两个句子的焦点也就不能突显出来。而句子焦点模糊，就会使读者在解读接受时不能凝聚注意力，这样势必会忽略了表达者表达的重点所在。

概括起来说，"迢迢牵牛星，皎皎河汉女"二句，之所以值得

---

① 吴小如等撰：《汉魏六朝诗鉴赏辞典》，上海辞书出版社1992年版，第148页。

我们关注，原因有两点：一是它在句法结构上突破了汉语表达的常规，因而成为接受者解读接受的"新异刺激物"，易于在第一时间迅速吸引接受者的注意力；二是两个句子分别以"牵牛星"与"河汉女"为中心语而成为句子的焦点后，牛郎与织女作为全诗吟咏的两个主人公形象更加突出。这样，接受者在解读接受时，就会由前句的修饰语"迢迢"与后句的修饰语"皎皎"的前后映照与互文见义，体味到男女主人公那种两情相悦而遥隔天河，可望而不可即的痛苦之情。叠字"迢迢"与"皎皎"，在语义上互为因果。"迢迢"强调二人相距之远，"皎皎"强调"河汉女"之美。因为相距"迢迢"，距离产生美，愈觉"河汉女"之"皎皎"；因为"河汉女"之"皎皎"，却又可望而不可即，愈显距离之"迢迢"。美而不可即，两情相悦却又不能长相聚，其情感之苦痛可知矣。

天上的神仙尚且无力逾越"天河"而受情感的煎熬，那么人间的有情男女又何尝能逾越封建礼教而有情人终成眷属呢？凡俗的夫妇又何尝能避免山高水远的地理阻隔而久别难逢的情感苦痛呢？

可见，"迢迢牵牛星，皎皎河汉女"二句，之所以有如上诸种特殊的突破力，所赖作者"列锦"表达法的运用。

（二）鸡声茅店月，人迹板桥霜：早行者的艰辛

> 晨起动征铎，客行悲故乡。
> 鸡声茅店月，人迹板桥霜。
> 槲叶落山路，枳花明驿墙。
> 因思杜陵梦，凫雁满回塘。
>
> ——唐·温庭筠《商山早行》

读唐诗，我们不可能不读到温庭筠的《商山早行》；而读《商山早行》，我们不可能不记得其中的两句："鸡声茅店月，人迹板桥霜。"

那么，这两句诗为什么在中国文学史上广为人所传诵呢？为什么历代的诗评家都赞不绝口呢？对此，历代学者都有不同的说法，

可谓众说纷纭，莫衷一是。

不过，从修辞学的角度看，这两句的妙处其实要说清楚也并不难，它其实是运用"列锦"表达法而建构的一个修辞文本。这一文本由六个名词或名词性短语（即"鸡声"、"茅店"、"月"、"人迹"、"板桥"、"霜"）并置而成，各名词或名词性短语之间没有任何别的实词或虚词连缀。因此，从语法的视角看，它是不合"法"的诗句。因为按照语法规则，一个句子可以没有主语，却不能没有谓语特别是谓语动词，句子成分之间的逻辑联系也需要有特定的介词或连词作纽结。既然这两句诗不合汉语语法，何以自古以来的评论者都对之击节赞赏呢？这一点，就要从语言心理学的角度寻求答案了。简单点说，这两句诗虽不合汉语语法，却有其心理学上的存在依据，它与心理学上所说的"接近联想"的心理机制有关。"因为'鸡声'、'茅店'、'月'、'人迹'、'板桥'、'霜'等名词或名词性短语所表示的事物意象都是在相接近、毗邻的时间与空间里存在的。'鸡声'与'茅店'在空间上接近，因为没有'茅店'，也就没有'鸡声'，由'鸡声'必然令人联想到有'茅店'；'鸡声'与'月'在时间上接近，有'鸡声'，说明天未明，而天未明，天空才会还有'月'。'人迹'与'板桥'在空间上接近，由'人迹'自然令人想到路或'桥'；有'板桥'，自然会有'人迹'；'人迹'与'霜'在时间上接近，因为'人迹'能被看见，自然令人联想到霜、雪、雨等；而'霜'能被见，也必然令人联想到天还未明，太阳未出，不然就见不到'霜'。"① 正是基于这一"接近联想"的心理机制，诗人才写出这两句让全篇为之增色不少的句子，于"不著一字"中写尽了山中早行人的艰辛。

之所以有此独特的突破力，那是因为这两句诗是诗人经由"堆叠表示时空上相互毗邻、接近的一组名词或名词性短语而成的列锦修辞文本"，这一文本中的"各名词或名词性词组所表示的语意内涵或意象形态都很抽象、模糊，如'茅店'，是一间独立

---

① 吴礼权：《修辞心理学》（修订版），暨南大学出版社 2013 年版，第 44 页。

溪头、旁有青松翠竹环绕的雅舍，还是三两间孤处荒山野坳之中的倾颓欲倒的破屋；'月'是明是暗，是斜挂于树梢，还是将落于西山等等，表达者在字面上都没有给我们作清楚明白的描写。其他各名词或名词性词组所表示的语意内涵或意象形态也如此。另外，各名词或名词性词组之间的语法或逻辑上的关系因没有必要的词语加以明确的标识，各名词或名词性词组所表示的事物的方位处所等关系也就显得比较抽象、模糊，'月'在'茅店'何方，'桥'在'茅店'何处，我们也不能从诗句本身得知。这样，从表达的角度看，对于两个诗句所表达的语意或意象世界，接受者就会因自身的不同经验而对每句的三个名词或名词性词组所表示的意象进行不同的复现，并对各名词或名词性词组所表示的意象进行不同形式的组合，就像电影中'蒙太奇'手法一般，这就大大增加了修辞文本的语言表达的丰富性、形象性。值得注意的是，修辞者温庭筠所建构的这一修辞文本除了要勾勒出一幅丰富、形象的山中晨景图外，更重要的是要凸显'旅人山行的早和苦'这一语意内涵。但是，由于修辞者的这一语意内涵没有以明确的语言文字来表达，而是透过各名词或名词性词组所表示的意象的组合来暗示，因而表意就显得相当含蓄，遂使修辞文本的语言表达又别具了一种深邃性，达到了中国传统诗歌所追求的'不著一字，尽得风流'的崇高境界。从接受的角度看，由于修辞者（表达者）是以堆叠一组名词或名词性词组的形式来叙事述怀、写景抒情的，突破了汉语常规的语法和逻辑结构模式，这就给接受者的文本解读带来了困难，但也因此而给接受者的解读留下了更为自由广阔的空间，接受者可以根据各自不同的经验，运用再造性想象或创造性想象而对表达者所建构的修辞文本作出不同的解读，从而获得一种大大丰富于表达者原文本内涵意象的文本解读的快慰与特殊的审美情趣。由此，在客观上也使表达者所建构的原修辞文本的审美价值得以提高和扩充"[1]。由此可见，诗人挣脱汉语语法的束缚，其意并非为了标新立异，而是

---

[1]　吴礼权：《修辞心理学》（修订版），暨南大学出版社 2013 年版，第 44~45 页。

别有一番苦心孤诣：他不仅要在"不著一字"中写尽山中早行人的"苦"，更要通过没有限死的句法结构给接受者以更大的自由想象空间，让接受者经由诗句所提供的文本，通过文本的语言文字这一"当前刺激物"的作用，调动不同接受者不同的生活经验，让其充分发挥再造性或创造性想象，以此复现出"一千个读者有一千种影像"的山中晨景图，让美的创造与美的享受得以双倍增效。

（三）杨柳岸，晓风残月：白衣卿相的遥想

> 寒蝉凄切，对长亭晚，骤雨初歇。都门帐饮无绪，留恋处，兰舟催发，执手相看泪眼，竟无语凝噎。念去去，千里烟波，暮霭沉沉楚天阔。
>
> 多情自古伤离别，更那堪、冷落清秋节。今宵酒醒何处？杨柳岸，晓风残月。此去经年，应是良辰好景虚设。便纵有千种风情，更与何人说。
>
> ——宋·柳永《雨霖铃》

说到柳永，大家都会不约而同地想到他对宋词发展的特殊贡献。如果从流行性与知名度来看，他的词作影响之大更堪称北宋第一。宋人叶梦得《避暑录话》卷下有云："尝见一西夏归朝官云：'凡有井水饮处，即能歌柳词'。"可见，柳永和柳词在当时有多么广泛的知名度，柳词如此广泛的流行性，甚至让当时的文坛巨子苏东坡也生出吃醋之意。宋人俞文豹《吹剑录》有云："东坡在玉堂日，有幕士善歌，因问：'我词何如柳七？'对曰：'柳郎中词，只合十七八女郎，执红牙板，歌'杨柳岸，晓风残月'。学士词，须关西大汉，（执）铜琵琶，铁绰板，唱'大江东去'。"

不过，后世文人在推崇柳永对宋词发展的特殊贡献与柳词的巨大影响力及广泛的知名度的同时，也会很自然地联想到他的身世，同情他一生坎坷的际遇。而他坎坷的人生际遇，又恰恰与他作词密切相关。南宋吴曾《能改斋漫录》卷十六，曾记其事云：

仁宗留意儒雅，务本理道，深斥浮艳虚薄之文。初，进士柳三变好为淫冶讴歌之曲，传播四方，尝有《鹤冲天》词云："忍把浮名，换了浅斟低唱。"及临轩发榜，特落之，曰："且去浅斟低唱，何要浮名！"景佑元年，方及第。后改名永，方得磨勘转官。其词（按：即《鹤冲天》）曰："黄金榜上，偶失龙头望。明代暂遗贤，如何向？未遂风云，便争不恣狂荡？何须论得丧。才子词人，自是白衣卿相。——烟花巷陌，依约丹青屏障。幸有意中人，堪寻访。且恁偎红翠，风流事，平生畅。青春都一饷。忍把浮名，换了浅斟低唱。"

平心而论，《鹤冲天》一词写得确实不错，也能鲜明地表现文人才子的风流潇洒。但是，因为是在发牢骚，皇帝看了不高兴，所以，这首牢骚之作便成了他从进士榜上被除名的直接原因，只得无奈地面对现实，重回花丛与歌女艺伎为伴，并解嘲地自称"奉旨填词柳三变"。后来，词人虽然改名（由柳三变改为柳永）而转运，但仍因为与青楼女子走得太近，不仅皇帝看不上，甚至连北宋著名词人晏殊也鄙视他。宋人张舜民《画墁录》卷一有记载云：

柳三变既以词忤仁庙（案：指宋仁宗），吏部不放改官。三变不能堪，诣政府。晏公（案：指晏殊，时为相）曰："贤俊作曲子么？"三变曰："只如相公亦作曲子。"公曰："殊虽作曲子，不曾道'彩线慵拈伴伊坐'。"柳遂退。

既然仕途不顺，那就只得离开京都，别作打算了。上引《雨霖铃》一词，正是柳永离开皇城，"从汴京南下时与一位恋人的惜别之作"[1]。仕途蹭蹬，又要跟心爱的女人生离死别，这对任何人来说都是一种难以承受的精神打击。但是，也正是这双重的精神打击，

---

[1] 唐圭璋等撰：《唐宋词鉴赏辞典》，上海辞书出版社1988年版，第320页。

让柳永写出了感人至深的离别之词《雨霖铃》。

《雨霖铃》，乃"唐玄宗时教坊大曲名，后用为词调。霖，一作'淋'"①。宋人王灼《碧鸡漫志》卷五"雨淋铃"条有云："《明皇杂录》及《杨妃外传》云：'帝幸蜀，初入斜谷，霖雨弥旬。栈道中闻铃声，帝方悼念贵妃，采其声为《雨淋铃曲》以寄恨。'……今双调《雨淋铃慢》，颇极哀怨，真本曲遗声。"李杨爱情悲剧，人人皆知。《雨霖铃》的词调既然源起于唐明皇避难雨途中忆念杨贵妃的典故，那么"同是天涯沦落人"的柳永，于失意之中离开汴京、忍别恋人，以《雨霖铃》为词牌作词，其意何为？已不言而喻矣。用此词调表达伤离别之情，不仅符合伤离别的主题，也贴合此时词人的心情，更让人由此及彼而想起李杨的爱情悲剧。可见，在选择词牌上，词人就已经先声夺人，撼动了读者之心。至于词的内容，读者经由文字，不必深思，已经为之感动不已。

写恋人离别的悲愁情感，乃中国古典诗词永恒的主题。但柳永《雨霖铃》写男女别情却既让人伤感，又让人难忘。词作"通篇层层铺叙，上下阕通过衬托、点染，浑成一片。写景抒情都用白描，形容尽致"②。因此，历代学者对之都赞叹不已。如明人李攀龙《草堂诗余隽》有云："'千里烟波'，惜别之情已骋；'千种风情'，相期之愿又赊。真所谓善传神者。"清人周济《宋四家词选》则将之与南宋婉约派女词人李清照的词作比较，评论曰："清真词多从耆卿夺胎，思力沉挚处，往往出蓝。然耆卿秀淡幽艳，是不可及。"现代学者唐圭璋《唐宋词简释》则总评云："此首写别情，尽情展衍，备足无余，浑厚绵密，兼而有之。宋于庭谓柳词多'精金粹玉'，殆谓此类。词末余恨无穷，余味不尽。"尤其是其中的"今宵酒醒何处？杨柳岸，晓风残月"三句，更是博得古今文人摇头苦吟，感慨万千。清人贺裳《皱水轩词筌》就有评论曰："柳屯田

---

① 朱东润主编：《中国历代文学作品选（中编）》，上海古籍出版社1980年版，第16页。

② 朱东润主编：《中国历代文学作品选（中编）》，上海古籍出版社1980年版，第16页。

'今宵酒醒何处？杨柳岸，晓风残月'，自是古今俊句。"现代学者也有人评论说："'今宵'三句蝉联上句而来，是全篇之警策，后来竟成为苏轼相与争胜的对象。""这三句本是想象今宵旅途的况味：一舟临岸，词人酒醒梦回，只见习习晓风吹拂萧萧疏柳，一弯残月高挂杨柳梢头。整个画面充满了凄清的气氛，客情之冷落，风景之清幽，离愁之绵邈，完全凝聚在这画面之中。比之上片结尾二句，虽同样是写景，写离愁，但前者仿佛是泼墨山水，一片苍茫；这里却似工笔小帧，无比清丽。"①

　　诚然，这些分析都是不错的，"杨柳岸，晓风残月"确实写出了一幅画的效果。但这种效果是如何取得的呢？恐怕不必那么费词分析，只要用二字便可概括，这二字便是"列锦"。

　　因为"杨柳岸，晓风残月"，作为一个句子，它既无主语，也无谓语，更无一个将句中各词语缀合串联起来的关联词，纯粹以名词或名词短语并置而构成。而这种结构模式，正是前面我们所说的典型的"列锦"表达法的结构形式。"杨柳岸，晓风残月"，分别由一个名词短语（"杨柳岸"）和两个名词（"晓风"、"残月"）构成，三个名词之间没有结构与语义上的主从关系，也没有句法结构上的主谓、动宾等关系。这种平行而散漫的句法形式，从结构上看没有语法与逻辑的严密性，却因为突破了语法规则，摆脱了逻辑的规约，从而使语言表达的张力大大增强，三个名词就像三个电影镜头，各是一幅画。而三幅画经由不同生活体验的读者进行的不同组合，则又可以幻化出无数不同的画面，使读者从中领略到不同的情味。因为"杨柳岸"、"晓风"、"残月"虽都是具象，却都有抽象性，不同的读者可以凭借自己的生活体验，对"杨柳岸"、"晓风"、"残月"的形象进行再创造，从而在脑海中呈现出更加生动的具象：杨柳是枯柳还是嫩柳，柳枝、柳叶如何，都是不定的；晓风是寒是温，也是不定的；残月挂在何处，天空的背景如何，都是不定的。正是因为有如此多的"不定"因素，这才给读者的解读接受留下更

---

　　① 唐圭璋等撰：《唐宋词鉴赏辞典》，上海辞书出版社1988年版，第322页。

多的想象空间，使他们能够凭借自己的生活体验充分发挥想象与再创造，由此让"一千个读者有一千种解读"，这样读者在解读接受中就能获得更多的审美享受。如果按照常规汉语语法表达，"今宵酒醒何处"之后，以诸如"酒醒在荒郊野外"之类的常规汉语语句回答，那么，句子的写景功能就不复存在。而写景功能不存在，句子就难以呈现画面感。而没有画面感，作品所欲表现的伤离别的凄楚情调就难以呈现。

除此，"杨柳岸，晓风残月"配合上句"今宵酒醒何处"的提问，还与前此两句的议论构成了古人所说的"点染"效果。清人刘熙载《艺概》有云："词有点，有染。柳耆卿《雨霖铃》云：'多情自古伤离别，更那堪、冷落清秋节。今宵酒醒何处？杨柳岸，晓风残月。'上句点出离别冷落，'今宵'二句乃就上二句意染之。点染之间，不得有他语相隔，隔则警句亦成死灰矣。"诚然，"杨柳岸，晓风残月"能成为警句，有前二句"点"的功劳。但是，"杨柳岸，晓风残月"以"列锦"表达法写景，对前两句之意予以"染"之，则突破力更为明显。因为这样的列锦呈现，能使语言表达的张力大大增强，能使作品在语意表达上有言简意丰的效果，在意境创造上有疏中见密、曲处有直的效果。这正如清人冯煦《宋六十一家词选例言》论柳永词所云："耆卿词，曲处能直，密处能疏，奡处能平，状难状之景，达难达之情，而出之自然，自是北宋巨手。"

（四）楼船夜雪瓜洲渡，铁马秋风大散关：书生梦中的战场

> 早岁那知世事艰，中原北望气如山。
> 楼船夜雪瓜洲渡，铁马秋风大散关。
> 塞上长城空自许，镜中衰鬓已先斑。
> 出师一表真名世，千载谁堪伯仲间？
>
> ——宋·陆游《书愤》

陆游虽一介书生，却终生以北伐抗金、恢复中原为志向。直到

晚年，贫困潦倒，年近古稀，卧病在床时，还念念不忘驰骋沙场、报效国家。其《十一月四日风雨大作二首》其一有云："僵卧孤村不自哀，尚思为国戍轮台。夜阑卧听风吹雨，铁马冰河入梦来。"其报国心情之急切，于此可见一斑。

上引《书愤》一诗，乃陆游"于宋孝宗淳熙十三年（公元1186年）春所作，追述壮年时代往事，自伤迟暮，慨叹报国壮志未酬、小人误国、恢复中原无望的痛切心情"①。全诗写壮志难酬的悲愤之情，有杜甫"沉郁顿挫"的诗风，是诗人七律中的名篇之一。其中尤以颔联"楼船夜雪瓜洲渡，铁马秋风大散关"二句，以十四字写尽了南宋历史上两大战役波澜壮阔的场面，"生动地再现了宋高宗绍兴三十一年（公元1161年）十一月宋将刘锜、虞允文等人瓜洲渡大败金主完颜亮和宋孝宗乾道八年（公元1172年）作者与王炎进兵长安、强渡渭水，在大散关与金兵大战的壮烈场面与恢宏气势"②，使全诗在一种悲凉的风格中透着另一种壮美。

那么，这仅有十四字的两句何以有如此强的表现力呢？无他。乃是诗人运用"列锦"表达法所获致的效果。

我们知道，瓜洲渡战役与大散关战役，是诗人一生中所经历的两次最重要的战役，也是南宋历史上两次重要的战役。因此，要写出这两次战役的缘起、经过及结果、意义，即使是惜墨如金的史家，恐怕也难以在简短的篇幅内说清楚。那么，诗人陆游如何能在一首诗中写出这两次战役的真切场面呢？一般人也许都会觉得不可能。但是，事实上诗人做到了，而且不是用整首诗的篇幅来写这两次战役，而是仅用颔联二句共十四个字就写出了这两次战役壮烈恢宏的场面与气势。这两句中，每句各包含三个名词或名词短语。前句由"楼船"、"夜雪"、"瓜洲渡"等三个名词或名词短语构成，后句则以"铁马"、"秋风"、"大散关"等三个名词或名词短语成句。两个句子中所包含的三个名词或名词短语，其间没有动词插

---

① 吴礼权：《修辞心理学》（修订版），暨南大学出版社2013年版，第45页。
② 吴礼权：《修辞心理学》（修订版），暨南大学出版社2013年版，第45页。

入，也没有介词添加，更没有起缀合作用的连词，完全突破了汉语语法规则。因此，乍看起来，这两句颇是令人不解。但是，仔细思索体会一下，又觉得这三个名词或名词短语的并置堆叠，虽逸出汉语语法之外，但又在逻辑情理之中。也就是说，这两句各以三个名词或名词短语堆叠并置而成句，以此表现诗人所经历的两场激烈的战役，其创意造言是有逻辑理据与心理学基础的。

那么，这个理据与基础是什么呢？这便是前面我们已经说到的"接近联想"的心理机制。因为"'楼船'，是瓜洲渡战役南宋将士抗击金兵的主要工具；'夜雪'，是此战役的时间环境；'瓜洲渡'，是此战役的地点。三个名词或名词性词组所表示的事物、时地都统一于瓜洲渡战役的同一时空之下。在时间和空间上互相接近、毗邻，说到'楼船'必然想到'夜雪'（战争的时间环境）和'瓜洲渡'（作战的地点）。'铁马'是大散关战役南宋将士所用作战工具，'秋风'是该战役的时间和环境，'大散关'是该战役的地点，三个名词或名词性词组所表示的事物、时地都统一于大散关战役这同一时空之中。说到'铁马'必然想到'秋风'（战争的时间环境）和'大散关'（战争的地点）"[1]。正是经由这一"接近联想"的心理机制，诗人才别出心裁地选用了六个名词（或名词短语），以十四个字分列两句的方式，建构出一个"列锦"修辞文本："楼船夜雪瓜洲渡，铁马秋风大散关"。

这一文本，由于挣脱了汉语语法规则的束缚，将正常语句都必不可少的动词（verb）、介词（preposition）、连词（related）等全部弃之不用，每句只将三个名词（或名词短语）并置堆叠在一起，让人只能通过这三个名词（或名词短语）看到这三个名词（或名词短语）所呈现的具象。由于每句三个名词（或名词短语）都没有必要的修饰语予以限定，这就使三个名词（或名词短语）所表示的形象显得比较模糊。瓜洲渡战役，宋军到底动用了多少只楼船，楼船是如何构造、坚固程度如何？战斗打响的前夜，是"地白风色寒，雪

---

① 吴礼权：《修辞心理学》（修订版），暨南大学出版社2013年版，第45～46页。

花大如手"的漫天大雪，还是"微雪北风凉"的细雪？瓜洲渡的地理位置与战略部署如何，周围环境如何？等等，皆无从从字面获知。大散关战役，宋军拥有多少匹战马，所谓"铁马"又是怎样一种情况？当时是吹着初秋薄凉的北风，还是深秋肃杀的寒风？大散关要塞的战略地位如何，兵力布置如何？等等，也一概无从得知。这诸多"信息空白"，从解读接受的角度看，无疑是增加了读者解读文本的困难；但是，从表达的角度看，却增加了语言表达的张力，使"修辞文本更具形象性、丰富性、深邃性"。① 从接受的角度看，由于诗人只提供了每句三个名词（或名词短语），且三个名词（或名词短语）之间的语法或逻辑关系也未予以明确界定，这样每句三个名词（或名词短语）所呈现出的意象世界如何，所要表达的意蕴如何，接受者（读诗人）都可以在解读文本时，凭借自己的生活经验和再创造性想象（或创造性想象）予以"个性化"的复现，从而产生"一千个读者有一千种形象"的文本解读效果，即创造出"各不相同、形态万千的意象世界图画"，并从这再造出的意象世界图画中获取更大的审美享受，体悟诗人文本建构的深刻内涵。也就是通过诗人给定的"楼船夜雪瓜洲渡，铁马秋风大散关"这一"列锦"修辞文本，在脑海中复现出比诗人原文本所勾勒的瓜洲渡与大散关战役还要壮阔恢宏的战争场面，"从中得到一种壮烈宏伟的美感，体味出表达者那种志在报国、死而无憾的切切之情"②。

（五）夜月池台王傅宅，春风杨柳太师桥：遗民泪里的故国

> 空嗟覆鼎误前朝，骨朽人间骂未销。
> 夜月池台王傅宅，春风杨柳太师桥。
>
> ——宋·刘子翚《汴京纪事二十首》其七

宋代文学家很多，诗词名家辈出。在宋代作家中，刘子翚应该

---

① 吴礼权：《修辞心理学》（修订版），暨南大学出版社2013年版，第45~46页。
② 吴礼权：《修辞心理学》（修订版），暨南大学出版社2013年版，第46页。

说不算是成就特别突出的，知名度也不算是太高的。但是，读宋诗者则不会不读到他的《汴京纪事二十首》；读过《汴京纪事二十首》，就不会不记住其中第七首的后二句："夜月池台王傅宅，春风杨柳太师桥。"

"夜月池台王傅宅，春风杨柳太师桥"二句，可以说，一读便让人永久难忘。然而，要真正了解它独到的艺术魅力，读懂其中的微言大义，那还得真正了解刘子翚本人。

刘子翚（公元 1101—1147 年），字彦冲（一作彦仲），号病翁（又号屏山），宋建州崇安（今属福建省武夷山市）人。生于北宋朝政日非、民不聊生，内忧外患不断的时代，因此，对于国家的兴亡、人民的苦难时刻牢记心上。其父刘韐（公元 1067—1127 年），乃北宋末期著名的抗金将领，也是北宋的一代名臣（徽宗宣和初，历知越州、建州、福州、荆南等。钦宗靖康元年，出任河北、河东宣抚副使，旋任汴京守御使。汴京不保，出使金营。金人利诱之，不屈。靖康二年自缢身亡。宋室南渡，宋高宗建炎初赠资政殿大学士，谥忠显）。受其父爱国忠君思想影响，刘子翚早年壮游秦、洛、赵、魏等地时，就非常注重访求古迹，追踪历史，研究国家兴亡、朝代更替的规律。父死于金营之时，刘子翚仅二十六岁。在悲愤交加中，与其兄刘子羽、刘子翼为父守制三年。服满，以父荫得补承务郎，辟为真定府幕属。高宗建炎四年（公元 1130 年），任兴化军（任所在今福建莆田）通判。不久因体弱多病而辞职，赋归故里。主冲佑观，开坛讲学，传道授业。南宋高宗朝吏部侍郎朱松，因反对秦桧与高宗对金屈膝求和政策而被贬饶州，后自请赋闲，改任台州崇道观。临终前，朱松以子朱熹托付刘子翚。在刘子翚的精心教诲下，朱熹后来成为一代理学大师。受其教诲的侄儿刘玶，后来则成为南宋一代名臣（孝宗乾道年间，官至中大夫、同知枢密院事兼参知政事）。教学之余，刘子翚勤于著述，所著有《圣传论》、《屏山集》等。其中，《屏山集》20 卷，胡宪为之序，朱熹为之跋。朱熹跋有"先生文辞之伟，固足以惊一世之耳目"之语。《宋史》卷四三四有传。

在宋代文坛，刘子翚不以诗名家，但其《汴京纪事二十首》在宋代诗歌史上则是不能不提的。诗人生当北宋末南宋初，"政宣前后事，身历目击，国仇家恨，交织萦心；故其《汴京纪事》诗二十首，慨念故国，伤心禾黍，既痛国家支乱之端，亦识君臣误国之由。杂然毕陈，本末悉举，寓讽刺于婉约，寄幽愤于隐曲，沈郁豪健，不减唐人"[①]。

《汴京纪事二十首》，每一首多是就某一重大历史事件抒发感慨，表达诗人对于北宋亡国之痛的历史反思。其中，第七首是专门斥责奸臣误国的。诗的前二句"空嗟覆鼎误前朝，骨朽人间骂未销"，直陈其意，痛斥误国奸臣的罪恶。表意虽不避直白之嫌，却恰恰真切地传达出诗人对误国奸臣的切齿之恨，对故国的深切之情。平心而论，这两句议论并不算非常精辟、精彩，精彩的则是随后的两句："夜月池台王傅宅，春风杨柳太师桥"。这两句以纯写景的笔触突接于前二句的直白议论之后，在诗句语意的转接上给人一种突兀之感，甚至让人觉得莫名其妙。但是，读诗者在短暂的诧异与惊愕之后，就会不知不觉地沉浸于诗句所描写的景象之中，顿时有一种思接千古、气象万千之感。而当读者徘徊于历史的空巷，徜徉于故国旧都汴京的夜月之下，沐浴故都的和煦春风，欣赏汴京的杨柳池台，猛然撞见昔日的王傅宅与太师桥而被惊醒，回到现实，那又是怎样的一种悲哀与凄凉？

那么，何以"王傅宅"与"太师桥"会这样让读者猛醒，使读者睹物而伤感呢？因为这一宅一桥，承载着太多的历史回忆，记录了汉民族太多的历史遗恨。"王傅宅"，是指徽宗朝"六贼"之一的王黼的宅子。王黼是徽宗时代的权臣，也是一个祸国殃民的奸臣。史载，他原名甫，字将明，后赐改为黼。其人美风姿，寡学术，善逢迎。初为校书郎，迁左司谏。后因助奸相蔡京复相有功，骤升至御史中丞。又结交宦官梁师成，以父事之。宣和元年（公元1119

---

① 刘德岑：《刘子翚〈汴京纪事〉诗笺注（上）》，《西南师范大学学报》（人文社会科学版）1983年第4期。

年），从通议大夫升至少宰（右宰相），连跳八级，为宋开国以来所罕见。蔡京失势后，他继其代行执政之权，成为蔡京之后又一位权倾朝野的权臣。大权在握后，他便罔顾国家利益，假公济私，广求子女玉帛，苛取四方水陆珍异而据为己有。当时宋廷欲联金制辽，王黼不从国家长远战略出发，而以自己的官爵富贵为考虑，极力怂恿之，以此借机大肆搜刮民脂民膏，得钱六千余万缗，买得燕京等空城，虚报战功，由此晋封为太傅、楚国公（王黼被称为王傅，即由此而来）。历史学家多认为，北宋的灭亡与王黼的联金攻辽有直接关联。除了为亡国种下直接祸因外，王黼的贪污腐败也加速了北宋政权的灭亡进程。宋人朱弁《曲洧旧闻》有云，王黼"公然受贿赂，卖官鬻爵，至有定价"。京师民谣则有"三百贯，曰通判；五百索，直秘阁"的说法。可见，其贪污腐败的行为已经到了何等公开嚣张的程度。有这样巨贪的"王傅"，那么"王傅宅"是何等豪华，读者自然可以想见。宋人笔记《靖康遗录》记其宅第规模有云："初，黼赐第于阊阖门外，周围数里。其正厅事以青铜瓦盖覆，宏丽壮伟。其后堂起高楼大阁，辉耀相对。又于后园聚花石为山，中列四巷，俱与民间娼家相类。与李邦彦辈游宴其中，朋邪狎昵，无所不至。""太师桥"，是指徽宗朝的权相与奸臣蔡京的住所遗址。蔡京也是"六贼"之一，但他在历史上的知名度远比王黼大得多，其人其事，众所周知；其祸国殃民的劣迹，历史有清清楚楚的记载，毋庸赘述。

由于"王傅宅"与"太师桥"两个名词与特定的历史人物相联系，而"夜月"、"池台"与"春风"、"杨柳"又分别与"王傅宅"、"太师桥"并置，这就必然让人由此及彼产生诸多联想与想象，想到北宋故都汴京旧有的风物，想到在这风物背景下所发生的一系列历史事件，想到与这些历史事件相联系的历史人物。由此，自然让人们对北宋亡国的历史进行反思，从而深刻认识到奸臣误国的严重危害性，油然而生对王黼与蔡京等祸国殃民的奸臣切齿痛恨之情。

"夜月池台王傅宅，春风杨柳太师桥"，正是由于运用了"列锦"表达法,才产生了如上强烈的突破力。如果按照汉语语法规则,规规矩矩地造句,是很难达到这种表达效果的。与别的诗词作品运用"列锦"表达法不同的是,刘子翚这一"列锦"修辞文本的建构,主要不是为了写景,而是巧妙地通过写景达到讽斥奸佞的目的。事实上,这一目标确实达到了,而且还极富突破力。"夜月"、"池台"与"王傅宅","春风"、"杨柳"与"太师桥",其中各名词之间的关系因为没有明确界定,因此,"夜月"、"池台"是作为描写"王傅宅"周围景观的修饰语,还是与"王傅宅"并立的景物陈列?就给读者留下了自由想象的空间,让他们可以根据自己的生活体验与对诗的内容的理解而有不同的解读。"春风"、"杨柳"与"太师桥"的关系亦然。相反,如果诗人按照汉语语法规则中规中矩地造句,即在每句三个名词(或名词短语)之间用动词或介词、连词等予以缀合串联,那么这两句诗的内涵就是"有定"的,没有别种理解的可能。这样,诗因失去了"多义性"而韵味顿减。"夜月池台王傅宅,春风杨柳太师桥"二句,由于每句三个名词(或名词短语)是采用既并置又对峙的形态呈现,不仅使诗歌内涵有了理解上的"多义性",还在事实上造成了各个名词在语义上的对比效应。这就是通过"风"、"月"的永久性与"池台"、"王傅宅"、"杨柳"、"太师桥"的暂时性的对比,含蓄蕴藉地说明一个道理:宇宙、真理是永恒的,公道、人心是不可欺的,奸佞弄权及其富贵荣华都只是一时的。如果说"王傅宅"、"太师桥"可以永久,那么宅中之王傅、桥上之太师,骂名亦永久矣。

(六)枯藤老树昏鸦,小桥流水人家,古道西风瘦马:游子的秋思

> 枯藤老树昏鸦,小桥流水人家,古道西风瘦马。夕阳
> 西下,断肠人在天涯。
>
> ——元·马致远《越调·天净沙·秋思》

一提起元曲,对于普通读者来说,恐怕首先想到的便是上文所

引马致远的这首小令。

　　那么，何以会如此呢？其实，原因不外乎一点：流传广泛，知名度高。

　　那么，为什么这首小令有如此高的知名度，以致人们一提起元曲就自然而然地想到这首小令呢？其实，原因也不外乎一点：写得好，极富突破力。

　　这首小令虽然只有短短二十八个字，却写尽了游子天涯飘零的凄凉心境，写尽了古来漂泊旅人的行旅哀愁。小令的前三句："枯藤老树昏鸦，小桥流水人家，古道西风瘦马"，每句各由三个名词（或名词短语）构成。三句共九个名词一字儿排开，且呈既对峙又并置的格局，就像一个个电影分镜头。由于这些并立的名词之间没有主从关系，在语义上也无先后次序，这就使读者在解读接受时，可以充分发挥自己的想象力，根据自己的生活体验与对作品内容的把握，通过再造性想象或创造性想象，在脑海中复现出与作者建构文本时完全不同的影像世界，使作品产生"一千个读者有一千种解读"的接受效果。

　　在马致远所建构的这个"列锦"修辞文本中，前句有三个名词："枯藤"、"老树"、"昏鸦"，其所表现的都是让人感到凄凉萧条的意象；中间一句的三个名词："小桥"、"流水"、"人家"，其所表现的则是一种闲适宁静的意象；后句的三个名词："古道"、"西风"、"瘦马"，则是表现一种苍凉肃杀的意象。这九个名词所呈现的三组意象以并列的形态呈现，其间的对比效应是不言而喻的，作品所要表现的主旨也是不言而喻的："小桥流水人家"的景象虽平常，但对于漂泊无定的游子却是那么令人向往；身在异乡，本就容易触景生情。却偏偏在应该"牛羊归圈人回家"的黄昏时分，骑着瘦马，迎着西风，走在苍凉古道上，满眼看到的都是肃杀、凄凉的景象：枯藤、老树、昏鸦。"真是无限凄凉意，尽在此画中！"①

　　对元曲有研究者都知道，元曲中以《越调·天净沙》为曲牌的

――――――――

① 吴礼权：《语言策略秀》（修订版），暨南大学出版社 2013 年版，第 34 页。

作品很多，但真正为历代读者所广泛传诵的则不多。读过《全元曲》的人都知道，以《越调·天净沙》为曲牌创作小令的，并不是自马致远开始，元初作家商衟就以《越调·天净沙》为曲牌创作过四首小令。但是，商衟所作的四首以《越调·天净沙》为曲牌的小令中，却没有一首运用"列锦"表达法。请看商衟的《越调·天净沙》四首：

> 寒梅清秀谁知？霜禽翠羽同期，潇洒寒塘月淡。暗香幽意，一枝雪里偏宜。

> 剡溪媚压君芳，玉容偏称宫妆，暗惹诗人断肠。月明江上，一枝弄影飘香。

> 野桥当日谁栽？前村昨夜先开，雪散珍珠乱筛。多情娇态，一枝风送香来。

> 雪飞柳絮梨花，梅开玉蕊琼葩，云淡帘筛月华。玲珑堪画，一枝瘦影窗纱。

这四首以《越调·天净沙》为曲牌的小令，全篇都是二十八个字，前三句都是每句六字。但是，都没有以每句三个名词（或名词短语）并立对峙的形式造句，因此不是"列锦"修辞文本，而是寻常的语句。正因为是按照汉语语法规则中规中矩造出来的寻常语句，所以也就没有像马致远《越调·天净沙》那样的突破力，自然也就没有马致远作品那样高的知名度。

我们现在无法考证，以《越调·天净沙》为曲牌的小令中，到底是谁首先运用了"列锦"表达法（因为马致远生卒年不详，只知其为元代前期作家）；但是，运用得最成功的无疑是马致远。虽然《越调·天净沙》曲牌的前三句在字数上为名词迭砌的"列锦"表达法提供了客观基础，古汉语以单音节词占绝对优势的客观现实也为作家在每句六字中可以选用三个复合名词或名词短语来排比提供了天然条件，但要每句三个名词或名词短语并置迭砌得恰当而有新意，则还是需要作者的创意，不是一蹴而就的。

马致远以《越调·天净沙》为曲牌创作的小令并不多，但上引这首小令却非常有名，流传广泛。这便印证了我们常讲的一句话：一个作家的作品不在于数量，而在于其质量。有创意的作品，只要有一篇，就足以在文学史上占有一页，并奠定作者在文学史上的地位。

读过《全元曲》者，应该会有一个深刻印象：在元曲作家中喜欢以《越调·天净沙》为曲牌创作的作家很多，特别是元代后期重要作家张可久尤其突出。张氏创作的以《越调·天净沙》为曲牌的小令，大部分都运用了"列锦"表达法。如：

　　白头多病维摩，青天孤影姮娥，相对良宵几何？玉人留坐，莺花十二行窝。

　　　　　　　　——《越调·天净沙·书怀》二首之二
　　碧桃花下帘旌，绿杨影里旗亭，几处莺呼燕请。马嘶芳径，典衣索做清明。

　　　　　　　　——《越调·天净沙·清明日郊行》
　　嗈嗈落雁平沙，依依孤鹜残霞，隔水疏林几家？小舟如画，渔歌唱入芦花。

　　　　　　　　——《越调·天净沙·江上》
　　月香水影梅枝，晴光雨色坡诗，点检千红万紫。年年春事，西湖强似西施。

　　　　　　　　——《越调·天净沙·湖上分得诗字韵》
　　红蕉隐隐窗纱，朱帘小小人家，绿柳匆匆去马。断桥西下，满湖烟雨愁花。

　　　　　　　　——《越调·天净沙·湖上送别》
　　翠芳园老树寒鸦，朱雀桥野草闲花，乌江岸将军战马。百年之下，画图留落谁家？

　　　　　　　　——《越调·天净沙·怀古疏翁命赋》

以上诸例都是张可久创作的"列锦"修辞文本，大多是以前二句构成"列锦"。后二例虽以三句构成"列锦"文本，但并不是每句由三个名词或名词短语并立构成，明显与马致远的文本不同。这里我们可以看出张可久努力创新的意图，但实际效果上还是没有超越马致远。可见，"列锦"表达法的运用，在结构形式上并不难学，但在创意造言中写出独特的意境，也并不是容易的事，需要作者的创造力。

（七）一道水，一条桥，一支橹声：徐志摩沪杭列车中的见闻

匆匆匆！催催催！
一卷烟，一片山，几点云影，
一道水，一条桥，一支橹声，
一林松，一丛竹，红叶纷纷：

艳色的田野，艳色的秋景，
梦境似的分明，模糊，消隐，
——催催催！是车轮还是光阴？
催老了秋容，催老了人生！

　　　　　　　　——徐志摩《沪杭车中》

说起徐志摩，那有说不完的话题。

但是，谈到中国现代文学史上的徐志摩，绕不过去的话题则只有一个：那就是他对中国现代诗的特殊贡献。

众所周知，在 20 世纪 30 年代前后的中国现代诗人中，徐志摩的白话诗是最耐人寻味的。之所以耐人寻味，那是因为他的白话诗中有中国古典诗词的元素，比如讲究押韵，讲究意境的创造等。上引这首《沪杭车中》的白话诗，一读便能感受到浓浓的中国古典诗词的韵味。诗一开头，便凌空起势，以三个"匆"、三个"催"连续迭用，一气铺排而下，让人顿时有一种"时不我待"的人生紧迫感，油然想起《论语》中"子在川上曰：'逝者如斯夫'"的情节。

而"匆匆匆"、"催催催"的叠字形式，则令人情不自禁地想起两首
宋词：

> 寻寻觅觅，冷冷清清，凄凄惨惨戚戚。乍暖还寒时
> 候，最难将息。三杯两盏淡酒，怎敌他，晚来风急！雁过
> 也，正伤心，却是旧时相识。
> 满地黄花堆积，憔悴损，如今有谁堪摘？守着窗儿，
> 独自怎生得黑！梧桐更兼细雨，到黄昏，点点滴滴。这次
> 第，怎一个愁字了得！
>
> ——宋·李清照《声声慢》

> 红酥手，黄縢酒，满城春色宫墙柳。东风恶，欢情
> 薄，一怀愁绪，几年离索。错，错，错！
> 春如旧，人空瘦，泪痕红浥鲛绡透。桃花落，闲池
> 阁，山盟虽在，锦书难托。莫，莫，莫！
>
> ——宋·陆游《钗头凤》

李清照"寻寻觅觅"的思念，"冷冷清清"的境况，"凄凄惨惨
戚戚"的晚景，"点点滴滴"的黄昏雨，读来让人心酸；陆游"错，
错，错"的悔恨，"莫，莫，莫"的呼唤，让人为之痛心。而徐志
摩的"匆匆匆"、"催催催"，承袭李、陆词之神韵，则让人顿起
"人生苦短，譬如朝露"的感叹。

除了押韵、叠字和设问表达法（"是车轮还是光阴？"）的运用，
徐志摩此诗的最大特点就是巧妙而大幅度地运用了中国传统诗词惯
用的"列锦"表达法。

这首诗的第一章，除了开头的"匆匆匆，催催催"和结尾的
"红叶纷纷"，其余都是由偏正结构的名词短语构成，一个名词短语
就是一个句子，这是明显脱胎于《诗经》"喓喓草虫，趯趯阜螽"
（《国风·召南·草虫》），汉乐府民歌"青青河畔草，郁郁园中柳"
（《汉古诗十九首·青青河畔草》）、"青青陵上柏，磊磊涧中石"

（《汉古诗十九首·青青陵上柏》）、"峇峇山上亭，皎皎云间星"
（汉乐府古辞《长歌行》）等原始列锦形态的。但是，与《诗经》
以来的列锦模式不同的是，徐志摩不是以二句对峙并立的形式来表
现，而是以"一卷烟"、"一片山"、"几点云影"、"一道水"、"一
条桥"、"一支橹声"、"一林松"、"一丛竹"等八个名词短语句一
气铺排而下，就像迅速摇动的电影镜头，将一个接一个的影像推到
读者面前，给人以一种目不暇接的视觉冲击，让沪杭平原上一幅幅
生动的图画以移步换景的手法一一呈现出来，让人不禁思绪绵绵，
遐思万千。除此以外，诗人如此高密度地将八个名词短语集结到一
起，还有一个用意，那就是用一个接一个的名词短语造景，有意造
成一种匆匆而过的影像，这也与《沪杭车中》的诗题相关，通过表
现火车速度之快，含蓄蕴藉地表现出时光荏苒，"逝者如斯"的主
旨。诗的第二章开头两句"艳色的田野，艳色的秋景"，也是用
"列锦"表达法建构的修辞文本，两句各以一个名词短语构句。虽
然所写对象"田野"、"秋景"都有"艳色"作修饰限定语，但仍
给读者留下了想象的空间，那就是"艳色"究竟指的是什么？读者
可以经由自己的生活体验与对诗歌内涵的理解，通过再创造性想象
或创造性想象予以发挥，从而复现出沪杭平原上一派丰收的秋日
气象。

应该说，这首小诗能够有如此的突破力，能够产生味之无穷的
耐读感，正是因为"列锦"表达法的运用。

（八）亚力山大鞋店，约翰生酒铺，拉萨罗烟商：穆时英笔下的上海滩

> 红的街，绿的街，蓝的街，紫的街……强烈的色调化
> 装着都市啊！霓虹灯跳跃着——五色的光潮，变化着的光
> 潮，没有色的光潮——泛滥着光潮的天空，天空中有了
> 灯，有了灯，有了高跟儿鞋，也有了钟……
> 请喝白马牌威士忌酒……吉士烟不伤吸者咽喉……
> 亚力山大鞋店，约翰生酒铺，拉萨罗烟商，德茜音乐

铺，朱古力糖果铺，国泰大戏院，汉密而登旅社……

回旋着，永远回旋着的霓虹灯——

忽然霓虹灯固定了：

"皇后夜总会"。

——穆时英《夜总会里的五个人》

旧上海的繁华是世界闻名的，至今仍有很多人在怀念。20世纪上半叶上海滩上五光十色的人与事，至今仍是电影、电视与文学作品经常描写的主题，并为人们所津津乐道。

也许，随着一批又一批从旧时上海滩走过来的"老克勒"的谢世，人们对旧时上海滩的繁华景象将逐渐淡忘。昔日夜上海的繁华影像，将随着时光的流逝而逐渐淡出人们的视线甚至记忆。

不过，历史就是历史，曾经存在的东西，即使不能长存于人们的记忆里，但还是会存在于历史文献和文学作品中。读穆时英的小说，相信永远都不能让我们对旧时上海滩的一切失去记忆。读一读上引穆时英小说中的一段文字，相信上海滩这个昔日东方不夜城的影像将在我们的记忆中永远驻留。

那么，上面一段文字何以有如此的突破力，让人为之难忘呢？

无他。作者运用"列锦"表达法娴熟而巧妙。

这段文字是小说的开头部分，描写"皇后夜总会"周围的霓虹灯夜景。以此为背景，描写20世纪30年代上海滩夜总会中一群男女主人公的夜生活情状及其背后的故事。小说一开头连用四个偏正结构的名词短语："红的街，绿的街，蓝的街，紫的街"，而且这四个短语都各自成句，这是典型的列锦修辞文本。它通过"红"、"绿"、"蓝"、"紫"四种颜色的变化写旧时上海滩夜景中的街道影像。虽然造句极为简洁，却经由颜色的丰富多彩，如电影的镜头组合方法"蒙太奇"（montage）一样，呈现出旧上海灯红酒绿的夜生活图画，让人不禁遐思万千，情不自禁地随着作者的文字而作充分的联想，仿佛通过时光隧道，进入昔日的"十里洋场"。

至于紧随其后的另一段文字，则更将昔日"十里洋场"的繁华景象尽显眼前："亚力山大鞋店，约翰生酒铺，拉萨罗烟商，德茜音乐铺，朱古力糖果铺，国泰大戏院，汉密而登旅社……"这七个句子，每个句子都是一个偏正结构的名词短语，表示的都是一家商店或商铺的名称，也是典型的"列锦"修辞文本模式。由于每个句子都是一个名词短语的形式，表示的都是一家商铺名称，这就使所描写的诸多商铺形象显得比较抽象或模糊。但是，正是这种抽象或模糊，恰恰给读者解读文本留下了更多的想象空间。每个商铺是什么样子，卖的是什么，店铺装潢如何，客流量如何等，都可以由读者凭借自己的日常生活经验，通过再创造性想象或创造性想象予以补充发挥，从而在脑海中复显出一种新的影像。如此，作品自然能够达到"一千个读者有一千种解读"的接受效果，作品的审美价值就会大大提升。作者一气铺排七家店铺而不以正常汉语句子予以详细描写的意图，正在此矣。七家店铺（其实是更多，省略号的添加便是此意）以七个名词短语表示，而且是以七个并列句的形式出现，让读者顺着作者的笔触读下去，感觉就像是一个个电影镜头匆匆摇过，将旧时畸形繁荣的上海滩影像生动鲜活地呈现出来，让人遐思无限。

那么，这七个名词短语的铺排何以有如此独特的突破力呢？这就与"列锦"表达法本身所具有的魅力有关。因为"列锦"文本都是以名词或名词短语并列堆砌的形式出现，突破了汉语语法规则，这本身就显现出其"新异性"的特质，易于迅速抓住接受者的注意力。除此，诸多名词或名词短语采用既并立又对峙的形式，其间因没有动词与连词、介词等的绾合，对其他名词或名词短语的句法依赖性也不复存在，因此，其在句中的独立性就大大增强，表义的自由度也大大增强。因为，越是孤立的名词（或名词短语），其在表意上就越具有"多义性"，也越能给人留下更多的想象空间。如果按常规，遵循汉语语法规则，将各名词安置到一定的结构位置中，并且与相关的动词结合，又与连词、介词牵连，那么这个名词在特定的上下文语境中，其含义就限定了。这样，就无法给读者以表意多义性、形象丰富性的联想。就像一个女子，如果与人订婚或结婚了，那她的社交生活就没有太多的自由，生活的丰富性就要大打折扣；而孤身一人，则可以有无数种与他人自由交往的方式，生活就可以丰富多彩。

读穆时英的小说，常让人有一种读唐诗宋词的感觉，这主要是源于他的小说时不时地运用"列锦"表达法叙事写景。除上引例子外，以下诸片段也是运用了"列锦"表达法的修辞文本：

> 穿上了外套，抽着强烈的吉士牌，走到校门口，她已经在那儿了。这时候儿倒是很适宜于散步的悠长的煤屑路，长着麦穗的田野，几座荒凉的坟，埋在麦里的远处的乡村，天空中横飞着一阵乌鸦……
>
> ——《被当作消遣品的男子》

> 蔚蓝的黄昏笼罩着全场，一只 saxophone 正伸长了脖子，张着大嘴，呜呜地冲着他们嚷。当中那片光滑的地板上，飘动的裙子，飘动的袍角，精致的鞋跟，鞋跟，鞋跟，鞋跟，鞋跟。蓬松的头发和男子的脸。男子的衬衫的白领和女子的笑脸。伸着的胳膊，翡翠坠子拖到肩上。整齐的圆桌子的队伍，椅子却是零乱的。暗角上站着白衣侍者。酒味，香水味，英腿蛋的气味，烟味……独身者坐在角隅里拿黑咖啡刺激着自家儿的神经。
>
> ——《上海的狐步舞》（一个片段）

> 华东饭店里——
> 二楼：白漆房间，古铜色的雅片香味，麻雀牌，《四郎探母》，《长三骂淌白小娼妇》，古龙香水和淫欲味，白衣侍者，娼妓掮客，绑标匪，阴谋和诡计，白俄浪人……
>
> ——《上海的狐步舞》（一个片段）

读这些文字，仿佛就在看电影，20 世纪 30 年代前后上海滩"十里洋场"形形色色、光怪陆离的影像顿时扑面而来，那些人，那些事, 如同自己亲历其中。

二、简约隽永之美: 转品的突破力

提升突破力, 获致"出新意于法度之中"效果, 还有一种汉语中古已有之的方法, 这便是"转品"表达法。

所谓"转品"(或称"转类")表达法, 是指一种在说、写时依据特定的语境临时将某一类词转化为另一类词使用, 以期收到特殊接受效果的语言表达方法。如宋人王安石的名句"春风又绿江南岸"之所以千古传诵, 关键就在于一个字用得好, 这个字便是"绿"。"绿"是表示颜色的词, 在语法分类上有两个属性: 一是名词(noun), 表示颜色。如"这是什么颜色?"答曰: "绿(色)。"二是形容词(adjective), 修饰名词。如"绿叶", "绿"修饰"叶", 表示"叶"的情状属性。但是, 在语法上, "绿"是从来都不充当动词(verb)。王安石的"春风又绿江南岸", 之所以赢得千古文人掉头苦吟, 就是他能出人意料地用"绿"充当了动词的角色, 从而获得了"出新意于法度之中, 寄妙理于豪放之外"的表达效果。这个效果的取得, 就是"转品"表达法的功劳。

陈望道先生曾指出: "说话上把某一类词转化作别一类词来用的, 名叫转类。汉语从《马氏文通》以来普通分词为九类, 就是: ①名词; ②代词; ③动词; ④形容词; ⑤副词; ⑥介词; ⑦连词; ⑧助词; ⑨叹词。这是现在一般的分法, 将来研究更加深入, 可能有另外的分法; 分类的标准也可能用另外的标准。我们以为可以依据词的组织功能分类, 这里且不详说; 但可断言: 词可以分类, 词也必须分类, 某词属于某类或某某类, 也都可以一一论定。修辞上有意从这一类转成别一类来用的, 便是转类辞。"[1] 略有语言学常识者都知道, "每一种语言都有其长期使用中所形成的固定语法规范。即某一类词在句子中可以充当某一种语法成分是有一定规律的, 使

---

[1] 陈望道:《修辞学发凡》, 上海教育出版社 1997 年版, 第 190 ~ 191 页。

用这一语言的所有人都应遵守这一共同的语法规范，不可逾越，否则便会带来语言的混乱和交际的困难。但是，我们也应该看到，语言是发展的，语言是一种社会现象，语言使用中常有突破语法规范的事出现，这是不可否认的事实，也是语言发展和语言使用所许可的正常现象。转类修辞法即是其中之一"①。

以"转品"表达法建构的文本，称之为"转品"修辞文本。这种本文，一般说来"多是建立在表达者意欲通过突破正常的语法规范来强化接受者的'不随意注意'从而实现其交际目标的心理之上的。从表达上看，转类修辞文本的建构可以增加修辞文本的生动性和新颖性，同时还兼具简洁性的特点和效果，凸显表达者力图突破语言规范的束缚、锐意创新地进行思想情感表达的求新求异的心理；从接受上看，由于表达者所建构的修辞文本突破了接受者心理上已经习惯的常式语法表达的定型模式，这就易于引发接受者文本接受过程中的'不随意注意'，进而加深对表达者所建构的修辞文本的印象与理解"②。

正因为"转品"表达法有很好的提升语言突破力的效果，因而，古往今来运用此法表情达意者甚众，精彩的"转品"修辞文本也很多。下面我们略举几例，以见其实效。

（一）人其人，火其书，庐其居：韩愈的语法

然则如之何而可也？曰："不塞不流，不止不行，人其人，火其书，庐其居；明先王之道以道之，鳏寡孤独废疾者有养也。其亦庶乎其可也！"

——唐·韩愈《原道》

上引一段文字，是唐代大文豪韩愈《原道》一文中的最后一段。

---

① 吴礼权：《修辞心理学》（修订版），暨南大学出版社 2013 年版，第 88 页。
② 吴礼权：《修辞心理学》（修订版），暨南大学出版社 2013 年版，第 88~89 页。

《原道》一文，其题旨就是"探求儒道之原，用以排斥佛老之说"。因为"唐代宗教极为兴盛，奉道教为国教；而对佛教的提倡，亦不遗余力。到了中唐，脱离生产的宗教徒大量增加，他们享有免租、免税等特权，占有大量土地，成为剥削阶级中的一部分。崇儒教，辟佛老，是韩愈一生志事所在"①。也正因为以"崇儒教，辟佛老"为志事，结果《韩昌黎集》中不仅有了这篇散文名作，还增添了一首名诗。这首名诗就是传诵千古的《左迁至蓝关示侄孙湘》：

> 一封朝奏九重天，夕贬潮州路八千。欲为圣朝除弊事，肯将衰朽惜残年？云横秦岭家何在？雪拥蓝关马不前。知汝远来应有意，好收吾骨瘴江边。

这一文一诗，在文学史上都是非常有名的；在韩愈的人生轨迹上则是互为因果的。因为坚持《原道》所阐发的辟佛理念，结果不计得失上书唐宪宗而被贬，这就有了这首别侄孙述怀的诗作。诗中所说"一封朝奏九重天，夕贬潮州路八千"，说的是唐宪宗元和十四年（公元819年）正月，韩愈上书唐宪宗，谏迎佛骨触怒宪宗而贬出京城之事。《旧唐书·韩愈传》记载，"疏奏，宪宗怒甚。间一日，出疏以示宰臣，将加极法"。后幸得裴度、崔群等人力谏，乃将韩愈由刑部侍郎贬为潮州刺史。

依韩愈对问题的敏锐洞察力，上书唐宪宗将有什么后果，他应该是清楚的。但为什么明知不可为而为之呢？这一点，在上引《原道》末尾一段文字中已经表述得非常清楚了。"明先王之道以道之，鳏寡孤独废疾者有养也"，乃是他的理想。

那么，怎样才能实现这一理想呢？他提出了具体的解决方案："人其人，火其书，庐其居。"这三句九个字，既是斥佛崇儒的具体办法，也是《原道》全文的画龙点睛之笔，给人的印象非常深刻。

---

① 朱东润主编：《中国历代文学作品选（中编）》（第一册），上海古籍出版社1980年版，第286页。

　　这三句话，只有区区九个字，何以有如此的突破力呢？

　　因为这三句话是一个修辞文本，是由"转品"表达法建构起来的文本。它的意思是说："让皈依佛老的教徒还俗为普通人，从事农业生产，负担起大唐臣民所应尽的完粮、纳税、服役的义务；烧毁佛老的经书；将寺观庙宇改为民用之居室，让民众安居乐业。"①这么复杂而丰富的语义，若是依汉语语法的规范组词成句，则绝非九个字所能完成的。但是，事实上韩愈却做到了，他以三句话共九个字就把上述丰富而深刻的语义予以概括了。真可谓一字千金，达到了"丰而不余一字，约而不失一词"的崇高境界。

　　"人其人，火其书，庐其居"这九个字的修辞文本，每句的第一个字本来都是名词，但在句中却临时转类为动词。第一句的第一个"人"字，并不表示"人"这一概念，也就是说，它已经不是名词，而是转类做了动词，是"使……成为（普通）人"之意；第二句的第一个"火"字，也不是表示"火"这一概念，即不是当作正常的名词使用，而是转类成为动词，充当了动词"烧"的角色；第三句的第一个"庐"字，情况亦然，由原来表示房舍的名词"庐"，转类成了表示"使……成为庐"之意的动词。很明显，"这一修辞文本由于突破了正常的汉语语法规范，在表达上要比正常表达显得更简洁且具生动性、新颖性；在接受上，表达者所建构的这一修辞文本在语法上突破了正常的汉语语法规范，使接受者易于由文本表达的新颖性而引发其阅读接受过程中的'不随意注意'，从而深入探求表达者文本建构的用意，加深对文本的印象和理解。而这正是表达者写作此文所要达到的目标——排斥佞佛风气，劝世崇儒兴国"②。由此可见，"人其人，火其书，庐其居"这三句九字，作为韩文结尾的点睛之笔，无疑是具有极强突破力的。

---

　　①　吴礼权：《修辞心理学》（修订版），暨南大学出版社 2013 年版，第 89 页。
　　②　吴礼权：《修辞心理学》（修订版），暨南大学出版社 2013 年版，第 89 页。

（二）衣服宽大，不鞋而屐：魏晋名士的风流

> 所以我们看晋人的画像或那时的文章，见他衣服宽大，不鞋而屐，以为他一定是很舒服，很飘逸的了，其实他心里都是很苦的。
>
> ——鲁迅《魏晋风度及文章与药及酒之关系》

上引一段文字，是鲁迅谈魏晋风度的文字。

说到魏晋风度，大家都很感兴趣，想知道究竟什么是魏晋风度。据说，早些年，我们复旦大学中文系有一位老教授不修边幅，一件衣服穿得油光发亮也不洗。这也就罢了，他衣服洗不洗毕竟是他的事，到底是他夫人不给洗，还是他不让夫人洗，那就谁都不知道了，大家也不好打听，更不好劝说。一次，他上课写错了字，想擦了重写，可是一时找不到黑板擦了。情急之下，他就用衣袖来擦黑板。结果，惹得全班同学哄堂大笑。对此，老先生脸不变色心不跳，从容应曰："有什么好笑的？这叫魏晋风度。"这以后，大家不仅不笑话他了，还对他崇敬有加，甚至也有学生学他的样子。有的学生早上赖床不起，快上课时才匆匆起床，蓬头垢面，一边扣衣扣，一边骑自行车冲向教室。别的同学笑话他，他则振振有词地回一句："没文化！这叫魏晋风度。"

魏晋风度确实与不修边幅有关，但并不是全部。根据南朝宋人刘义庆《世说新语》所记载的事实，魏晋风度主要包括如下几个主要方面。一是崇尚清谈，也叫"谈玄"，就是对老庄学说和思想任意发挥，说些玄而又玄的道理，或是对人物进行评品。一些名流的只言片语，往往被后进青年追捧，奉为经典。其实，很多名流的名言，用今天的话来说，就是扯淡，没什么意义。二是行为放荡，不受传统礼法约束，做事荒唐。如客人到访不迎接，而是放狗咬；到别人家进不了门，就钻狗洞学狗汪汪叫；在屋内裸体喝酒读书，还强词夺理指责别人进入他屋中；看见美女当炉，就喝醉睡在她身旁等，不一而足。三是喝酒、吃药。有些人三日不饮酒，便"觉形神

不复相亲"；有些人不仅迷信炼丹术，还服食五石散，希冀羽化登仙。四是寄情山水，登山泛舟。王子猷雪夜访戴，兴到而往，兴尽而归，就是典型例子。谢安与王羲之等名士挟妓游山玩水，并放言"我卒当以乐死"，实际上就是醉生梦死的及时行乐。五是标榜风雅，喜怒不形于色。谢安与人下棋时，淮上大捷传来，他假装无事，直到局罢，才从容不迫、漫不经心地说了一句："小儿辈大破贼。"顾雍与人下棋时闻儿顾劭死讯，表面上"神气不变"、"豁情散哀，颜色自若"，实际上则"以爪掐掌，血流沾褥"。六是追赶时髦。一些所谓名士因无经济实力喝酒、吃药，也无条件访名山、泛清流，遂着宽大衣服穿上木屐，以展现时尚与风雅。上引文字中鲁迅提到的"衣服宽大，不鞋而屐"，说的就是这第六种魏晋风度的情状。

"衣服宽大，不鞋而屐"，虽然只有八个字，却将魏晋名士的服饰特征写得鲜活生动，可谓是以最少的文字写出了最为丰富的内容。特别是"不鞋而屐"四个字，更是精炼、简洁而又张力十足。

那么，为什么会有这种效果呢？这是因为鲁迅先生运用了"转品"表达法。

鲁迅所说的"不鞋而屐"，其实就是"不穿鞋子而穿木屐"的意思。但是，鲁迅先生没有用八个字表达，而选择了"不鞋而屐"四个字。"根据现代汉语语法规范，否定副词'不'是不能修饰名词'鞋'的，'鞋'和'屐'都是名词，不能作动词用，也不可直接充当谓语。但是，在鲁迅先生所建构的上述修辞文本中，却是突破了现代汉语的语法规范，让名词'鞋'和'屐'在句中都当了动词，并充当了谓语。而且，从表达上看，这一修辞文本明显要比正常的表达显得经济简洁且具生动性和新颖性；从接受上看，由于表达者所建构的修辞文本在表达上具有新异性，自然就易于引发接受者阅读接受中的'不随意注意'，进而追索其文本如此建构的因由，加深了对文本的印象和理解，并从中获得一种文本建构的智慧和解读文本的愉悦。"① 正因为如此，很多读者在读到"不鞋而屐"时会感到不解，甚至怀疑鲁迅先生是否犯了语法错误。但是，结合上下文语境，又觉得这样的措辞并不影响语义的表达。相反，仔细回味咀嚼后，还觉得这样的表达十分简洁生动，是一种创意造言的智慧，大大提升了文本的突破力。

（三）出到最后一册的时候，偏来牛一下子：鲁迅调侃赵景深

《小说月报》到了十一月号，赵先生又告诉了我们"塞意斯完成四部曲"，而且"连最后的一册《半人半牛怪》（Der Zentaur）也于今年出版"了。这一下"Der"，就令人眼睛发白，因为这是茄门话，就是想查字典，除了同济学校也几乎无处可借，那里还敢发生贰心。然而那下面的一个名词，却不写尚可，一写倒成了疑难杂症。这字大约是源于希腊的，英文字典上也就有，我们还常常看见用它做画材的图画，上半身是人，下半身却是马，不是牛。牛马同是哺乳动物，为了要"顺"，固然混用一回也不关紧要，但究竟马是奇蹄类，牛是偶蹄类，有些不同，还是分别了好，不必"出到最后的一册"的时候，偏来"牛"一下子的。

——鲁迅《风马牛》

鲁迅好打笔墨官司，曾与林语堂先生打过，也跟梁实秋先生打过。林语堂与梁实秋都是 20 世纪上半叶就已经闻名于世的作家，鲁迅与他们所打的笔墨官司，文坛上大家早就知悉，耳熟能详。至于鲁迅跟学者所打的笔墨官司，就不太引人注意了。例如跟赵景深先生的笔墨官司，就是如此。上引一段文字，就是鲁迅与赵景深就翻译问题所打的笔墨官司。

赵景深，何许人也？在创作界也许知之者不多，但在学术界，

---

① 吴礼权：《修辞心理学》（修订版），暨南大学出版社 2013 年版，第 90 页。

赵景深却是赫赫有名的大学问家。"赵景深，1922 年毕业于天津棉业专科学校，后来却从事创作、翻译。20 世纪 40 年代接受郑振铎的建议，转而专治中国古典戏曲，卓然有成，28 岁即成为复旦大学教授。他做复旦大学教授，开设古典戏曲研究课程，不是一般学究式的从理论到理论，而是既讲又唱且做，真是讲唱做俱佳。他有时上课讲着讲着，突然爬到桌子上，唱了起来。不但自己会唱 20 多种地方戏曲，全家人都会。据他的弟子、复旦大学中文系教授李平回忆说，20 世纪 50 年代，为使中文系学生对中国传统戏曲有感性的认识，他曾多次亲率'赵家班'在复旦相辉堂粉墨登场，搬演《长生殿》、《邯郸记》等折子戏。自己演唐明皇，夫人扮杨贵妃，一时轰动复旦园。中国学术界研究古典戏曲能唱做俱佳者，实是凤毛麟角。这还不算，他的学术研究成就则更大。新中国成立后，他曾任中国古代戏曲研究会会长、中国俗文学学会名誉会长，其在中国古典戏曲与俗文学研究方面的独一无二的地位，是无人不知的。"①

　　赵景深先生早年喜欢从事域外文学作品的翻译工作，因而提出了自己的翻译主张，即"顺而不信"。这一主张，正好与鲁迅相反。鲁迅主张"硬译"，即完全按照外文的语法结构及语义直译，强调的是一个"信"字。因为翻译主张完全相左，而赵景深先生恰恰又有一个小把柄被鲁迅抓住（赵氏将"塞意斯完成四部曲"的最后一册《半人半马怪》误译成了《半人半牛怪》），于是一向以言辞刻薄著称的鲁迅便向赵氏投去了一把把锋利的匕首。由上引一段文字，我们就可以约略看到鲁迅投出的"匕首"有多锋利。

　　不过，应该指出的是，鲁迅虽然言辞刻薄，但是他打笔墨官司时攻击对方的语言确实很有突破力，因而杀伤力也很强，往往让对手毫无招架之功。上引对于赵景深的嘲讽文字，情况亦然。特别是文末那句"偏来'牛'一下子的"，尤其让人印象深刻，让赵氏刻骨难忘。

---

　　① 吴礼权：《传情达意：修辞的策略》（修订版），暨南大学出版社 2014 年版，第 143～144 页。

那么，何以这句有如此强的突破力呢？那是源于鲁迅巧妙地运用了"转品"表达法。我们都知道，"'牛'是个表示事物概念的名词，依据汉语语法规则，名词可以作主语、宾语，有时也可以作定语修饰名词。但是名词后面是绝不可以跟数量词作补语的。鲁迅却让名词'牛'后面跟了一个数量值组'一下子'作补语。这是不是因为鲁迅文理不通，不懂汉语语法呢？显然不是这样。鲁迅这样写是一种修辞策略，他根据上文的语境，借赵景深把'半人半马怪'误译成'半人半牛怪'的'牛'字顺势而下，并让名词'牛'临时转品，充当动词。所谓'偏来牛一下子'，实际表达的即是'偏来乱译一下子'或'偏来张冠李戴地乱译一气'的意思。如果真的这样写了，那就形同泼妇骂街了，文人论争的温文尔雅风度也就荡然无存了"①。毕竟鲁迅是精通人情世故的，也是了解世道人心的。他当然知道，既为文人，就总得有点文人风范，即使与人论争，最后一块温情脉脉的面纱总不能彻底撩落去。于是，他没有直言相讽，而是巧妙地运用了"转品"表达法，以"偏来'牛'一下子的"的奇特句法将其讽嘲之意表而出之。由此，不仅使文本在表达上顿显新颖灵动、含蓄幽默，而且在文本接受上也给人以更大的咀嚼回味空间，有"不著一字，尽得风流"之妙，不失君子论争应有的优雅风范。

（四）不英雄的把头埋在被子里：老舍的无奈

> 两地的风都有时候整天整夜的刮。春夜的微风送来雁叫，使人似乎多些希望。整夜的大风，门响窗户动，使人不英雄的把头埋在被子里；即使无害，也似乎不应该如此。我生在北平，听惯了风，可也最怕风。
>
> ——老舍《春风》

---

① 吴礼权：《传情达意：修辞的策略》（修订版），暨南大学出版社2014年版，第144页。

　　上引这段文字，是著名作家老舍叙述自己在山东济南与青岛两地生活的经历，抒发对当地各个季节的风的感受。

　　《春风》全文叙事娓娓道来，文字简洁流畅，符合老舍一贯的语言风格。上引一段文字，情况亦然。只是读者在读到"整夜的大风，门响窗户动，使人不英雄的把头埋在被子里"这一句时，可能会突然停顿下来，并为之一愣，心中升起一团疑问：为什么老舍会造出"不英雄的把头埋在被子里"这样的句子？是不是老舍笔误写错了？或是文章印刷时出现错误？

　　其实，情况并不是如上述疑问的那样，老舍的原文就是这样写的。既然他是这样写的，自然有他的道理。我们都知道，在中国现代作家中，老舍是最讲究文字锤炼的，对汉语语法修辞有相当的造诣，并且还写过如《小花朵朵》、《出口成章》等谈文学语言问题的专著。如《小花朵朵》中谈"人物、语言及其他"时，他指出："语言的运用对文学是非常重要的。有的作品文字色彩不浓，首先是逻辑性的问题。我写作中有一个窍门，一个东西写完了，一定要反复念，念给别人听（听不听由他），看念得顺不顺？准确不？逻辑性强不？……看看句子是否有不够妥当之处。我们不能为了文字简练而简略。简练不是简略、意思含糊，而是看逻辑性强不强，准确不准确。只有逻辑性强而又简单的语言才是真正的简练。"又说："运用文字，首先是准确，然后才是出奇。文字修辞、比喻、联想假如并不出奇，用了反而使人感到庸俗。讲究修辞并不是滥用形容词，而是要求语言准确而生动。文字鲜明不鲜明，不在于是否用了有颜色的字句。一千字的文章，我往往写三天，第一天可能就写成，第二天、第三天加工修改，把那些陈词滥调和废话都删掉。这样做是否会使色彩不鲜明呢？不，可能更鲜明些。文字不怕朴实，朴实也会生动，也会有色彩。齐白石先生画的小鸡，虽只那么几笔，但墨分五彩，自然能使人看出来许多色彩。写作时堆砌形容词不好。语言的创造，是用普通的文字巧妙地安排起来的，不要硬造字句……宁可写得老实些，也别生造。"

　　由老舍的上述论点，我们就可以知道，老舍写文章对于每个字都是非常认真推敲的，主张运用文字"首先是准确，然后才是出奇"。可见，他对如何处理好准确表达与出奇创造的关系是有正确认识的。上引一段文字中那句"使人不英雄的把头埋在被子里"的话，应该就是老舍意在"朴实表达"的基础上寻求"出奇"的修辞努力，而不是他不懂语法犯了语法错误。我们都知道，"按照现代汉语语法规范，否定副词'不'只能修饰限制动词或形容词，如'不走'，'不好'等等，不修饰限制名词如'英雄'等。可是老舍文中的'不英雄'，则突破了上述这些最基本的汉语语法结构规则，直接让否定副词'不'修饰名词'英雄'。很明显，这是修辞上的用法，是在作者所设定的特定语境中临时将名词'英雄'改类变性，转挪成动词使用了。所谓'使人不英雄的把头埋在被子里'，其实就是'使人不能硬充英雄地把头埋在被子里'的变异说法。由于表达者老舍所建构的'整夜的大风，门响窗户动，使人不英雄的把头埋在被子里'这一修辞文本，突破了汉语语法最基本的结构规则，因而，在表达上就显具新异性、简洁性的特点；在接受上，由于文本的反语法规范所带来的新异性和不期而至的简洁性，自然易于激发出接受者的注意，增加其文本解读接受的兴味，从而获取到一种文本解读接受中的审美情趣"①。认识到这些，我们就会更加佩服老舍创意造言的智慧与驾驭文字的娴熟。

（五）不烟、不酒、不茶、不咖啡：李敖的生活状态

有些人整天游手好闲、喜欢跟你聊天，我最怕交到这种朋友，因为实在没工夫陪他神聊，但这种人往往又极热情、极够朋友，你不分些时间给他，他将大受打击。所以一交上这种朋友，就不能等闲视之。这种朋友会出现在你面前，以怜悯姿态劝你少一点工作，多享受一点人生。当然我是不受劝的，我照样过我的清教徒生活，不烟、不

---

① 吴礼权：《现代汉语修辞学》（修订版），复旦大学出版社 2012 年版，第 273 ～ 274 页。

酒、不茶、不咖啡、不下棋、不打牌、不考究饮食……什
么啤酒屋、什么电影院、什么高尔夫球……统统与我无缘。

　　　　　　　　　　　　　　　——李敖《李敖回忆录》

　　李敖的狂，李敖的傲，这是众所周知的。

　　李敖狂、李敖傲的表现很多，但最狂傲的话，则是他自称：五百年来白话文写得最好的，第一名是李敖，第二名是李敖，第三名还是李敖。

　　这话不仅在海峡两岸的文人圈内不被认可，就是在海外的华人圈里也恐怕有人要撇嘴。不过，实事求是地说，李敖的文章确实写得好，文从字顺，大白话写得如行云流水。用非专业术语说，叫作"好读"。文章内的许多俗语的运用，不仅不使文章减色，反而为文章增彩，有一种"言俗而意雅"的效果。

　　这是就写文章而言。从做人来说，李敖的狂与傲，其实是一种推销自己的广告策略。他说自己是近五百年来白话文写得最好的第一名，还要包揽第二名、第三名，不给别人留口汤喝，恐怕是意在以"铺张扬厉"之言耸动人心，引起人们对他的关注而已。就像李白一样，说自己的忧愁时，说"白发三千丈"；发怀才不遇的牢骚时，说自己的文章"万言不值一杯水"。心理学的原理告诉我们，具有"新异性"的刺激物最易引起接受者的注意。文人喜欢运用夸张修辞法表情达意，就是意在以突破常规的语言表达作为"新异性"的刺激物，使接受者心灵受到较大震撼，从而引发他们的注意，并由此引发情感或思想的共鸣。楚霸王项羽兵败垓下，自刎前在乌江边还唱了一首歌："力拔山兮气盖世，时不利兮骓不逝。骓不逝兮可奈何，虞兮虞兮奈若何！"虽然大家都知道，项羽失败咎由自取，但听了这首铺张扬厉、怨天尤人的歌，还是为他掬一把同情的泪，齐声谴责刘邦是流氓地痞，不该由他做皇帝。众所周知，做人不能太张扬，但做广告或推销自己时绝对要张扬，要用"夸张"表达法。个中的缘由，早在两千年前的东汉，大思想家王充在《论衡·艺增》篇中就已论述："世俗所患，患言事增其实。着文垂

辞，辞出溢其真，称美过其善，进恶没其罪。何则？俗人好奇。不奇，言不用也。故誉人不增其美，则闻者不快其意；毁人不进其恶，则听者不惬于心。闻一增以为十，见百益以为千。使夫纯朴之事，千剖百判；审然之语，千反万畔。"

由此可见，语言表达要想提升突破力，引起接受者的注意，那是需要讲究表达方法的。"夸张"表达法固然是一种有效方法，但并不是唯一的方法。事实上，有效提升突破力的语言表达法还有很多。例如，前文我们一再讲到的"转品"表达法，在提升突破力方面就有很好的效果。上引李敖回忆录中的一段文字，其中"我照样过我的清教徒生活，不烟、不酒、不茶、不咖啡……"这句话，就是运用了"转品"表达法。

以汉语为母语的人都知道，在汉语语法规则中，否定副词"不"的语法功能是修饰或限制动词或形容词，如"不走"、"不美"等。一般说来，是不允许否定副词与名词匹配的。这是基本的汉语语法规则，虽然语法学家讲不出什么理据，但语言是社会现象，是社会团体约定俗成的产物。什么样的表达符合语法规范，由说这种语言的全体社会成员认可就可以了，不必要讲出什么道理。也许某些语法规范并不一定就有合理性，但是约定俗成后，全体社会成员就必须遵守。否则，各说各话，语言就不能充当人们之间沟通思想情感、传递信息的交际工具了。既然汉语语法规则规定否定副词"不"是不能修饰限定名词的，那么李敖何以要用"不"修饰"烟"、"酒"、"茶"、"咖啡"等名词呢？造成这种情况，只有两种解释：一是李敖不懂汉语语法，二是李敖懂汉语语法，却明知故犯。前一种可能几乎没有，李敖是文字功底非常好的作家，不会不懂汉语语法。再说，在他的许多文章与著作中也都是遵守这一语法规则的。那么，就只有一种可能了，李敖故意要突破汉语语法规范，有意进行一种创意造言的努力。也就是说，他这样写是一种修辞行为，他所写的这句话是一个修辞文本。事实上，情况正是这样。李敖所写的这句话，是在文本给定的语境下临时赋予了"烟"、"酒"等名词以动词的功能角色，是"转品"表达法。所谓"不烟、不酒、不茶、不咖啡",按正常的语法规则中规中矩地来表达,就是"不抽烟、不喝酒、不饮茶、不品咖啡"。但是,李敖没有遵守汉语之"法",而是有意突破了汉语语法规范,连省了四个动词,造出了"不烟、不酒、不茶、不咖啡"这样"出格"的句子。不过,这种表达虽然"出格",但在读者的阅读接受中,不仅不影响对句子真实语义的理解,而且在表达上还别具新异而简洁的效果。从接受美学的层面看,由于"不烟、不酒、不茶、不咖啡"这种特异句法具有"新异性"的特质,在文本接受中很易于引发读者的注意,提高文本解读的兴味,从而"获取到文本解读接受中一种平淡情事艺术化的审美情趣"①。

三、资源重组的价值:序换的突破力

汉语语法与印欧诸语系的语法不同,这从构词法与句法上都能看得很清楚。从构词法上看,汉语没有严格的形态变化,不像英语等印欧语系的语言有严密的形态变化。比方说,英语的 work 与 worker、work 与 worked 及 working,词干都是一样的,只在词尾上略作形态改变就能有规律地变换出另一个词。汉语中除了"了"等个别词具有形态(语法学界称之为"广义形态")的性质外,是找不出什么形态变化的。从句法上看,汉语句法结构弹性比较大。如"依我看,明天可能要下雨",这句话也可以这样说:"明天,依我看,可能要下雨"或"明天可能要下雨,依我看"。又如"他骗人,我恨他",这句话也可以这样说:"因为他骗人,所以我恨他"或"他骗人,所以我恨他",加关联词与不加关联词,加一个关联词或是两个关联词,都不影响句子所表达的意思。可见,汉语句法在结构形式上并不是那么严密的。而英语等印欧语系的语言,则完全不是这样,大家都学过英语或德语等,这里毋庸赘述。不过,值得指出的是,汉语句法结构形式虽然有较大的弹性空间,但是语序又是

---

① 吴礼权:《现代汉语修辞学》(修订版),复旦大学出版社 2012 年版,第 274 页。

汉语有别于印欧诸语系各语言的重要方面。因为汉语的语序有别义的功能。比方说，"面汤"与"汤面"，构词的两个语素完全相同，只是语序有了变动。可是，随着语序的变动，词的语义也随之发生了变化。"面汤"是指下面条时面条捞起后剩下的汤，而"汤面"则是指带有汤水的面条。又如在"不怕一万，就怕万一"这个句子中，"一万"与"万一"，虽然仅是语序的变换，在语义上却有很大差别。"一万"是表示"很多次"，"万一"表示"意外的一次"。

正因为汉语语法中有语序别义的特有现象，所以表达者有意识地根据汉语特点，运用汉语语法这一特殊变序别义的语用资源，就可以建构出很有突破力的修辞文本，从而提升我们的语言突破力。这种有意识地利用汉语特点，在特定的语境下，适应特定的表达意图，"利用汉语单音节词占一定数量（古代汉语则是占绝对优势）和语序在汉语表意中具有特别重要的意义这两大特点，通过词或短语、句子语序的变换实现语义的转换，从而达到表意深刻隽永、别具幽默讽刺效果的语言表达策略"[①]，修辞学界给它一个名称，叫作"序换"（或称"变序"）。

因为"序换"表达法有较强的突破力，因此古往今来都有人运用这一表达法。下面我们略举几例，以期"窥一斑而知全豹"。

（一）先生教死书，死教书，教书死：陶行知对传统教育的评价

> 先生教死书，死教书，教书死；学生读死书，死读书，读书死。
>
> ——陶行知联语评判中国传统教育

我们大概从小就听大人或老师说过："熟读唐诗三百首，不会作诗也会吟。"又听人说过："书读百遍，其义自见。"这些话的中

---

① 吴礼权：《语言策略秀》（修订版），暨南大学出版社2013年版，第61页。

心意思，就是教育学生要多背诵、多朗读。通过背和读，自己慢慢理解诗文的意思。

众所周知，通过背诵与朗读的方法进行学习，是中国古代最基本的教学方法。对于这种教学方法，近现代教育家大多持批评态度，认为这种教学法是不科学的、落后的方法，中国近现代的落伍，在很大程度上与这种不科学的教学方法培养不出好的人才有关。因此，全盘西化的理念由此逐渐在中国现代教育界占了绝对的上风。但是，时至今日，教育界很多人蓦然回首，发现西式的教学方法日益显现出很多弊端。于是，现在又有不少人重新想起了中国古代诵读教学的好处，近些年来，在内地与台湾都有人在提倡诵读教学并在孩子中进行试验。

古代的诵读教学法，我们不能一棍子打死。客观地说，它有一定的好处，那就是充分开发孩子早期的记忆力，对于打好基础，进一步强化日后的学习，肯定是有益的。心理学的实验早已证明了这一点。但是，应该指出的是，要想培养出杰出的人才，仅靠诵读教学法，那肯定是不行的。说到这里，不禁让我们想起了清代游戏主人《笑林广记》中说到的一个笑话：

> 一师设教，徒问"大学之道"如何讲，师佯醉曰："汝偏拣醉时来问我。"归与妻言之，妻曰："'大学'是书名，'之道'是书中之道理。"师颔之。明日，谓其徒曰："汝辈无知，昨日乘醉便来问我，今日我醒，偏不来问，何也？汝昨日所问何义？"对以"大学之道"，师如妻言释之。弟子又问："'在明明德'如何讲？"师遂捧额曰："且住，我还中酒在此。"

在这里我们可以看出，塾师之所以对"大学之道，在明明德"这样古代读书人皆知的句子都不能讲解其义，这就有力地说明了死记硬背的教学方法是有很大弊端的。如果塾师的老师当初教他的方法不是只管死记硬背，而是逐字逐句给他讲明意思，何来今日他对着学生不知所云的尴尬呢?

游戏主人上面这个故事虽然说的是一个笑话,但确实在一定程度上切中了中国古代诵读教学法的弊端,值得我们反思。上引陶行知先生的联语,正是他反思中国传统教学法弊端的结论。

对于中国传统的教学方法,近现代很多教育家都有过深刻的反思与尖锐的批评。但是,比起陶行知先生的联语来都逊色很多。

为什么呢?

因为陶行知先生的联语以极少的文字,对中国传统教学方法的弊端及其后果进行了鞭辟入里的批判,可谓一针见血,一语中的,给人留下了深刻印象。

那么,陶行知先生的联语何以有如此的突破力呢?这是因为他巧妙地运用了"序换"表达法。

这副联语,虽然总共只用到"先生"、"学生"、"教"、"读"、"书"、"死"等六个词,出现的汉字数量加起来也只有八个。但是,这八个字经由陶行知先生巧妙地组合,变成了"先生教死书,死教书,教书死;学生读死书,死读书,读书死"这样一副极富突破力的联语。"上联通过'教'、'书'、'死'三个单音节词的不同语序排列,写出了封建时代先生教学方式的落后呆板和先生教学生涯的悲情结局;下联通过'读'、'书'、'死'三个单音节词的不同语序组合,写出了封建时代学生读书方式的不科学和学生采用这种方式读书的悲惨结果。仅仅 22 字就将中国封建教育制度害人害己的弊端揭露得深刻深入,令人警醒。"① 可见,"序换"表达法运用得当,确实有异乎寻常的突破力。

(二)"妙不可言"与"不可言妙":母女观点的相左

新姑娘出嫁,母亲遣伴娘同往。伴娘回来,母亲问姑娘入洞房后说些什么话,伴娘说:"只听得姑娘说妙。"母亲说:"新过门的人如何说得妙。"乃用纸条写"不可言

---

① 吴礼权:《语言策略秀》(修订版),暨南大学出版社 2013 年版,第 61 页。

妙"四字，交伴娘带去给姑娘看。姑娘看了，亦写一纸条答复曰："妙不可言。"

——清·小石道人《嘻谈录》

孔子有言："饮食男女，人之大欲存焉。"（《礼记·礼运》）

孟子亦云："食、色，性也。"（《孟子·告子上》引告子语）

孔子与孟子都是圣人，但他们都率性磊落，从不讳言"性"。孔子认为，男欢女爱与吃饭喝水一样，都是人与生俱来的正当生理要求；孟子认为，吃饭、做爱，乃是人之本性。可见，两位圣人思想蛮是开明，丝毫没有假装正经。

可是，不知为什么，孔、孟之后，也不知是从什么时候开始，中国古代的大人先生们一边继续高喊"民以食为天"的口号，一边却悄悄地做爱而不声张，甚至对"性"讳莫如深，再也没人将"食"、"色"相提并论，没人强调它的合理性了。更有甚者，到了宋、明理学家嘴里，则更只有"天理"而无"人欲"了。南宋理学家朱熹说："圣人千言万语只是教人存天理，灭人欲"，完全曲解了孔、孟二圣的原意，简直是为了宣扬自己的学说而睁眼说瞎话。不过，我们的后圣以及帝王将相、达官贵人虽然讳言"性"，却一天也没停止过"性"事。皇帝仍然是三宫六院，达官贵人仍然是三妻四妾，文人学士仍然是青楼寻欢。只是他们都是只做不说，如果迫不得已要说，那也要找些漂亮词儿遮蔽，甚至予以美化。讲男女性爱之事，往往有很多讳饰的说法，比如"春风一度"、"颠鸾倒凤"、"搓粉抟朱"、"合欢"、"荐梦"、"荐寝"、"襄王梦"、"携云握雨"、"行云行雨"、"巫山云雨"、"云情雨意"等，不一而足。行事完毕，叫作"雨散云收"。夫妻做爱，叫作"敦伦"、"房事"、"衽席之爱"、"居室"、"同房"、"行房"、"行事"等。男女调情，叫作"拨云撩雨"或"撩云拨雨"。私慕意中人，叫作"窥宋"或"窥玉"。男女密会，叫作"待月西厢"或"桑中之约"。男女谈情说爱，叫作"咏月嘲风"或"调风弄月"。男女私通，叫作"暗度陈仓"、"盗香"、"通好"等。男女偷情，叫作"窃玉偷香"、"窃玉偷花"、"拈花弄柳"、"拈花惹草"、"招蜂引蝶"、"逾墙钻隙"等。男子嫖妓，叫作"傍花随柳"、"串花家"、"打野鸡"、"买春"、"觅柳寻花"、"眠花藉柳"、"眠花宿柳"、"攀花折柳"、"倚翠偎红"等。女子卖淫，叫作"开苞（首次接客）"、"卖春"、"卖花"、"卖笑"、"卖笑追欢"、"梳栊（首次接客）"、"送旧迎新（接送客）"、"送往迎来"、"下海"、"倚门卖笑"、"迎宾（接客）"等。这些词，不仅表意婉转，而且还颇有诗意，实在让人不得不佩服这些词的创造者的高度语言智慧。

如果说上述委婉语的创造具有高度智慧，那么，上引故事的创作者小石道人在创意造言方面则更胜一筹。这则故事中的一对母女，她们通过伴娘传递纸条，上面都是四个字。但是，这四个字的排列顺序有变化。母亲的纸条上写着"不可言妙"，意思是说，床第之乐可以意会，但不能言传。而女儿的纸条上写的"妙不可言"，只是将其母纸条上的四个汉字顺序作了调整，却真实地吐露了一个不谙世情的少女的心声："原来男女之事这么有趣，个中快乐真是难以言表。"两张纸条同是四个字，却因语序不同，遂使所表达的语义发生了巨大的变化，真切地反映出母女两代人对于"性爱"之事应该如何表达的不同态度，颇是耐人寻味。特别是女儿对母亲纸条内容的颠覆，尤其让人兴味盎然。因为她运用的正是前面我们说到的"序换"表达法，通过对其母"不可言妙"四字语序的微小变动，从而轻松地实现了语义的巨大跳跃，遂使文本表意深刻隽永，而且别具幽默诙谐的效果。

应该注意的是，由于这个故事不是真实的故事，而是小石道人创作的笑话，因此，这个"序换"修辞文本的成功，应该算是小石道人善于运用"序换"表达法的成果。

（三）自以为讲学，听众以为他在学讲：中国学者出洋讲学的真相

> 好几个拿了介绍信来见的人，履历上写在外国"讲学"多次。高松年自己在欧洲一个小国里读过书，知道往

往自以为讲学，听众以为他在学讲——讲不来外国话借此学学。

——钱钟书《围城》

上引这段文字，是钱钟书小说《围城》中的一个故事情节。

这个故事情节说的是，在抗战时期读书人谋职不易。国立三闾大学虽是小学校，但也一职难谋。若与校长高松年没有特殊关系，恐怕也是难以踏进三闾大学这个破门的。小说中描写的几个主要人物如赵辛楣、李梅亭、方鸿渐、顾尔谦、孙柔嘉等，都是与高松年有直接或间接关系的，这才有机会获聘教职。不过，中国人做事，即使是私下已经达成了交易，但表面上还是要做得冠冕堂皇。用今天的话来说，叫作"公开、公平、公正"，好像我们真的是到了"天下为公"的时代。就像现在中国内地许多工程建设或政府采购，都是建立了招投标制度的。但是，最后中投的往往是有幕后交易的企业。你要说不公平、不公正、不公开，他就说事先发布了招投标公告，一切都按照程序走了，合乎法律程序。反对者或有异议者想要质疑，也会"哑巴吃黄连，有苦说不出"。大学里教师的录用，情况亦然。大凡一所大学的院系要录用新人，往往也会在自己院系的网站上发布公告。但是，要录用谁，则早就由院系领导人决定了。因为公告上所设定的条件，就是为他所要录用的特定人选量身定做的，别人即使不识相地来参与竞争，也因不符合条件而被淘汰。《围城》里揭露了抗战时期中国教育界的很多阴暗面，小说中所反映的大学录用教师过程，其间也存在着任人唯亲的问题。如赵辛楣之获聘为政治学系主任、李梅亭之获聘为中国文学系主任，都是因为与校长高松年有非常密切关系的缘故。至于顾尔谦、方鸿渐、孙柔嘉之获得聘任教职，那是因为与赵辛楣等有关系的缘故。可见，这所国立大学在用人制度上也是很混乱的，存在着明显让人诟病的阴暗面。

不过，校长高松年毕竟是喝过洋墨水的，受过西式教育训练和民主制度的熏陶。他知道，既然政府在抗战时期这么艰难的条件下还坚持办大学，自己受命而掌一所国立大学，自然要把好教师聘任关（至少在表面上让人看来是这样）。正因为他还有这个办学理念，所以凡是要应聘国立三间大学教职的，无论关系亲疏，一律都是要看学历的。方鸿渐虽然是赵辛楣推荐的人选，关系也算是很硬了。可惜方鸿渐老实胆小，不敢在履历表上大大方方地填上"克莱敦大学"的学历，结果高校长原来答应给他的教授职位就没有兑现，改任副教授。而同是持假文凭的韩学愈在履历上填了"克莱敦大学"，还逢人就讲"克莱敦大学"是所好大学，是美国的贵族学校。他太太原是个流浪上海的白俄，经他这么一扯，也变成了美国人，更加印证了他"克莱敦大学"的含金量。结果，韩学愈被高校长聘为历史系主任。这事虽然非常荒唐，但是从侧面可以说明一点：高校长办学还是有"原则"的，一切看学历，而且喜欢洋学历。

正因为高校长是重学历的，也是讲"原则"的，所以凡是来国立三间大学求职的人都会主动向高校长递履历，而且要强调有在国外"讲学"的经历。上引一段文字，说的正是此事。有趣的是，虽然不少应聘者为了获得高校长的垂青而特别在履历上注明自己在外国"讲学"的光荣历史，但是高校长并不相信，因为他自己就是在欧洲小国留过学的人，知道有些国人在国外的所谓"讲学"是怎么回事，无非是在国外大讲老子、庄子，回国后大讲康德、黑格尔，中国、外国两头骗。于是，高校长每当看到有人在履历上炫耀国外"讲学"的经历时，不仅不会高看一眼，还会打从心眼里瞧不起。小说中所说"知道往往自以为讲学，听众以为他在学讲——讲不来外国话借此学学"，就是高松年的心里话（当然也是小说作者钱钟书心中所想表达的意思，只不过借高松年之口来说而已）。

"知道往往自以为讲学，听众以为他在学讲——讲不来外国话借此学学"，这句话一读就让读者忍俊不禁，觉得幽默而深刻。这是为什么呢？

无他。乃是因为作者在这句话里巧妙地运用了一个表达法，这便是前面我们所提到的"序换"。

我们都知道，所谓"讲学"，是指在某一研究领域有学术造诣或学术专长的专家学者在学术场所（如大中学校、科研机构）公开讲述自己的学术理论或某一方面的研究成果。很明显，这是一个神圣而具有很高层次的学术行为；而"学讲"呢？则意为学习讲话，那是小孩子或小学生们的事，是最原始而低等的语言行为。可见，"讲学"与"学讲"，虽然只是语序上的变化，却在语义上产生了极大的等级落差，所指内涵也大不相同。作者钱钟书正是利用汉语单音节字词组合自由、语序别义的特点，巧妙地"通过'讲学'与'学讲'二词字面上语序的细微差别和语义上的高下之别的对比，并借小说中人物高松年之口讲出，深刻地讽刺挖苦了那些假洋鬼子之类的学术骗子在国人面前招摇撞骗的丑陋行径"①。虽然嘲讽辛辣，但在辞面上却显得含蓄婉约，且不失幽默风趣，真可谓妙笔生花也！

（四）"看头上"与"看上头"：理发师与官员的对话

甲：我的职业是理发，比较注意观察头上。

乙：与你差不多，我是看上头。

——《中国青年报》1981 年 3 月 15 日第 8 版

在中国古代，打铁的、剃头的、杀猪的，都是贱业。从事这些职业的人，都是要被人看不起的。当然，这是古人落后的观念。追根究底，还是因为亚圣孟子不好，他有句话，叫作"劳心者治人，劳力者治于人"。本来，他这话说的是社会需要分工，从事脑力劳动的人有智慧，就让他们管理国家；从事体力劳动的人有体力没文化，就让他们从事耕种，提供赋税，养活"劳心者"。客观地说，这个观点没有错。因为社会分工是社会进步与发展的必然要求。但是，后来孟子的话被人曲解了，变成了歧视"劳力者"的依据。

---

① 吴礼权：《语言策略秀》（修订版），暨南大学出版社 2013 年版，第 62 页。

　　还好，随着时代的推移、社会的发展，人们的观念也进步了。"职业不分贵贱"的思想已经深入人心，现代社会谁要是再持老观点，反而要被人看不起了。因为观念进步了，现在对于原来认为不高尚的职业的从业者，其称呼也改变了。20世纪下半叶，中国社会还盛行"的"字结构的称呼语。比方说，"种田的"、"做工的"、"扫地的"、"剃头的"、"教书的"等，都是带"的"字的从业人员称呼语。大家都知道，在现代汉语里，凡是以带"的"字的短语来称呼人，多是带有歧视色彩。记得五年前，我的一位朋友是在内地一所最著名的大学里做教授，有一个女人穿戴颇具时尚，问到这位教授是在哪里就职。教授是一个非常高傲的人，打心眼里不想理会她。但是，碍于朋友面子，还是如实回答了，说在大学里工作。那女人马上回答说："哦，是教书的。"结果，那教授再也不搭理她了，认为她没文化。

　　其实，在中国内地，不仅做教师的人讳言人家称呼"教书的"，就是原来被认为是贱业的从业人员也讳忌别人用"的"字结构相称。因此，目前内地有关这方面的称呼，大致都有了约定俗成的习惯。比方说，不称呼"教书的"，而称"老师"、"先生"、"教授"，最正式的官方给定的称谓叫作"人类灵魂的工程师"。称呼"种田的"，要说"种植业主"；称呼"培植花木的"，要说"园艺师"；称呼"做工的"，要叫"师傅"；称呼"扫地的"，要说"城市美容师"。至于称呼"剃头的"，当然不能说"剃头的"，要叫"美发师"、"理容师"、"美容师"。不然，那"剃头的"不高兴，真的拿刀把你头给剃了。

　　与"剃头的"同样是"的字结构"的称谓，"做官的"则境遇完全不同。说到"做官的"，大家没有在心里鄙视他们的，而只有羡慕。因为在内地，"做官的"总是强势，而非弱势族群。他们虽然嘴巴上吃点亏，整天"人民的公仆"挂在嘴上，但事实上根本不把人民放在心里，也不会把人民放在眼里。因为，他们的官位不是人民给的，而是由上层更高的官员任命的。

　　因此，他们只对上负责，而不必对下负责。所谓"对上负责"，就是把上司侍候好，把关系搞好，讨得上司欢心，就能升官发财。所谓"对下负责"，就是对老百姓负责，为人民谋福祉。按常理，做官应该是"对下负责"有成绩，才能算是"对上负责"有交代。正因为做官不必在乎老百姓的口碑，而只在乎与上司的关系，因而在内地我们常常会发现这样一种现象：居官位而领导别人的，往往是既无一技之长，也无高尚品德的人。德才兼备者，往往并不在官位上，而是被别人领导。不仅政府行政机关有这种现象，甚至许多大学里也是如此，学术水平比较差的当院系领导，学术水平高的靠边站。因此，现在内地民间有句话，说一个人什么本事也没有，那就只好去做官了。因为做官不必要有专业背景，不必要有一技之长。如果说要有"一技之长"，那事实上也是有的，就是"嘴巴功夫"和"活动能力"。所谓"嘴巴功夫"，就是善于对上层领导拍马屁逢迎，讨其欢心；所谓"活动能力"，就是善于走门路，敢于收贿行贿，权钱交易，游走于高层之间，打通各种关节，自然能步步高升。在内地官员之间，有句业内话，叫作"生命在于运动，做官在于活动"，说的就是这种情况。

由于做官只要"看上头"，眼睛朝上，而不必眼睛朝下，看老百姓的眼色，因而在内地做官，不必在乎人民的想法与观感，更不必向人民打躬作揖。说到打躬作揖，倒让笔者想起日本竞选的场景。犹记得笔者两次在日本做客座教授时，都适逢日本大选，常常看见许多候选人站在街头人流最多的地方向行人打躬作揖，口称"谢谢"。东京、大阪、京都如此，小城小镇，情况亦然。看得多了，我每每都替他们感到累，心里想，在日本想做官真不容易啊！如果这种场景让中国内地的官员看到，想必他们一定感慨万千，觉得自己幸福无比，庆幸自己生在了中国而不是日本。

因为在中国做官，不必像在日本那样要向人民卑躬屈膝，寻求恩赐投票；所以"做官的"时常把"人民的公仆"挂在嘴上，也是一种让人民获得心理平衡的好方法，免得激起民愤，引起反弹。再说了，自称"公仆"，又不是真做"仆人"，会被人歧视。所以，在内地，"做官的"既不怕被别人以"的字结构"相称谓，也不在乎自称"公仆"。因为事实上，"做官的"是社会的强势一族，不存在被人歧视的问题。但"剃头的"，情况就完全不一样。现在虽然改叫理发师或美容师了，但事实上，在他们心里或他人心里，总觉得地位不是那么高。

说实话，对于"剃头的"，我们真不应该歧视他们，而应该尊重。我们每个人可以不买车、不买房，也可以不买名牌衣饰，但不能不上理发店打理一下自己的头发，以便让自己光鲜点，找老公、找老婆或找工作都显得精神些，显得有信心。所以，在内地很多理发店都有一句广告词说："美好人生，从头开始。"这个"从头开始"，指的就是先把头发弄好。这是现代理发店的广告，着眼点在于招揽顾客。在古代，理发店也有做广告的。据说古代就有这样一个广告："虽是毫末技艺，却是顶上功夫。"很明显，这个广告并不是为了招揽顾客，而是向世人昭示："剃头"也是不容小觑的崇高职业。意思是让人对他们这些"剃头的"要有正确的认识，不要投以歧视的眼光。

事实上，我们还真不能小看"剃头的"，更不应该对他们投以歧视的目光。因为他们绝大多数都是非常敬业的。以上引小品中甲人物来说，他之所以"比较注意观察头上"，乃是为了观察顾客的脸型、头型，以确定适当的发型以匹配，从而使顾客以一个光彩的形象走出理发店。与理发师甲相比，小品中的那个官员乙，他之所以"看上头"，乃是为了讨好奉迎上司，希望升官发财。因此，在做人的境界上就远远不及理发师了。这种对比，是有深刻用意的，让人有一种味之无穷的感觉。

那么，何以有这种效果呢？乃是因为小品创作者巧妙运用"序换"表达法。

众所周知，在现代汉语中，"头上"有两个语义，一是指人的头上，二是指某物体的顶端，如"这根棍子头上有个铁环"。而"上头"呢？在现代汉语里也有两个语义，一是指方位，意谓"上面"，如"桌子上头有本书"。二是指"上级"，如"今天上头有人来视察"。小品中的理发师所说的"头上"，是指人的头顶。官员所说的"上头"，则是指"上级"（上级官员）。小品创作者对"头上"与"上头"的语义内涵了解得很清楚，对汉语语序具有别义功能的特点也有专门知识。因此，他能巧妙地运用"序换"表达法，有意将"看头上"与"看上头"并置对照，通过语序的一字之差，将自古以来就受人歧视的"剃头的"与从来都是颐指气使的"做官的"在思想境界上进行了对比，从而在"不著一字"中歌颂了剃头匠朴实敬业的高尚形象，贬斥了官老爷们自私卑鄙的本质。

（五）"五年后我们怕谁"：中国足球人的阿 Q 精神

知名"球记"董路在中国队获得世界杯后，曾写下了100 句感想，读后隐约记得其中一些，凑满 10 句录之同享：

1. 我们实现了冲击世界杯梦想的同时，我们也就失去了一个曾经让我们如醉如痴的梦想。

……

10. 阎世铎豪迈地宣称"五年后我们怕谁"的时候，他或许忘了该扪心自问一句"五年后谁怕我们"？

——《中国队出线感言》，《上海家庭报》2001 年 10 月 10 日第 2 版

上引一段文字，是内地一位体育记者用来评论中国足球的。

说起足球，在现今的世界，简直是一种令人疯狂的运动，不仅男人疯狂，女人比男人更疯狂。2010 年南非世界杯足球赛，想必大家还记忆犹新。中国的足球虽然不行，但中国的球迷对于足球运动的热情与痴迷丝毫不输给西方观众。不过，男人痴迷足球赛，深更半夜不睡觉，也给中国的许多家庭带来问题。例如，夫妻意见不一，影响另一方休息；更有甚者，影响了夫妻感情。

虽然 2001 年中国足球队曾一度战胜亚洲劲旅阿曼（Oman）足球队而"冲出亚洲"，获得了参加世界杯赛的入场券，但那只是偶然的一次（因为那次世界杯足球赛是由亚洲国家日本与韩国联办，

中国占了地利；与阿曼队的比赛又是在中国沈阳五里河体育场上演的，也是占了地利）。之后，中国足球队每况愈下，一年不如一年，中国球迷进入了更长的噩梦期。造成这种情况，原因当然是多种的，真是一言难尽。但是，有一个原因却是国人的共识，那就是中国足球队球场外盲目自大，球场上畏敌如虎。与邻近小国韩国队对抗时，往往由于"恐韩症"而逢韩必败。中国古人早就说过："夫战，勇气也。"足球比赛在现代不亚于国家间的一场战争，要想赢得比赛，除了技术，更重要的恐怕还是勇气。因为技术上大家已经差不多，东方各国的足球队请的都是欧美足球先进国家的著名教练。只有勇气与竞赛时的韧性，是教练教不来的。

上引文字中体育记者董路的感叹与批评，正是直指中国足球队及其球队领导盲目自大的心态。虽然董路所批评的方面，许多球迷也是有同感的，但没有一个人在表达批评意见时能够让人有刻骨难忘的印象。唯有董路的一句话："阎世铎豪迈地宣称'五年后我们怕谁'的时候，他或许忘了该扪心自问一句'五年后谁怕我们'？"至今仍然萦绕在我们的心间，久久难忘，让人感慨万千。

那么，记者董路的这句话何以有如此深刻的突破力呢？

没有别的原因，乃是源于他巧妙地运用了"序换"表达法。

中国足协负责人阎世铎在中国队战胜阿曼队，获得世界杯足球赛入场券后发表的言论："五年后我们怕谁"，表面上听来慷慨激昂，似乎颇有鼓舞国人士气的意味。但在董路看来，这正是中国足球队将要跌入深渊的开始，因为中国足协领导人都有如此盲目自大的心态，以为战胜了阿曼队，中国队就从此天下无敌了，对即将来临的诸多恶战如此掉以轻心，那么中国足球队的最后命运将如何，也就可想而知了。因此，董路认为，中国队现在不是骄傲的时候，应谨慎恐惧，保持清醒的头脑，时刻要有忧患意识，以百倍的努力、万分的疯狂，才有可能取得好成绩。否则，不是"五年后我们怕谁"，而是"五年后谁也不怕我们"。但是，董路在表述这层意思时，有意套用阎世铎的话，只是将其语序作了变换，变成"五年后谁怕我们"。这种表达，虽然只是将阎世铎话中的主语与宾语进行了些微变换，却在主语与宾语的变序对比中，含蓄而精辟地道出了这样一番深刻的道理：中国队应该时刻保持清醒，不断努力，盲目自大要不得。

四、聚焦主旨，先声夺人：倒装的突破力

我们从小读书学习，老师都会反复强调，说话写作要遵循汉语语法规则，什么语法成分应该放在句子的前面，什么语法成分只能放在句子的后面；什么词可以当主语，什么词可以当谓语，什么词当宾语。如果违反了，老师会教我们改过来。但是，随着年龄渐长，我们常常会发现，大人们并不是这样说话。比方说，有时大人情急了，会说"怎么了，你？"而不说"你怎么了"。那么，这是不是说错了呢？

答案是：没有。这是一种语言表达法的运用，它可以强化语言表达的某种语意。在修辞学上，它有一个名称，叫做"倒装"。

所谓"倒装"表达法，是一种"说写中有意突破语法或逻辑表达的常式结构模式以企及强化某种语义"的语言表达方式。[①] 根据古今汉语的语言事实，"倒装"从形式上可以分为"'单句的倒装'和'复句的倒装'（主要指偏正复句）两大类。其中'单句的倒装'又可分出'主语与谓语倒装'、'定语与中心语倒装'、'状语与中心语倒装'三个次类"[②]。以"倒装"表达法建构的文本，我们称之为"倒装"修辞文本。这种文本的建构，"从表达上看，可以强调表达者所要表达的重点，突出表达者的某种较为强烈的感情，满足表达者某种心理能量的释放和情感纾解的需要；从接受上看，由于表达者所建构的修辞文本突破了正常句法逻辑结构顺序，极易引发接受者文本接受的注意集中，从而加深对表达者所建构的

---

① 吴礼权：《现代汉语修辞学》（修订版），复旦大学出版社 2012 年版，第 184 页。
② 吴礼权：《现代汉语修辞学》（修订版），复旦大学出版社 2012 年版，第 184～185 页。

修辞文本的印象和意旨的理解"①。因此，古往今来的表达者，凡是需要强化某种语意时，都会选择运用"倒装"表达法。事实证明，这种表达法确实有较好的突破力。

下面我们就从古今文学作品中予以举例，以见其突破力的真实情形。

（一）明月几时有？把酒问青天：苏东坡兄弟情深

> 明月几时有？把酒问青天。不知天上宫阙，今夕是何年。我欲乘风归去，惟恐琼楼玉宇，高处不胜寒。起舞弄清影，何似在人间。
>
> 转朱阁，低绮户，照无眠。不应有恨，何事长向别时圆？人有悲欢离合，月有阴晴圆缺，此事古难全。但愿人长久，千里共婵娟。
>
> ——宋·苏东坡《水调歌头》

上引这首词，是苏东坡最为著名的词作之一，写于宋神宗熙宁九年（公元 1076 年），当时他被贬为密州（今山东诸城）知州。其时，他政治上处于逆境，大志难伸；精神上也很压抑，与其心心相印的胞弟苏辙亦有七年未团聚。因此，其思想的苦闷、心情的抑郁，是可想而知的。正是在此情境下，作者创作了这首词。"词中抒幻想而留恋人世，伤离别而处以达观，反映了作者由超脱尘世的思想转化为喜爱人间生活的过程。笔调奇逸，风格健朗，成为文学史上的名篇。"② 宋人胡仔《苕溪渔隐丛话·后集》卷三十九评此词曰："中秋词，自东坡《水调歌头》一出，余词尽废。"清人先著、程洪《词洁》则评价说："此词前半，自是天仙化人之笔。"可见，此词在中国历代文人心目中的地位，其独特的魅力可想而知。

那么，此词何以有如此独到的艺术魅力呢？其前半阕何以被誉

---

① 吴礼权：《现代汉语修辞学》（修订版），复旦大学出版社 2012 年版，第 191 页。

② 朱东润主编：《中国历代文学作品选（中编）》（第二册），上海古籍出版社 1980 年版，第 27 页。

为"天仙化人之笔"呢？

关于这一点，中国历代评论家多有阐说，笔者在此不复一一说明矣。不过，笔者这里倒要强调一点，"此词开首两句凌空起势，突兀而来，可谓先声夺人，对全词艺术上的成功助益不小"①。为什么这么说呢？这实际是与作者有效地运用"倒装"表达法有关。

"明月几时有？把酒问青天"二句，置于全词之首，乍一读，让人大有横空出世、从天而降的突兀感，甚至会由此生出不知所云的困惑。而从逻辑与语法上看，这两句也让人有不解之处："明月几时有"，为什么突然问这样的问题？明月在天气好的时候自然看得见，天气不好自然不见，这是生活常识，何须要问？"把酒问青天"，谁把酒？为什么把酒？为什么要问青天？其实，这些疑问正是词人所刻意制造的。其目的在于一开篇就牢牢地抓住读者的心，让读者的注意力为之骤然收拢，以便在词作渐次展开中紧紧把握其表意的重点。这种表达效果，正是我们所常说的"先声夺人"。这是就写作的普通视角来观察。如果从修辞学的角度看，这两句如此配置，则更容易理解了。"明月几时有？把酒问青天"，乃是一个"倒装"句，正常的语序应该是："把酒问青天，明月几时有？"但是，词人却没有这样写。可见，"明月几时有？把酒问青天"是词人有意突破汉语正常语法规则和逻辑结构模式而建构的"倒装"修辞文本。这一文本的建构，从表达上看，"由于'明月几时有'成为全句乃至全篇叙述的起点和焦点"②，这就强烈凸显了"表达者极端寂寞的心境和盼望与弟弟子由团聚畅叙兄弟亲情的急切之情，满足了表达者激情状态下心理能量的释放和情感纾解的需要"③；从接受上看，由于"文本超越正常句法规范所创造的文本新异性，很易引发接受者文本接受中的'不随意注意'，从而加深对表达者所建构的修辞文本的印象和理解，达成与表达者之间情感思想的共鸣，

---

① 吴礼权：《语言策略秀》（修订版），暨南大学出版社 2013 年版，第 104 页。
② 吴礼权：《语言策略秀》（修订版），暨南大学出版社 2013 年版，第 104～105 页。
③ 吴礼权：《修辞心理学》（修订版），暨南大学出版社 2013 年版，第 95 页。

体会到表达者的那种孤寂之情"①。理解到这一层，那么我们就能明白古人为什么如此赞赏这全词开篇两句的原因了。

（二）可以说是一个字没有写，这半年：老舍的教书生涯

> 可是，我只能拿粉笔！特别是这半年，因这半年特别忙。可以说是一个字没有写，这半年！毛病是在哪里呢？钢笔有一个缺点，一个很大的缺点。它——不——能——生钱！我只瞪着眼看它生锈，它既救不了我，我也救不了它。
>
> ——老舍《钢笔与粉笔》

作家，好像在一般人眼里很神圣。其实，自古以来，很少有人会把作家作为一种终身职业选择。先秦时代的孔子，他也著书立说，也算是作家。但是，他终其一生，也不是靠修《春秋》、删《诗经》的版税过活的（那时也没这玩意儿），而是靠杏坛授徒，收点束脩过活的。至于后来的唐宋八大家，那应该算是中国历史上有名的一群作家了，可是他们也不是靠当作家写诗文过日子的，而是靠做官领俸禄生活的。因为，有一份稳定的工作，他们才能优哉游哉，写些诗文，或发发怀才不遇的牢骚，或写写山水之乐的心得，或抒抒心中的郁闷。然后，自费刻些集子，送给朋友或同道，以此相互吹捧（那时叫"唱和"）。如果真的没有其他正当职业，而是靠写作为生，恐怕就要像写《红楼梦》的清人曹雪芹那样三餐不继了。

所以，纵览我们的古代圣贤，凡是明白人，都是不把写作当职业的，而是业余为之。至于现代人，则更明白不能把写作当职业的道理了。在台湾，大凡号称作家者，都是在大学任职的，或是兼课。为什么？"著书都为稻粱谋"，那是吃不饱的，迟早会饿死。大学的薪酬虽然微薄，但足以糊口。不然，提笔发牢骚的力气也没有

---

① 吴礼权：《修辞心理学》（修订版），暨南大学出版社 2013 年版，第 95 页。

了。在内地，作家原来的地位非常高，政府拿钱供着，以发挥"党的喉舌"作用。但是，现在也不灵了。因为他们大多发挥不了"党的喉舌"作用，没人再看他们的文章，与其听他们的所谓理论，倒不如上互联网上玩儿去了。曾几何时红极一时的作家，现在早已沦落为一群为人不齿的弱势群体了。德国汉学家顾彬曾对一个中国记者说过，中国内地的几百万上千万所谓的作家都是骗子或是什么。现在内地能靠当专业作家过日子的人已经少见了，偶尔还有三两个因为书比较畅销而荣登富人榜，但绝大多数早已沦为赤贫一族了。即使有些作家想降低身份做写黄色小说的写手，恐怕也难以凭此维持生计了。因为网络上非专业的写手写起色情小说，有的比兰陵笑笑生的《金瓶梅》还要精彩得多。正因为走投无路，现在内地稍有点名气的作家，都想方设法钻进了大学，谋得一个或半个教席，拿些钱，补贴家用，好将艰难的写作维持下去。甚至有个别连小学都没毕业却有背景的作家，也凭种种人情关系钻进了大学，当起了所谓的教授。好像当教授是上公共厕所，人人都上得了似的。

其实，作家在大学或中小学兼课乃是正常的，也是面对现实的务实做法。比方说老舍，在中国现代文学史上算是非常有名的作家了，但早期仍然不能靠写作维生，所以，大部分时间都是在大学教课的。上引一段文字，就是老舍自道其为什么要在大学兼课的原因，说得非常坦诚。虽然话说得不是那么直白，但也没有传统知识分子那种忸怩作态的腔调。因此，读来给人的印象格外深刻。

那么，为什么会有这种效果呢？

原来，他是运用了"倒装"表达法。根据文章上下文，我们知道，老舍的意思是，他本来非常喜欢写作，但是写作不能挣钱，所以他只得放下钢笔，拿起粉笔做起了教师，以便挣些钱维持生计。虽然做了教师，挣了钱，维持了生计，但他又似乎心有不甘。所以，才特别强调"这半年可以说是一个字没写"。但是，在表达这层意思时，他没有这样写，而是写成了"可以说是一个字没有写，这半年！"这是为什么呢？按理说，他是作家，应该知道汉语表达的规则，按照汉语句法，"这半年"应该放在"可以说是一个字没有写"之前，充当句子的主语（即"话题主语"）。然而，老舍却将它置于句子的谓语之后，而且有意用逗号将它与句子的主体隔离开来。很明显，这是老舍有意将句子的主语与谓语的位置进行了颠倒，属于一种修辞行为，意在建构一个"倒装"修辞文本。这个文本的建构，由于将主语"这半年"置后，谓语提前，这就无形中让本来应该首先出场的主语"这半年"隐退到次要位置，将本该最后出场的谓语"可以说是一个字没有写"提前出场，让它成为全句的焦点。由此，提升了谓语"可以说是一个字没有写"的重要性，强化了谓语表达的语意"没写一个字"，从而将作者被迫放弃心爱的写作而深感痛心的心情淋漓尽致地表现出来，使读者能够深切体会其迫于生计而无可奈何的心情。

（三）等你，在雨中，在造虹的雨中：余光中的雨中等待

等你，在雨中，在造虹的雨中
蝉声沉落，蛙声升起
一池的红莲如火焰，在雨中

你来不来都一样，竟感觉
每朵莲都像你
尤其隔着黄昏，隔着这样的细雨

永恒，刹那，刹那，永恒
等你，在时间之外
在时间之内，等你，在刹那，在永恒

如果你的手在我手里，此刻
如果你的清芬
在我的鼻孔，我会说，小情人

诺，这只手应该采莲，在吴宫

　　　　这只手应该

　　　　摇一柄桂桨，在木兰舟中

　　　　一颗星悬在科学馆的飞檐

　　　　耳坠子一般地悬着

　　　　瑞士表说都七点了。忽然你走来

　　　　如雨后的红莲，翩翩，你走来

　　　　像一首小令

　　　　从一则爱情的典故里，你走来

　　　　从姜白石的词里，有韵地，你走来

　　　　　　　　　　——余光中《等你，在雨中》

　　上引这首诗，是写一个雨后的黄昏，一位男子正焦急地等待着
情人到来的情景。男子的痴情与女子的优雅，都鲜活地呈现在读者
眼前，仿佛一对恋人从我们的雨伞前飘然而过，读之让人陶醉不已。

　　这首新诗何以有如此独到的魅力呢？

　　其实，我们不必仔细分析，就能看出其中的奥妙，一切端赖
"倒装"表达法的运用。虽说"倒装"是一种平常的表达法，人人
都会运用。但是，如诗人余光中这样从诗题到全部诗句几乎都用
"倒装"的，则非常少见，而且效果也是少见的。诗题"等你，在
雨中"，将本该置于介词短语"在雨中"之后的动宾短语"等你"
提到前面，让"等你"这一动作行为首先映现于读者眼前，以此突
显出男子的痴情，"为全诗所描写的男主人公（'我'）盼望情人
（'她'）到来的急切之情奠定了基调，凸显了'我'对'她'深切
的情感"①。而在正文中，诗人则十二次用到了"倒装"表达法。
"'等你，在雨中，在造虹的雨中'，通过状语'在雨中，在造虹的

---

　　① 吴礼权：《语言策略秀》（修订版），暨南大学出版社 2013 年版，第 106 页。

雨中'与谓语'等你'语序的倒置，既突出强调了'我'想见'她'的急切之情，因为谓语'等你'的前置助成了这一效果的产生；又凸显了'我'对'她'诚挚的深情，因为状语'在雨中，在造虹的雨中'从谓语的附着地位独立出来，强调了'我'等待'她'的环境是雨天而非风和日丽的晴日。'你来不来都一样，竟感觉'，通过谓语动词'感觉'与宾语'你来不来都一样'的语序倒置，强调了动词'感觉'的宾语部分，突出了'我'想'她'出神而把'莲'当成了'她'的幻觉的心理状态，从而凸显出'我'对'她'的深切思念之情。'等你，在时间之外，在时间之内'、'等你，在刹那，在永恒'两句，都是通过时间状语与谓语位置的倒装，突出了'我'的行为'等你'，强调了行为时间的周遍性，从而凸显出'我'对'她'永恒的爱。'如果你的手在我的手里，此刻'，通过时间状语的倒置，既突出了'我'想与'她'牵手诉钟情的心理状态，又强调了'我'想与'她'相见牵手的急切性，就在'此刻'，再也等不及了，一种急切、真切的强烈情感跃纸而出，读之让人情不自禁为之动情！'这只手应该采莲，在吴宫'、'这只手应该摇一柄桂桨，在木兰舟中'两句，都是通过谓语与地点状语位置的倒装，强调了状语所在的地点，从而突出了'她'的美丽、高贵、典雅，让人想起了中国古典诗词中所写的江南采莲女的美妙浪漫的意境，提升了诗的审美价值。'一颗星悬在科学馆的飞檐，耳坠子一般地悬着'一句，正常语序应是'一颗星耳坠子一般地悬着，悬在科学馆的飞檐'，诗人通过比喻性描写状语与谓语的倒装，突出了状语，强调了'她'的矜持、高贵和不易接近，同时由'耳坠子'自然引出'她'的出现。'步雨后的红莲，翩翩，你走来'，通过两个状语'步雨后的红莲'、'翩翩'与主语'你'位置的倒装，突出强调了'她'仪态万方的行走姿态，表现了'她'的古典而浪漫的美，令人怦然心动。'从一则爱情的典故里，你走来'，通过状语前置于主语'你'之前，突出了状语的内容，使'她'的身世身份蒙上一层神秘的丝纱，让'我'和'她'的爱情更富古典而浪漫的情调，令人联想回味，余韵深长。'从姜白石的词里，有韵地，你走来'，也是让两个状语前置于主语'你'之前，突出了状语，导引接受者自然联想到宋人姜白石清空峭拔、格调高远、意味隽永、韵律和谐的词风，从而强调了'她'的步态的优雅和古典色彩，一个深具古典美韵致的绝妙佳人形象便栩栩如生地呈现在接受者面前，令人情不自禁地心摇神荡，陶醉深深而不可自拔。"① 很明显，这首诗的成功，很大程度上是得益于"倒装"表达法的大规模、大密度地运用。如果不用"倒装"表达法，而是按照正常的汉语语序进行创意造言，那么就形同大白话分行书写，毫无诗意可言。如此这般，必然不能让接受者在文本解读中获得任何审美情趣。

（四）我决心要到山里去一趟，一个人：张晓风的重大决定

> 十一月，天气晴朗，薄凉。天气太好的时候我总是不安，看好风好日这样日复一日地好下去，我决心要到山里去一趟，一个人。一个活得很兴头的女人，既不逃避什么，也不为了出来"散心"——恐怕反而是出来"收心"，收她散在四方的心。
>
> ——张晓风《常常，我想起那座山》

内地有一句笑话，说"旅游就是一个人从自己待腻了的地方到别人待腻了的地方走一走"。

事实上，确实如此。很多人，特别是都市人，由于工作或学习的压力，整天疲于奔命，身心俱疲。为了身心的健康，暂时离开熟悉的都市而到陌生的都市或是山水秀美之处放松一下，确实是一个不错的主意。主意虽好，但很多人发现，旅游回来更累，怨气更多。这是为什么呢？原来，这些本来是希望身心得到放松的都市人，为了出门省事省心，都将旅行计划交给了旅行社办理。结果，旅游便成了团体出行。内地曾有打油诗讽刺团体旅游说："上车睡

---

① 吴礼权：《语言策略秀》（修订版），暨南大学出版社 2013 年版，第 106～107 页。

觉，下车撒尿。到了风景点拍照，回家一问什么也不知道。"之所以出现这种情况，不能怪旅行社，只能怪游客自己心不静，不肯用心做功课，没有真正出游或寄情山水的雅趣。结果，必然是一无所获。整天按照旅行社的计划赶行程，犹如行军打仗，连驻足好好看一眼好山好水的机会都没有，岂能不累？被旅行社强拉购物，岂能不惹出满腔怨气？

其实，真正懂得旅游真谛者，都是热衷于自由行的。试想，一个人行走于山水之间，停下脚步看看山，坐下来观观水，或是市井街坊，逛逛老街道，探探旧房子；或行走于旷野之中，自由地呼吸新鲜空气，或跋涉于山林小径，耳听小鸟啾啾之声，这是何等的享受！可惜，很多人都体验不到这种快乐。

自认为洒脱的男人尚难以达到上述境界，更遑论现代都市女人了。如果真有女人起念作此想，恐怕也是要下很大决心的。上引张晓风自述心境的一段文字，说的正是这种情况。相信不论是男是女，是老是少，读之都会"心有戚戚焉"。而对于她"我决心要到山里去一趟，一个人"的决心，相信大家更是敬佩与感动。

这段文字、这句话何以有如此的突破力呢？

无他。因为这段文字真切地写出了现代都市人共同的生活困境与情感折磨。而"我决心要到山里去一趟，一个人"这句话，则表达了一个醒悟了的都市女人决意打破这种生活困境与情感折磨的决心，让人深受鼓舞，精神为之一振。从句法上看，"我决心要到山里去一趟，一个人"，是"一个状语与中心语倒置的倒装修辞文本模式。句子的状语'一个人'从中心语'到山里去一趟'的附着地位独立出来，置于整个句子之后，这就提升了状语'一个人'的表达地位。这一倒装修辞文本的建构，从表达上看，凸显了作者'久在樊笼里'，不得独自飞的哀怨之情以及犹豫之后最终下定决心后的快感，满足了作者因过度激动而心理失衡的心理能量的释放和激情状态下的情感纾解的需要；从接受上看，由于表达者所建构的上述修辞文本都将句子的状语以显眼的位置予以突出，成为全句的一个阅读焦点，突破了常规句式结构模式，易于引发接受者文本接受中的注意集中，从而触发其追寻表达者如此建构文本的深层根由的欲望，进而加深了对文本的印象和对文本意旨的理解，在表达者的激情感染下达成与表达者之间的情感共鸣，为现代都市人困于俗世万丈红尘，忙于琐务细事，身心疲惫，不能自由亲近自然而错过好时光的情感苦痛而感伤"[①]。可见，作者这里将方式状语"一个人"的位置略作倒置，确是很有效果的。它在语意表达中起到了"四两拨千斤"的效果，对强化作者所要传达的语意印象起到了很大作用。

（五）我站在巴黎街头的灯火中迷惘：田中禾夜雪红磨坊

在巴黎，冒着寒风和在一个语言不通的陌生城市夜晚迷路的危险，我在一个雪夜找到蒙马特高地。走过热闹纷繁的红磨坊，望着那些闪闪烁烁的霓虹灯和黑乎乎的坡路，我站在巴黎街头的灯火中迷惘。为失落了的巴尔扎克笔下的风光，为乔伊思、海明威、莫迪里阿尼和许许多多曾在这里流落的作家、艺术家们。

——田中禾《田中禾荐画》

做学问、搞研究，需要较充裕的物质条件与从容的生活空间，这样才能基础扎实，做出真学问，或研究出新成果，有突破前人的发明创造。

当作家或艺术家，优越的物质条件或生活条件，也许对创作并无大的帮助，相反有时还会成为扼杀天才的诱因。试想，如果屈原得到楚怀王、楚顷襄王的信任而为一代权臣，岂有《离骚》为千百年来的中国读书人所传诵？如果李白大志得伸，高官得做，骏马任骑，岂有他那些牢骚满腹、怨气冲天的诗篇？如果他身在官场，岂能创造"李白斗酒诗百篇"的奇迹？如果曹雪芹不是贫困潦倒，而

---

① 吴礼权：《现代汉语修辞学》（修订版），复旦大学出版社 2012 年版，第 192 ~ 193 页。

仍是公子哥儿，岂能写出皇皇巨著《红楼梦》？如果蒲松龄不是科场失意，岂能有《聊斋志异》这等奇异的文学作品传世？汉人司马迁《报任安书》有云："古者富贵而名摩灭，不可胜记，唯倜傥非常之人称焉。盖西伯拘而演《周易》；仲尼厄而作《春秋》；屈原放逐，乃赋《离骚》；左丘失明，厥有《国语》；孙子膑脚，《兵法》修列；不韦迁蜀，世传《吕览》；韩非囚秦，《说难》、《孤愤》。《诗》三百篇，大抵贤圣发愤之所为作也。"其意与我们上面所说的大致相同，孤独、苦难往往会成为磨砺一个人意志，助其成才的重要因素。

　　中国文学史上的事实证明是如此，世界文学史上的事实证明也是如此。上引一段文字中所说到的巴尔扎克（Honoré de Balzac，1799—1850，法家作家）、乔伊思（James Joyce，1882—1941，爱尔兰作家）、海明威（Ernest Hemingway，1899—1961，美国作家）、莫迪里阿尼（Amedeo Modigliani，1884—1920，意大利画家）等世界著名作家与艺术家的生活经验，则给上面我们所提出的观点作了一个生动的注脚。作家田中禾在叙述这些世界级的文学或艺术大师的生活经历时特意提到了他们早年在法国巴黎蒙马特高地和红磨坊流浪的经历。但是，在表达站在蒙马特高地，看着红磨坊灯红酒绿的夜景，想到这些文学或艺术大师早年的磨难而生发的感慨时，作家用了这样一个长句子："我站在巴黎街头的灯火中迷惘。为失落了的巴尔扎克笔下的风光，为乔伊思、海明威、莫迪里阿尼和许许多多曾在这里流落的作家、艺术家们"。从句法上分析，这个句子之所以显得非常冗长，主要是因为它有一个很长的状语："为失落了的巴尔扎克笔下的风光，为乔伊思、海明威、莫迪里阿尼和许许多多曾在这里流落的作家、艺术家们"，而谓语则只有两个字——"迷惘"。如果按照现代汉语句法规则构句，应该写成："我站在巴黎街头的灯火中为失落了的巴尔扎克笔下的风光，为乔伊思、海明威、莫迪里阿尼和许许多多曾在这里流落的作家、艺术家们迷惘。"虽然在句法上完全符合汉语语法规则，但是读者读起来就很费劲了。除了要憋足劲一口气读下来，还得对它进行句法分析，找出此句的谓语及谓语动词。很明显，这样的句子对于阅读接受是非常不利的，有碍于读者的阅读兴趣的提高，更不能让读者读完后留下深刻印象。而作者运用"倒装"表达法，将原本需要放在谓语动词"迷惘"之前的超长状语剥离开来，置于谓语之后，并用逗号隔开，这既使句子结构更加清晰，句子成分配置在结构形式上显得匀称平衡，又能突出作者所要表达的语意重点。在阅读的层面上，也有利于调动读者的积极性，从而加深接受印象。

第三章 寄妙理于豪放之外

言语交际要想具有突破力，即发挥寻常言语表达所不具备的语言效力，那么就既要有创意造言的智慧和建立言语表达新构式的勇气，也要有在语义解释模式与语义搭配方式上锐意创新的努力。

前文我们说过，具有创意造言的智慧和建立言语表达新构式的勇气，有时只能使言语交际具有"表达力"，尚不足以达到"突破力"的高度。比方说，比喻是一个人人都会运用的表达法，只要会运用"A 像 B"这一言语表达构式，了解事物之间的相似性关系，就有可能建构出一个比喻修辞文本。但是，要创造出一个让人折服、令人解颐的比喻文本，则就需要有创意造言的智慧。因为一个高明的比喻，往往需要表达者在两个看似不具有相似性的事物之间找到相似处，使本体与喻体的匹配出人意料而又在人意料之中。如钱钟书有个比喻说："她的眼睛并不顶大，可是灵活温柔，反衬得许多女人的大眼睛只像政治家说的大话，大而无当。"（《围城》）这个比喻的高明之处在于将"女人的大眼睛"（本体）与"政治家说的大话"（喻体）匹配在一起，实在是出人意料。但是，当这两者一经表达者的牵连搭挂而匹配到一起时，则立即让人发现了两者匹配到一起的合理性（即相似性："大而无当"），情不自禁地为表达者创意造言的智慧折服，油然生发出一种恍然大悟的欣慰感。因此，我们可以说，钱钟书的这个比喻文本具有非常好的"表达力"。但是，我们不能据此认为这个比喻文本具有"突破力"。因为这个文本还没有挣脱汉语比喻旧有的构式，也没有突破汉语语法规范而建立起一个新的规范，仍在前人建构的"A 像 B"的构式之中运作。如果说有什么新意，那也只是喻体与本体的匹配有出人意料的新颖性，因此有一种益智解颐的效果罢了。

　　至于第二章我们讲到的许多"列锦"、"转品"、"序换"、"倒装"文本的建构，情况则就大为不同了。如前文我们提及的《诗经·国风·草虫》开首二句："喓喓草虫，趯趯阜螽"，是一个运用了"列锦"表达法的修辞文本。这个文本是以两个 NP 结构的名词句并列对峙，完全突破了汉语构句的基本语法规范，但又契合了汉语语法重视"意合"的特点。可以说，它既有构句形式上的创新，但又不妨碍接受理解。因此，这二句就既发挥了写实的说明功能（描写草虫鸣、阜螽跃的情景），又别具为全诗立景造境的功能，使文本由文字说明转换为画面呈现，从而实现了诗情之中有画意的效果，大大提升了文本的审美价值，让读者在解读诗意的同时获取到一种审美上的情感愉悦。如果诗人不在表达构式上予以创新，而是按照汉语语法规范，规规矩矩地造句，写成"草虫喓喓，阜螽趯趯"，那么草虫鸣、阜螽跃的事实是写出来了，却丝毫产生不出任何诗情画意的"附加值"，让读者油然而生感动，获取到一种审美上的情感愉悦。第二章我们论述到的"转品"、"序换"、"倒装"等表达法，与"列锦"一样，都是因为勇于突破汉语语法旧有的范式而锐意创新，才能"出新意于法度之中"，使言语表达取得超乎寻常的突破力。

　　我们应该承认，发挥创意造言的智慧，勇于突破汉语语法旧有的范式，大胆建立新的言语表达构式，确实是使言语表达具有突破力的关键因素，但并非是全部。上面我们说过，在语义解释模式与语义搭配方式上锐意创新，事实上也是使言语表达具有突破力的重要因素。比方说，我们这一章即将论及的"别解"、"倒反"表达法，就不是在言语表达构式上的创新，而是在语义解释模式上的突破。而这一章即将论及的"拈连"、"同异"表达法，也不是在言语表达构式上的创新，而是在语义搭配方式上的突破。这些突破虽然对语境依赖比较强，不能像创造新的表达构式那样可以取得较稳固的效果供人们反复运用，但接受者只要善于利用语境，掌握在特定语境下如何随机应变地在语义解释模式与语义搭配方式上锐意创新，就一定能"寄妙理于豪放之外"，使言语表达具有突破力。

那么，如何在语义解释模式与语义搭配方式上进行创新，从而"寄妙理于豪放之外"，使言语表达具有突破力呢？在这里，我们虽然不敢提供给大家什么模式，但就前贤时哲的修辞实践来看，汉语中有以下几种表达法还是值得大家借鉴的。

一、柳暗花明又一村：别解的突破力

语言是社会全体成员共有的财富与资源，但是，如何用好这个资源，将其效益最大化，就需要各人的智慧了。善用这一资源者，能够借此将自己所要表达的情感表达得淋漓尽致，将所要传递的信息传递得准确无误，将所要强调的思想表达得令人难忘。相反，不善于运用这一资源者，则往往词不达意，甚至言不由衷，结果祸从口出，事由笔生，让自己掉入人际关系纠结的泥沼而难以自拔。

那么，如何充分利用共有的语言资源，将我们的思想、感情表达得圆满，将我们所要传达的信息表达得准确明白呢？其实，要做到这一点也不是很难，只要掌握相关的表达法（即语言表达技巧），就能迅速提升言语表达的突破力，即使是最平淡的内容也能说得让人难忘。

那么，如何化平淡为生动，使我们的表达既出人意料，又落入意中；既生动鲜活，又幽默风趣呢？在此，我们介绍一种表达法给大家，这种表达法叫作"别解"。

所谓"别解"表达法，是"一种在特定语境中临时赋予某一词语以其固有语义中不曾有的新语义，以达到幽默生动的表达效果"①的语言表达方法。以"别解"表达法建构的文本，称为"别解"修辞文本。"这种修辞文本模式，一般都是建立在用不同于寻常的刺激物对接受者进行刺激，以新异性的特质在接受者的大脑皮层引发出新的最适宜兴奋灶，使之产生'不随意注意'，以强化其文本接

---

① 吴礼权：《修辞心理学》（修订版），暨南大学出版社 2013 年版，第 100 页。

受印象的心理机制之上的。"① 因此，"别解"修辞文本的建构，"从表达上看，在特定情境下临时突破词语的语义规约性原则而凸现出语言表达的活力和灵活性，可以增添文本的生动性和趣味性；从接受上看，由于表达者所建构的修辞文本对常规词语语义规约性原则的突破，遂使文本生发出新异性的特质，极易引发接受者在文本接受中的'不随意注意'，并在'不随意注意'的导引下走向'随意注意'，从而加深对于表达者所建构的修辞文本的理解和印象，并从中得到文本解读的快感和审美情趣"②。

正因为"别解"表达法有明显提升言语表达突破力的效果，所以在人们的日常语言生活中常常被运用。下面我们不妨看几例"别解"表达法运用的案例。

（一）何时与你有染：美发师的理想

何时与你有染？

——上海市某理发店的染发广告

上引这句话，是早些年上海市虹口区一家小理发店打出的广告词，曾经吸引了无数路人驻足观看与评论。

那么，这句话何以有如此的魔力呢？

"何时与你有染？"这句话，如果不放在特定的语境中，大家一定会理解为是一个男人或女人问对方："我什么时候能成为跟你上床的情人？"

因为道理很简单，在现代汉语里，"与某人有染"只有一个语义：与某个男人或女人有不正常的男女关系。

为什么"与某人有染"有这种特定的含义？这与"染"这个词特定的历史语义有关。我们都知道，汉语词汇库中有一个非常有名的词，叫作"染指"。而"染指"一词，则是有典故的。《左传·宣

---

① 吴礼权：《修辞心理学》（修订版），暨南大学出版社 2013 年版，第 100 页。
② 吴礼权：《修辞心理学》（修订版），暨南大学出版社 2013 年版，第 100 页。

公四年》记载曰：

> 楚人献鼋于郑灵公。公子宋与子家将见。子公之食指
> 动，以示子家，曰："他日我如此，必尝异味。"及入，宰
> 夫将解鼋，相视而笑。公问之，子家以告，及食大夫鼋，
> 召子公而弗与也。子公怒，染指于鼎，尝之而出。公怒，
> 欲杀子公。子公与子家谋先。子家曰："畜老，犹惮杀之，
> 而况君乎？"反谮子家，子家惧而从之。夏，弑灵公。

这故事说的是，春秋时代，楚国人向郑灵公进献了一只大甲
鱼。郑公子宋（即子公）与子家要去晋见灵公。突然子公的食指大
动，子公就出示给子家看，并说："以后我的食指再这样动，代表
一定会有好吃的，可以一饱口福。"等到进了宫，看见厨师正要宰
杀甲鱼，二人相视会心一笑。灵公不解，遂问其故，子家一五一十
地将事情原委说了出来。可是，等到甲鱼煮好，灵公以此招待大夫
时，虽也邀请了子公，却不给他吃。子公既愤怒，又尴尬，遂伸出
手指在鼎中蘸了点汤汁，然后吮了吮手指，就出门了。灵公大怒，
认为他目无君长，意欲杀之。可是，子公与子家已经有谋在先，准
备除掉灵公。子家劝子公说："普通人赡养老人，还怕担杀老之名，
更何况是谋杀君父呢？"子公见子家不从，遂反咬子家一口，欲嫁
祸于子家。子家无奈，只得听从。最后，终于将灵公杀了。

虽然郑灵公父子因为吃甲鱼而闹了个大内乱，在历史上成为笑
柄，但汉语词汇库里却从此多了一个"染指"的典故。"染指"虽
有多项语义，如"品尝"义（唐人白居易《答皇甫十郎中秋深酒熟
见忆》诗有云："未暇倾巾漉，还应染指尝。"）、"从事"义（清人
钱谦益《〈梅村先生诗集〉序》有云："余老归空门，不复染指声
律。"）但更多情况下，特别是在现代汉语中，"染指"则多带贬义
色彩，意指"分取非分利益"。如清末无名氏《亡国恨·协约》：
"这三韩一块土，俄人久欲染指。"用的正是"非分分取利益"
之义。

了解了"染指"的典故及其含义，对于"与某人有染"一语的真实语义就能清楚了解了，对于上引广告词创作的真实用意也就有所洞悉了。

"何时与你有染"，如果脱离特定语境，或是在男女对话的语境下，其语义就充满了暧昧色彩。在中国这样特定的文化背景下，给接受者的感觉肯定是负面的。但是，作为写在理发店门前的广告词，给接受者的感觉不仅不是负面的，而且还显得极有创意，让人有一种"出乎意料之外，又在意料之中"的惊喜感，从而愉快地接受这一广告词所倡导的主旨："顾客朋友，什么时候能让您到我们小店来染发？"如此，广告的效果就达到了。

众所周知，广告的生命在于迅速抓住接受者的注意力。而要抓住接受者的注意力，则作为"刺激物"媒介的广告文字或图像要有新异性。因为心理学实验证明，具有新异性特质的刺激物往往最能迅速吸引接受者的注意。上引广告词："何时与你有染"，之所以当年吸引了那么多人的眼光，让人驻足品评，议论纷纷，关键就在于它的"出格"，即表达方式上有新异性。

上引广告词"何时与你有染"，之所以有表达上的新异性，产生了超乎寻常的突破力，那是因为运用了"别解"表达法。广告语创作者通过理发店这一特定环境，临时赋予"有染"一词在现代汉语语义系统中不曾有的新语义（染发），从而突破了汉语语义的规约性原则，从而使广告语成为迅速抓住接受者注意的新异刺激物，让路人不得不驻足观看，并反复回味其中的含义。而当他们解读出广告语的真正用意后，则不得不佩服创作者"出人意料之外而又入人意料之中"的"别有一解"，从而在脑海里留下了深刻的印象。

我们都知道，广告人做广告的目的，并不在于让你看广告的当下立即付诸行动去实施消费，也不在乎你看广告时对广告的内容有什么看法，而是要让你记住它，对它有印象，潜移默化中，让广告内容融化在你的血液中，长记在脑海里。如此，它就成功了。等你一旦要选择消费时，潜意识里就会想到它，于是广告的长远效果就实现了。

无独有偶，早些年在上海市街头，我们看到理发店还有另一则广告："给你颜色，让你好看"，也是做染发广告的。这则广告语同样运用了"别解"表达法，虽然不及"何时与你有染"的广告语煽情、暧昧，但也因为对汉语"给你颜色"、"让你好看"两个日常用语的常规语义作了根本性的颠覆，让其翻出了新义，因此也显得新异而别致，表达极具突破力，给人留下了深刻的印象。

（二）饿死事小，失节事大：学官的苦恼

> 昔一秀才送鹅与学官，学官曰："我受你的鹅，又无食与他吃，可不饿死？欲待不受，又失一节，如何是好？"秀才云："请师父受下，饿死事小，失节事大。"
>
> ——明·无名氏《时尚笑谈》

上引文字，虽是一则笑话，却真切地写出了中国知识分子真实的心灵世界与现实中的无奈处境。

众所周知，自古以来，中国的知识分子都不在富裕阶层之列，绝大多数皆是清贫一族。除非科考及第后做了大官，而且义无反顾地摆脱了儒家"重义轻利"的做人信条，成了贪污腐败分子，才有可能家财万贯，富可敌国，如宋之蔡京、明之严嵩之流。上引故事中的秀才与学官，都属于中国封建社会普通的知识分子，因此他们家境清贫，处境困窘，自在料想之中。

由于受儒家思想的熏陶，中国古代的知识分子虽生活清贫，却都标榜清高，讲"义"，讲气节，也就是孔子所说的"不义而富且贵，于我如浮云"（《论语·述而》）。但是，孔子又说过："自行束脩以上，吾未尝无诲焉。"（《论语·述而》）意思是说，只要送十条干肉脯，就收下做学生了。这说明孔子对于穷学生送礼是不排斥的。因此，上引故事中的秀才送学官礼物，也是符合圣人之道的。

穷秀才年节时要行敬师之礼，想给学官送点礼物以表示弟子不忘先生教诲之恩。可是，因为家境太清贫，无以为礼，只得送学官一只鹅。学官收到秀才的礼物后感到很尴尬，也很为难，因为从来都没有弟子送鹅当送礼的。所以，他就情不自禁地对秀才脱口而说出了心里话："我收了你的鹅，鹅是食草的，我又没法出去放鹅进食，这岂不让鹅白白饿死？要是不领受你这份礼，又少收了一次节礼，这真是让我为难啊！"秀才见学官实话实说，也就说出大实话："先生，这只鹅您还是收下吧，鹅饿死是小事，但失了节礼则就是大事了。"

上引故事所说的内容，就是如此。但是，当我们读到这则故事时，特别是读到秀才的那句答语，则不禁会心一笑，觉得秀才说话好幽默（当然，这实际是文本建构者的语言智慧）。那么，为什么会有这种效果呢？原因无他，秀才的回答运用了"别解"表达法。

众所周知，秀才所说的"饿死事小，失节事大"，是中国古代读书人挂在嘴边的常用语，有着特定的含义。关于这句话有一个典故，北宋理学家程颢、程颐《二程集·程氏遗书》卷二十二记载程颐（即"小程"，字正叔，程颢之弟，后世学者称之为"伊川先生"）答客问，有云：

> 或问："孀妇于理，似不可取，如何？"伊川先生曰："然！凡取，以配身也。若取失节者以配身，是己失节也。"又问："人或居孀贫穷无托者，可再嫁否？"曰："只是后世怕寒饿死，故有是说。然饿死事极小，失节事极大。"

由此可见，程颐所说的"饿死事小，失节事大"，意思是要寡妇守节，饿死也不能再嫁。从现代的观点来看，这种说法是非常不人道的。但是，在中国封建时代却是为大家所奉行的行为规范。后来"饿死事小，失节事大"这句话，通过语义引申，由原来专责寡妇守节而推广到广大读书人（即今天我们所说的知识分子），要求读圣贤书的人要有气节，不能只顾自己的生存需要。

也就是说，"饿死事小，失节事大"，无论是原义，还是引申义，都不是上引故事中秀才所说的"鹅饿死了是事小，失了节礼则事大"。很明显，上引故事中秀才所说的一番话属于"别解"表达法，意在讽刺老师内心想收礼却又忸怩作态的丑行。这番话，"从表达上看，突破了人们使用'饿死事小，失节事大'这一固定习语的惯常语义规约，化严肃为幽默，于增添语言活力的同时不着痕迹地暗含了莫大的讽刺意味在其中，表意含蓄隽永，意味深长，臻至了'不著一字，尽得风流'的化境。从接受上看，表达者在特定语境中对'饿死事小，失节事大'这一中国常用古语特定语义进行'别有用心'的歪曲改造而另赋予了它不曾有的新语义，使接受者在言语接受过程中情不自禁地将之与原语义进行对比而发出会心的一笑，于增添文本解读愉悦的同时也加深了对表达者建构此一修辞文本用意的理解，从而使表达者所欲传达的情意思想得以较好地被接受，提高了修辞文本的认识价值"①。这就是上引故事之所以成为古往今来读书人传诵的经典笑话的原因所在。

（三）大哉圣人之道，包下两节而言：塾师的尴尬

一先生极道学，而东家极穷，每月束脩常常拖欠。将到端阳，节礼却是一钱银子，用红纸写"大哉圣人之道"一句，装入拜匣，交学生送去。先生说："既送节礼，为何写此一句送来？想是说教学者亦要合乎圣人之道耳。圣人云：'往者不追，来者不拒。'又曰：'自行束脩以上，未尝无诲。'明明示我以免追节礼之意，自好从缓。"到了中秋，节礼连一钱也无。到了年节，仍旧毫无，先生只得相催。东家曰："我于端节全送过了。"先生说："一钱何以抵三节？"东家说："先生岂不知《朱注》云'大哉圣人之道，包下两节而言'？"

——清·小石道人《嘻谈录》

在中国，自古以来，知识分子都是弱势族群。不说别的，根据

① 吴礼权：《修辞心理学》（修订版），暨南大学出版社2013年版，第101页。

"按劳取酬"的原则,劳动得酬,乃是天经地义的事。但是,中国的知识分子自古以来就有被拖欠薪酬的事。前些年看报刊或电视新闻,还会时常看到某地教师薪资被拖欠几个月甚至几年不发的事,理由是当地政府财政收入困难。但是,当地政府官员的薪俸则一个子儿也不少,公费吃喝天天都有。可见,不是政府财政没钱,而是钱被政府官员挪用到吃喝等方面。为了填补空缺,只能拿"百无一用是书生"的教师做祭品。反正克扣他们的薪资,这些书生除了背后议论几句,发发牢骚,也不能拿政府如何,更不能拿官员如何。

每每看到这些新闻报道,作为读书人,我们常常为同是读书人的那些教师感到不平,更对这种克扣教师薪资事情的一再发生而百思不解。突然有一天,随手翻阅明清文人笑话集,读到上引的这则故事,顿时豁然开朗,明白了其中的道理:原来弱者好欺,读书人是天下最弱的人。除了发几句牢骚,还能干什么?如果是工人被克扣薪资,他们会罢工;农民被剥夺土地,他们会造反。而读书人呢?先天就有患得患失和优柔寡断的毛病,所以从来都干不成大事。古人说:"秀才造反,十年不成",说的正是这个道理。

上引故事中的塾师,不正是因为软弱而被穷东家一再拖欠每月束脩吗?这位先生可能因为圣贤书读多了,对"重义轻利"的信念太过坚持,自标清高,不好意思言利,结果遇上一个极穷的东家,就常常被拖欠薪资了。如果他敢于言利,或态度强硬点,东家再穷也不敢拖欠他束脩。正因为他假清高,性格又懦弱,结果不仅每月束脩被拖欠,甚至节礼也被东家要赖不给。不过,撇开道义不讲,单就表达的智慧而言,我们也不得不佩服这位要赖的东家。端阳节的节礼,他明知不能不送,于是索性主动,大方地包了一钱银子。虽然不多,但礼轻情义重,相信清高的道学先生也不好嫌少不收。如果仅此而已,道学清高的先生也就"哑巴吃黄连",认了。可是,看到一钱银子的纸包上,东家还假充斯文地掉书袋,写上了"大哉圣人之道"一句。先生自以为博学,以为东家写这句话的意思是暗示他:"往者不追,来者不拒",意思是让他不要再嫌少追着要了。于是,只好认了。谁叫读书人脸皮薄呢?可是,过了中秋节,又到了年节，东家却从此连一钱银子的节仪也没了。这一下，道学的先生也清高不起来了，只得硬着头皮"言利"，向东家讨要节仪了。没想到东家不仅不给，还搬出了朱圣人的话来教训了先生一顿，让先生哑口无言。

读完这则故事，相信我们每个读书人都会感慨万千。既感慨那位先生的天真迂腐，又感慨人心不古，同时又不得不佩服那位刁诈穷东家的语言智慧。因为这位穷东家端阳送礼时写"大哉圣人之道"一句，早就设下了语言圈套，预备先生来问原因。等到先生真的来问，他就露出了底牌，振振有词而又冠冕堂皇地说出理由："先生岂不知《朱注》云'大哉圣人之道，包下两节而言'？"原来他早打算好不再送中秋节与年节的节仪了。值得指出的是，这位穷东家真的聪明过人。如果他当初送端阳节仪时写明："大哉圣人之道，包下两节而言"，先生可能就要当场问明原因而拒收。他早就料到这点，所以他只写前半句，后半句不写，让先生没有发问的机会。等到中秋节和年节都过了，先生再来问，已经晚了。因此，他用"大哉圣人之道，包下两节而言"一句，就让先生哑口无言了。

那么，这位穷东家的一句话何以有如此力量呢？

原来他是运用了"别解"表达法，因而具有极强的突破力，让道学先生无话可说。

众所周知，《朱注》"大哉圣人之道，包下两节而言"一句，说的是"大哉圣人之道"的句意包括了下面的两节文字。所谓"包下两节"，是指"包括以下二节文字"的意思。但是，穷东家为了达到赖掉两个节仪不送的目的，故意将"包下两节而言"的"两节"说成是"两个节日（的节仪）"，这明显是一种"别解"表达法。穷东家的这种说法，"从表达上看，由于表达者（实际上真正的表达者是写这一故事的小石道人）对《朱注》之意理解的明显性偏差，从而使文本产生了深刻的引人入胜的趣味性，令文本中的接受者——先生——哭笑不得，却使文本外的接受者——读这则故事的读者——忍俊不禁；从接受上看，表达者——东家——修辞文本明显地违反了《朱注》话语理解的常规，使文本中的接受者因超乎意料而感到目瞪口呆，也使文本外的文本接受者解读文本时大出意外，从而引发了其文本解读中的'不随意注意'，进而进入到意欲深究文本的'随意注意'阶段，最终悟出作者文本建构的精妙处，并得到文本解读的无尽乐趣"[1]。认识到这一点，我们才算真正领会到这则故事的精妙处，认识到穷东家语言表达技巧的高明处。

（四）重庆南京成都，中国捷克日本：文人的智慧

> 重庆南京成都，中国捷克日本。
> ——抗日战争胜利后的一副对联

中国人自古以来就喜欢作对子，这似乎成了一种文化传统。古时候启蒙教育，私塾先生就有一项教学内容，教孩童作对子。并且还有口诀，如"天对地，雨对风，大陆对长空"之类。记得明代无名氏《笑苑千金》中就曾记载这样一个故事：

> 有一富家无子，闻有人弃子于市者，遂以养之。有人言此子是丐妇所生，富者不欲彰露。至数岁，延师教之。及先生教之对句，出三字题曰："柳絮飞。"儿对曰："莲花落。"又出五字对曰："珠奁开宝镜。"儿对曰："丝索结线幡。"又久之，能七字对，因闲坐，令其对"纷纷粉蝶穿花去"，儿对曰："小小青蛇上竹来。"一日，亲朋聚会，令儿对十字曰："万花台上，拓邀诗酒朋侪。"对曰："十字街头，拜告衣食父母。"其父曰："此子到底是一个乞儿，不可留也。"

由此可见，作对子并不是一件容易的事，不仅结构形式上要达到对仗精严的要求，而且内容、意思也要好。如果能做到内容与形式相统一，表里俱佳，则就会成为人们传诵的妙对了。曾记得小时

---

[1] 吴礼权：《修辞心理学》（修订版），暨南大学出版社2013年版，第102页。

候听人讲过这样一个故事，说有一个穷书生，虽然家境贫寒，却蛮有志气，也有一种读书人的浩然之气。他家门前有一大片竹林，却不属于自己，是一个地主老财的。有一天，书生突然诗兴大发，作了一副对子，贴在门上："门对千竿竹，家藏万卷书"。

财主一看，不乐意了。你一个穷书生，拿俺家竹林说事也就算了，还竟敢要压俺一头，以"万卷书"对俺"千竿竹"，真是岂有此理？

一气之下，财主令人将竹子全部削去一半。心想，哼，穷小子，看你还能酸文假醋什么？

没想到，书生毫不费力，提起笔在上下两句后各加了一字，成了另一副对子：

"门对千竿竹短，家藏万卷书长。"

财主一看，又傻了眼。一气之下，狠了狠心，令人将满园竹子全部砍掉，竹园夷为平地。他以为，这下书生没辙了，没法再作对子了。

没想到，书生又拿起笔，仍然是毫不费力地在两句后面各续了一个字，成了第三副对子：

"门对千竿竹短无，家藏万卷书长有。"

这一下，财主算是彻底服了。

这个穷书生作对子的故事，之所以在民间传为佳话，原因就是它形式与内容俱佳，作得巧妙而自然，丝毫没有"为作对子而作对子"的勉强感。不仅表现了书生高超的语言技巧，也充分展示了书生人穷志不穷的浩然之气。

中国的读书人在儒家思想的熏陶下，一向不缺乏浩然之气；同时，由于汉语得天独厚的条件（即语法上具有弹性，词汇上以单音节词占绝对优势），中国的读书人作对子的技巧更是高超。古代如此，现代仍如此。上引一副对联，不正是最好的说明吗？

关于上引这副对联，文坛有很多传说。记得 2005 年 7 月 15 日《天津老年时报》刊载一篇署名周存绪的文章，题为"60 年前'征对'：'重庆南京成都'对'中国捷克日本'"。其中有云：

　　1945 年，世界反法西斯和中国人民抗日战争取得伟大胜利，人们无不欣喜若狂。当时，我正在读中学。一天，南京一家报纸文艺副刊上搞过一次"征对"，用了我国"重庆南京成都"三个地名，我认为比较难对，一到课余时间，我便奔到阅览室翻阅报纸。终于有一天该报将结果揭晓了，最佳应对为三个国名："中国捷克日本"，真是绝妙透顶！故一直牢牢记住这副对子。

　　那么，"重庆南京成都，中国捷克日本"，何以成为一副 60 年后还为人追忆的对子呢？这其中的原因，固然是与上面我们所说的对仗精严有关，与这副对子所表现的中国人民战胜日本军国主义的豪迈气概有关，更与这副对子中另外运用到的一种语言表达法有关。这个表达法，就是我们前面已经说过的"别解"表达法。

　　"重庆南京成都，中国捷克日本"这副对联，表面看起来是三个中国城市名与世界三个国家名相对，都是名词对名词，是形式比较精严的对偶。实际上，这只是表面现象。人们赞赏这副对联的真正原因不是它结构形式上的精严，对仗多么巧妙，而是它对"别解"表达法的巧妙运用。"重庆"是中国西部的一个大都市，在抗日战争时期是中国政府的战时陪都。捷克（Czech），是一个中欧国家，1918 年脱离讲捷克语和斯拉夫语的奥匈帝国，与斯洛伐克合并成为捷克斯洛伐克（Czech－solvakia）。首都为布拉格（Prague），国土面积 7.8 万平方公里，人口 1 000 多万。抗日战争胜利，说"重庆"、"南京"、"成都"都是很自然的，因为重庆是战时陪都，南京则是战前首都，成都则是四川大后方的首府。这些都是与抗日战争有关的城市。说"中国"、"日本"，也是自然的，因为抗日战争是中日两国的交战，一是受害国，一是加害国。抗日战争如果说与欧洲有关，那与英国干系最大，因为印度与香港的关系，日本与英国就成了交战的对手。但是，无论如何都与欧洲小国捷克无关。那么，这副对联怎么就扯上了捷克了呢？

　　仔细分析一下，我们就会发现奥秘。原来对联创作者是要借

"重庆"与"捷克"来勾连它们前后的两个名词。因为从词面上看，"重庆"、"成都"与"捷克"三个名词都可以望文生义。"重庆"可以理解为"重新庆祝"，"成都"可以理解为"成为首都"，"捷克"可以理解为"快捷克服"。但这种望文生义的理解不是原来三个名词的规约语义，而是在特定的时代背景下对三个名词（两个城市名、一个国名）的语义而作的"别解"。由此使这副对联表达这样一个语义："重新庆祝南京成为中国的首都，中国迅捷克服日本而胜利。"这样的语义表达，既符合当时的现实（因为南京是中国的首都，抗日战争胜利后中国政府又迁都回南京。中国战胜日本，日本无条件投降，也是事实），又巧妙地化平淡为神奇，以新颖的语言表达方式突显出中国人民获得胜利的喜悦之情。

（五）一斤花生，一罐茅台当作晚饭：梁实秋吃花酒

我在四川独居无聊，一斤花生，一罐茅台当做晚饭，朋友笑我吃"花酒"。

——梁实秋《想我的母亲》

上引梁实秋的一段文字，读来不禁让人哑然失笑，觉得梁老有时还是蛮有幽默感的。

那么，为什么有这种感觉呢？原因就在梁实秋先生"吃花酒"。

何以梁老说到他"吃花酒"，大家都觉得他的话好笑呢？

无他。梁老所说的"吃花酒"，此"花酒"而非彼"花酒"也。"吃花酒"，是一个具有特定含义的词，意指旧时在妓院挟妓饮宴的行为。如果对近代中国小说有所了解，一说到"吃花酒"，大家都会情不自禁地想到清末小说家吴趼人的《二十年目睹之怪现状》，其中就有写到"吃花酒"的事。如第三十二回有云："哪有这等巧事！说要打茶围，果然就有人请你吃花酒了。"

"吃花酒"的风气在清末的文人与达官贵人间极为盛行，甚至可以说是一种时尚。直到民国初年，情况还是如此。如山东省《老年生活报》2001 年 9 月 7 日第五版有一则《冯玉祥"吃花酒"》的

故事：

　　冯玉祥生性耿直，生活俭朴，痛恨当时官场弥漫的只知吃喝玩乐、不问民间疾苦的腐败风气。1917 年北洋军阀统治时期，冯玉祥官为旅长，带兵驻扎在南京长江北岸的浦口时，就曾发生过一桩轰动一时的"官场轶事"。

　　那时，在南京掌权的是担任江苏督军的直系军阀李纯。他带领一批达官贵人几乎天天举行大小宴会，还要拉来妓女陪伴，谓之"吃花酒"。

　　一次，冯玉祥被李纯请过长江来到南京城中的督军衙门，参加一次盛大的宴会。宴会开始不久，李纯宣布让全体参加宴会者"出条子"，即在妓女名单上点名划圈，让听差去城南妓院找来妓女陪酒作乐。冯玉祥对此十分不满，不肯附和。

　　一会儿，一大群妓女打扮得花枝招展地进入宴会厅。李纯等人叫来两名妓女，让她们坐到冯玉祥身边弹唱劝酒。冯玉祥怒不可遏，离席而去。全场达官贵人愕然，李纯目瞪口呆，只好解嘲地连称冯玉祥是个官场怪人。

　　冯玉祥回到浦口军中，他对战友说："上层领导人物放荡腐化如此，中国还有什么希望呢？"他思索良久，自己部下军官久驻大城市附近，为防止他们学坏，必须抓紧倡廉与爱民教育。

　　第三天晚上，冯玉祥召来全旅排以上军官到旅部饭堂会餐。这是少有的事。大家入席后，只见酒菜极简单。冯玉祥等大家吃了一会儿，就站起来讲话。他介绍了南京官场吃花酒出条子的种种情景后，说："难道只能让这些达官贵人行乐？今天我们也来学学他们，也来吃花酒、出条子，每人叫一个……"

　　众军官都知道冯玉祥的脾气，听到他的这番话，感到十分惊讶，人人瞪目相视，莫名其妙，只得静观不响。冯玉祥见众军官不响也不动，就说："我已经给你们出了条子了，每人一个，每个一元，他们快来了。"

少顷，饭厅大门洞开，进来一群衣衫褴褛的乞丐，或男或女，或老或幼，或盲或跛。这些人都是冯玉祥预先派人从南京街上召集来的。众军官更加惊讶。只见冯玉祥站起来严肃又郑重地向众军官说："这些人就是我给大家叫的'条子'。他们都是我们的叔伯、兄弟、姊妹，我们应当照顾关心他们，请你们每人给他们一元钱。"众军官这才如梦初醒，十分感动，纷纷解囊，由冯玉祥的勤务兵集中起来分发给众乞丐。

由这则民国时代的故事，我们更能清楚地了解到"吃花酒"的真实内涵与真实情状。

其实，"吃花酒"并不是清末民初出现的时尚，而是古已有之的。它起源在何时，我们没有认真考证，不敢轻下结论。但是，我们可以肯定地说，至少在唐代，"吃花酒"已经是风行于文人间的时尚了。唐代薛用弱所撰传奇小说集《集异记》中有一篇《旗亭画壁》，其文云：

> 开元中，诗人王昌龄、高适、王之涣齐名。时风尘未偶，而游处略同。
>
> 一日，天寒微雪，三人共诣旗亭，贳酒小饮。忽有梨园伶官十数人，登楼会宴。三诗人因避席隈映，拥炉火以观焉。
>
> 俄有妙妓四辈，寻续而至，奢华艳曳，都冶颇极。旋则奏乐，皆当时之名部也。昌龄等私相约曰："我辈各擅诗名，每不自定其甲乙。今者，可以密观诸伶所讴，若诗人歌词之多者，则为优矣。"
>
> 俄而，一伶拊节而唱曰："寒雨连江夜入吴，平明送客楚山孤。洛阳亲友如相问，一片冰心在玉壶。"昌龄则

引手画壁曰："一绝句！"寻又一伶讴之曰："开箧泪沾臆，见君前日书。夜台何寂寞，犹是子云居。"适则引手画壁曰："一绝句！"寻又一伶讴曰："奉帚平明金殿开，且将团扇共徘徊。玉颜不及寒鸦色，犹带昭阳日影来。"昌龄则又引手画壁曰："二绝句！"之涣自以得名已久，因谓诸人曰："此辈皆潦倒乐官，所唱皆巴人下里之词耳！岂阳春白雪之曲，俗物敢近哉？"因指诸妓之中最佳者曰："待此子所唱，如非我诗，吾即终身不敢与子争衡矣！脱是吾诗，子等当须列拜床下，奉吾为师！"

因欢笑而俟之。须臾，次至双鬟发声，则曰："黄河远上白云间，一片孤城万仞山。羌笛何须怨杨柳，春风不度玉门关。"之涣即揶揄二子，曰："田舍奴！我岂妄哉？"因大谐笑。诸伶不喻其故，皆起诸曰："不知诸郎君，何此欢噱？"昌龄等因话其事。诸伶竞拜曰："俗眼不识神仙，乞降清重，俯就筵席！"三子从之，饮醉竟日。

这里所记陪诗人王昌龄、高适、王之涣"饮醉竟日"的诸伶，就是中国古代的艺伎。三位诗人写的这些艺伎陪吃酒的行为，就是"吃花酒"。

了解了"吃花酒"行为的渊源与传统，明白了"吃花酒"一词的真实语义，那我们就易于理解中国古代文人与达官贵人何以热衷于"吃花酒"了。因为它是文人的风雅，是上层社会的时尚。

上引梁实秋先生的文字，说到自己抗战时期在四川的日子，竟以"吃花酒"来描写其时的生活状态，正是因为潜意识中也认同"吃花酒"是一种文人的风雅。但是，梁实秋所说的"吃花酒"的内涵实际并不等同于上文我们所说的"吃花酒"（即挟妓饮宴），而是对"吃花酒"一词作了另一番解释，改变了"吃花酒"原来的语义内涵，在特定的语境下临时赋予"吃花酒"一词以一种全新的语义内涵（即喝酒吃花生）。由此，让人在阅读中将"吃花酒"的原义与新义作出对比后，不禁哑然失笑，敬佩其"出人意料而又入人意料"的表达智慧。

（六）何苦为小失大：营厕者的悔恨

> 有造方便觅利者，遥见一人揭衣，知必小解，恐其往所对邻厕，乃伪为出恭者，而先踞其上，小解者果赴己厕。久之，其人不觉撒一屁，带下少粪，乃大悔恨曰："何苦为小失大！"
>
> ——明·冯梦龙《笑府·造方便》

日常生活中，我们常听人说"开门七件事"，即"柴米油盐酱醋茶"。这句话说的是，过日子不容易，操持一个家庭不容易，什么都得花钱。

其实，这是传统的说法，也是不全面的说法。仔细想想，过日子绝非"柴米油盐酱醋茶"就可解决。一个人要维持基本的生存要求，起码要解决"吃喝拉撒睡"五件事。"开门七件事"其实只是"吃"的问题。还有"喝"、"拉"、"撒"、"睡"四件事，同样不可忽略。"喝"、"睡"二事，对于人的重要性，那是不言而喻的。所谓"喝"，就是喝水。众所周知，人几天不吃饭也许还死不了，但是三四天不喝水恐怕就会呜呼哀哉了。所谓"睡"，就是睡觉。人非钢铁，倘若不睡觉，肌体得不到休息，生命就将画上休止符。所谓"拉"、"撒"，就是俗人所说的"拉屎"、"撒尿"。文雅人不这样说，叫作"方便"，更雅的人叫作"上卫生间"、"去洗手间"，女士则说"去化妆间"。在现代的都市里，如果你不懂这些说法，恐怕你的"拉"、"撒"问题就解决不了。"上厕所"称之为"去洗手间"，乃源于日本人的创造（我们中国古代叫"更衣"）。到日本，车站、机场（日本人叫"空港"）等公共场所到处都有"御手洗"的招牌。其实，那个让你洗"御手"的地方，就是我们普通人所说的"厕所"，也就是乡下人所说的"茅坑"。也许对于说惯了"茅坑"的中国人来说，将厕所说成"洗手间"或"盥洗室"，就觉得非常文雅了。但是，有洁癖的日本人觉得这还不够雅。笔者曾在日本京都做了多年客座教授，在京都与其他温泉圣地，常常会不经意地发现日本人有更好的创意。他们在男厕所门上写上或挂上一个"殿"字，在女厕所门口写上或挂上一个"妃"字。既雅又有尊敬如厕者的意思，让如厕者心情好愉快。没想到这么简单，自己就享受了一次殿下或贵妃的待遇。

我们中国人对于"拉"、"撒"的事不怎么重视，对于"拉"、"撒"场所的建设也不重视，不像日本人那样重视厕所文化建设。结果，造成中国人更坏的习惯——随地大小便。据说，民国初年于右任先生就曾对国人的这种陋习深恶痛绝，曾写了一个条幅"不可随处小便"，让秘书贴出去，以警示国人。可能是因为于右任先生书法太有名，结果被人揭去条幅，进行重新组合后，变成了"小处不可随便"的人生格言，成为一幅不可多得的墨宝。这让于右任先生很无奈，也让中国许多的有识之士很无奈。

也许我们换个角度看，可能会发现国民的坏习惯之养成，也有中国文化传统的因素。众所周知，中国人历来是以实用主义挂帅的。同样，对于厕所文化建设，中国人所持的也多是实用主义的态度，而不是抱着予人方便、让人愉悦的态度。即使是在许多大都市里，公家建设的厕所也是收费的，"有便没钱莫进来"。这一点，让外国人感到莫名其妙。

不过，外国人看不懂，那并不能证明中国不好，反而恰恰证明了中国传统文化博大精深，文化传统一以贯之。从上引故事中，我们似乎可以清楚地看出这一点：故事中的那位中国古人之所以在路旁"造方便"（即建厕所），他并不是出于予人方便的目的，而是出于收集人的大小便作肥料。也就是说，他"造方便"是采取实用主义态度，以营利为目标。也正因为这个目的，才有故事中那位古人为截客流而"为小失大"的事件发生，以致让他"大悔恨"。

今天，我们读这则故事觉得非常可笑。但是，这则笑话的创作者创作这则故事，并不仅仅是要博取我们一笑，而是别有用意，这就是讽嘲营厕者的贪吝。只是与众不同的是，创作者巧妙地将这层讽嘲寓意通过笑话的形式来表现，让人在轻松一笑中回味出创作者对国民劣根性有一个清醒的认识。

那么，创作者是怎样实现这一目标的呢？仔细回味一下故事的最后一句："何苦为小失大"，就能清楚地明白，原来创作者是运用了前文我们所说的"别解"表达法。它将汉语的常用词语"为小失大"（或写成"因小失大"）在故事的特定语境中临时作了语义改变，即将原本表示"因为局部利益而损害了大局"、"为了小事而坏了大事"的意思，临时改换成"为了小便而损失了大便"。这样，让读者在比较了原语义与新语义之后，在心理上产生了极大的落差，不禁哑然失笑，既敬佩创作者高妙的表达技巧，又深刻领会到创作者嘲讽国民劣根性的用意。

二、顺水推舟：拈连的突破力

提升言语表达突破力，除了上述所介绍的"别解"表达法，还有一种表达法，也有化平淡为神奇的功效。这种表达法，便是"拈连"。

所谓"拈连"表达法，是指说写表达时因涉及甲乙两项事物，在用某个词语与甲项事物相匹配时，趁便将与甲项事物相匹配的词语也用到了乙项事物上。"这种拈连的修辞方法，无论甲项说话在前或在后，都可应用。"① 运用"拈连"表达法建构的文本，我们称之为"拈连"修辞文本。

我们都知道，在汉语中，某类词与哪些词相匹配，那是有一定的习惯与逻辑理据的。比方说，"吃"这个词，可以与"饭"、"菜"、"鱼"、"肉"等表示食物类的名词相匹配，而不能跟"石头"、"桌子"、"椅子"之类的非食物类名词相匹配。但是，在实际语言实践中，人们的语言表达却往往突破这一语义搭配规约，形成了一种违反语义搭配规约或逻辑理据的语言表达式，这样的文本便是"拈连"修辞文本。

----

① 陈望道：《修辞学发凡》，上海教育出版社 1997 年版，第 114 页。

"拈连"修辞文本，乍看起来让人觉得奇怪，但实际上却是有其产生的心理机制与逻辑理据的。从心理学角度上看，"拈连"修辞文本的生成，一般来说都是基于"关系联想"的心理机制。表达者为表情达意而建构修辞文本时，之所以会"用甲项说话所可适用的词来表现乙项观念"①，那是"因为甲乙两项说话的内容在某种性质上存在着某种内在的因果关系。所以，当表达者在感知、反映当前事物时，往往会由于与经验中和观念上已把握的事物相联系搭挂起来，从而由关系联想而建构起'用甲项说话所可适用的词来表现乙项观念'的拈连修辞文本"②。

由"拈连"表达法建构起来的修辞文本，一般来说，"在表达上都有一种形象性、生动性的特点；在接受上则有一种引人入胜、令人追索究竟的审美情趣"③。正因为如此，古往今来的作家往往都运用"拈连"表达法，给他们的作品增添不少光彩。

下面我们就从古今作家作品中略举几例，以见其"拈连"表达法独特的突破力。

（一）温庭筠：红蜡泪，遍照画堂秋思

　　玉炉香，红蜡泪，遍照画堂秋思。眉翠薄，鬓云残，夜长衾枕寒。
　　梧桐树，三更雨，不道离情正苦。一叶叶，一声声，空阶滴到明。

　　　　　　　　　　　　　——唐·温庭筠《更漏子》

上引一首《更漏子》，乃是唐代文学家温庭筠之作。

说到温庭筠，大家都知道他是唐代诗词俱佳的作家，尤其是他精通音律，在唐代作家中是少有的，时人称之为"温八叉"。旧题宋人尤袤所撰《全唐诗话》"温庭筠"有云："庭筠才思艳丽，工于

---

① 陈望道：《修辞学发凡》，上海教育出版社 1997 年版，第 114 页。
② 吴礼权：《修辞心理学》（修订版），暨南大学出版社 2013 年版，第 62 页。
③ 吴礼权：《修辞心理学》（修订版），暨南大学出版社 2013 年版，第 62 页。

小赋，每入试，押官韵作赋，凡八叉手而八韵成，时号'温八叉'。"亦称"温八吟"，五代人王定保《唐摭言·敏捷》有云："温庭筠烛下未尝起草，但笼袖凭几，每赋一韵，一吟而已，故场中号为'温八吟'。"

温庭筠不仅在唐代是个著名的文人，在中国文学史上也是声名显赫的作家。说到唐诗，人们一定不会忘了他的名句"鸡声茅店月，人迹板桥霜"（《商山早行》）。说到唐词，人们一定不会忘记他创意造言的成就。"小山重叠金明灭，鬓云欲度香腮雪"（《菩萨蛮》）、"过尽千帆皆不是，斜晖脉脉水悠悠，肠断白蘋洲"（《梦江南》）等，都是人们耳熟能详的句子。特别应该提起的是，在唐代作家中，由于他对音律的精通与造诣，其对词在格律形式上的规范化方面作出了无人能及的杰出贡献。

温词不仅音律优美，而且在内容上也柔美动人。因为他所写的词，在内容上偏重于闺情，尤其擅长写闺怨，因此读来格外凄美缠绵。由于温词造语绮靡、辞藻艳丽，因此被后蜀赵崇祚编纂的《花间集》列以为首，由此对后世词风产生了很大的影响。清人刘熙载《艺概》卷四有云："温飞卿词，精妙绝人，然类不出乎绮怨。"

应该说，刘熙载的概括是中肯的。即以上引《更漏子》一词来说，就典型地表现了其"绮怨"特色。此篇词作，乃是"写一位闺中少妇因与情郎离别，秋夜独守空房难以入眠的极度痛苦之情，笔调缠绵，感人至深"[1]。其中，除了下阕的"梧桐树，三更雨，不道离情正苦。一叶叶，一声声，空阶滴到明"，读之让人倍感凄切之外，上阕的"红蜡泪，遍照画堂秋思"，在创意造言上也颇是绮靡新颖，让人对闺中少妇愁苦的情怀感同身受，情不自禁地为之掬一把同情泪。

那么，"红蜡泪，遍照画堂秋思"二句何以有如此的突破力呢？这是因为作者在这里运用了一种有效的表达法，它便是前面我们讲到的"拈连"。

---

① 吴礼权：《修辞心理学》（修订版），暨南大学出版社 2013 年版，第 62 页。

　　"红蜡泪，遍照画堂秋思"，这种表达，从语法角度看，是超乎寻常的"非法"词句。因为按照汉语语法，"泪"可以与"流"、"淌"等动词匹配，但不能与动词"照"配拢。从逻辑角度看，也不合事理，是"悖理"的。因为"烛泪"不能照明，只有"烛光"才能照明。而且即使是说"烛光"，也不能照抽象的概念"秋思"。既然如此，那么词人为什么会写出这样的句子呢？是写错了，还是故意标新立异？仔细分析一下，我们会发现，词人这样写是有内在的逻辑依据的。从现代心理学的角度分析，是有理据可说的。词人本意是要说"红蜡照画堂"（甲项说话），却由于"关系联想"的缘故，就趁便将"秋思"与"红蜡"也牵连搭挂在一起了，这样就写出了"红蜡泪，遍照画堂秋思"的奇异之句。"表达者之所以在说到'红蜡照画堂'（甲项说话）时要牵扯到'红蜡照秋思'（乙项说话），是因为'红蜡照秋思'是'红蜡照画堂'的原因，人点蜡烛的目的是为了照明以从事室内的某项活动，也就是说点红蜡是为了照亮秋思之人在画堂内从事某项活动，而点蜡之人（即闺中少妇）因某事某物触动了思绪，便引发了秋思。尽管点蜡人点蜡的目的本不是要照画堂，但点蜡之后最直接的结果就是照亮了画堂。表达者说到'红蜡照画堂'时要连及'红蜡照（少妇）秋思'是必然的，因为两者之间有一种内在的因果关系。这样，表达者在感知、反映当前事物——'红蜡照画堂'——时，由于与经验中和观念上已把握的经验过的事物——点蜡照明在室内从事某项活动——相联系搭挂起来，于是便由关系联想而将甲乙两项说话的内容搭挂在一起，建构起了上述的拈连修辞文本。"[1] 这一文本的建构，"从表达效果上看，由于具象的'画堂'和抽象的'秋思'经由动词'照'拈连到一处，遂使少妇的秋思亦变得形象、生动起来，同时也进一步渲染了少妇秋思之深之多——她的秋思竟然可以由红蜡照得见。很明显，这样的表达是具有形象性、生动性的。从接受效果上看，由于文本直接将'红蜡'与'秋思'搭挂在一起，使接受者

---

　　① 吴礼权：《修辞心理学》（修订版），暨南大学出版社 2013 年版，第 62 页。

在文本解读时心存不解和困惑，从而就引发起探究的兴趣，要找出表面上不相联系的甲乙两项说话内容之间的内在联系，由此获得一种探索、认识的快慰。如果不以上述的拈连修辞文本来表达，而以理性、直接的语言表达：'红蜡遍照画堂，照见了秋思的少妇'，那么文本语言也就失去了张力。语言表达的形象性、生动性亦亦不复存在。同时，从接受的角度看，由于是直接明白的表达，接受者在解读文本时没有任何阻障，因而也就激发不起探究的兴味，那么文本解读的快慰也就无由获取"①。可见，温庭筠的这首《更漏子》之所以成为传诵千古的名作，其中除了下阕"梧桐树，三更雨"等句子的魅力外，还与上阕"红蜡泪，遍照画堂秋思"等句子在创意造言上的功劳有关。

（二）张三影：午醉醒来愁未醒

　　《水调》数声持酒听，午醉醒来愁未醒。送春春去几时回？临晚镜，伤流景，往事后期空记省。

　　沙上并禽池上暝，云破月来花弄影。重重帘幕密遮灯，风不定，人初静，明日落红应满径。

——宋·张先《天仙子》

在中国文学史上，说到唐诗，则不能不说到宋词。而说到宋词，则不能不说到苏轼与柳永。因为苏轼的词代表的是一种"大江东去"的豪放派风格，柳永的词则是"杨柳岸，晓风残月"的婉约派风格。

而说到柳永的词，就不能不提张先。因为张先在北宋是与柳永齐名的词人，而且词风也一致，都擅长作慢词，亦精于小令。学术界多认为，张先的词含蓄蕴藉、意象丰富、语言凝练、韵味隽永。在两宋婉约派词史上影响甚巨，在词由小令向慢词过渡的过程中为功甚夥。因此，清人陈廷焯在其《词坛丛话》中对张先的词有极高

---

① 吴礼权：《修辞心理学》（修订版），暨南大学出版社 2013 年版，第 62～63 页。

的评价，认为张词"才不大而情有余，别于秦、柳、晏、欧诸家，独开妙境，词坛中不可无此一家"。又在《白雨斋词话》中进一步评论说："张子野（注：张先，字子野）词，古今一大转移也。前此则为晏、欧，为温、韦，体段虽具，声色未开。后此则为秦、柳，为苏、辛，为美成、白石，发扬蹈厉，气局一新，而古意渐失。子野适得其中，有含蓄处，亦有发越处。但含蓄不似温、韦，发越亦不似豪苏腻柳。规模虽隘，气格却近古。自子野后一千年来，温、韦之风不作矣。亦令我思子野不置。"其评价不可谓不高也。

张先的词在内容上多是写男女之情的，也有相当部分是写士大夫的闲适生活与诗酒人生。这一点，与柳永也有相似之处。虽然从整体上看，张先不及柳永的才力，但在词句的创意造言方面却不逊色。他的很多小词写得非常有韵味，名句也多。他之所以被人称之为"张三中"、"张三影"，正是缘于此。北宋李颀《古今诗话》中有记载云："有客谓子野曰：人皆谓公'张三中'，即'心中事，眼中泪，意中人'也。公曰：何不目之为'张三影'？客不晓，公曰：'云破月来花弄影'，'娇柔懒起，帘压卷花影'，'柳径无人，坠飞絮无影'。此余生平所诗意也。"

张先最得意的第一"影"名句，就在我们上引《天仙子》词中。此词乃"张先在秀州（治所在今浙江省嘉兴县）任判官时作。黄升《唐宋诸贤绝妙词选》卷五题作'春恨'。词的内容在刻意伤春之中兼寓作别之意"①。词抒伤春之情，缠绵动人；词写景物之笔，则摇曳生姿。特别是下阕的第二句"云破月来花弄影"，不仅让张先自己为之得意，而且也成为后人传诵不绝的名句。其实，这首词的上阕第二句"午醉醒来愁未醒"，在创意造言上也是相当成功的，深富表现力，可谓写尽了词人伤春惜春之深情，读之让人为之深切感动。

---

① 朱东润主编：《中国历代文学作品选（中编）》（第二册），上海古籍出版社1980年版，第7页。

那么，这句词何以有如此的突破力呢？

无他。乃是因为词人巧妙地运用了"拈连"表达法。

"午醉醒来愁未醒"，这句话乍一看有点让人困惑不解。因为从语法的角度看，"愁"是一种表示人之情绪的抽象名词，它与动词"醒"是不能匹配的，这是人所共知的语法规约。从逻辑的角度看，"愁"不是人，所以不存在"愁"有"醒不醒"的问题，说"愁醒"或"愁未醒"，都不符合事理，因而它是"悖理"之言。既然如此，那么词人张先为什么要写这样"悖理"又"违法"的句子呢？是不懂汉语语法，还是没有逻辑思维？可以肯定地回答，都不是。仔细分析一下，就能明白词人这样写的逻辑理据与心理学的依据。词人本意是要说"午醉醒来"（甲项说话），却由于"关系联想"的缘故，就趁便将适配于"午醉"的动词"醒"与"愁"也牵连搭挂在一起了。这样，便生成了"午醉醒来愁未醒"这样奇特的句子。这样的句子，由于突破汉语语法的规约与常规逻辑思维，在文本接受时就会给读者以巨大的新异性刺激，促使他们思考其中的道理，从而加深文本接受印象，体会词人深切的伤春之情。这便是古代文论家所说的"无理而妙"。

（三）辛弃疾：风流总被，雨打风吹去

千古江山，英雄无觅，孙仲谋处。舞榭歌台，风流总被，雨打风吹去。斜阳草树，寻常巷陌，人道寄奴曾住。想当年，金戈铁马，气吞万里如虎。

元嘉草草，封狼居胥，赢得仓皇北顾。四十年望中犹记，烽火扬州路。可堪回首，佛狸祠下，一片神鸦社鼓！凭谁问：廉颇老矣，尚能饭否？

——宋·辛弃疾《永遇乐·京口北固亭怀古》

在中国文学史上，既能提刀上马冲锋陷阵，又能提笔倚马万言的作家，是非常罕见的。但是，在南宋却有一位，他就是辛弃疾。

与南宋另一位大文学家陆游一样，辛弃疾一生都志在恢复中

原，却始终未得朝廷重用，不能一展所长，只能"满腔忠愤，无处发泄，一寄之于词"。因此，在他的词中，既反映了当时尖锐的民族矛盾和统治集团的内部矛盾，也"表现了他奋厉无前、坚持抗敌到底的雄心"。可是，"由于在政治上失意，抱负不能施展，有时也流露出忘怀时事、寄情山水的消极情绪"。然而，事实上他又不能完全忘怀时事，更不能完全寄情山水。他一生作词较多，"所作题材广阔，气势纵横，不为格律所拘束。善于陶铸经史诗文，一如己出，亦长于白描。词风以豪放为主，但亦不拘一格，沉郁、明快、激励、妩媚、兼而有之"①。

上引《永遇乐·京口北固亭怀古》一词，是词人于宋宁宗开禧元年（公元1205年）在镇江知府任上所作，"通过怀古，以言时事，体现作者坚决主张抗金，同时反对冒进误国的正确思想，流露出老当益壮的战斗意志。词格苍劲悲凉，豪视一世"②。

说到这首词，就会让人记起上阕其中的一句："舞榭歌台，风流总被，雨打风吹去。"这句话，乍一看让人顿生困惑，觉得不好理解。根据正常的逻辑思维，"舞榭歌台"可以"被雨打风吹去"；从语法的角度看，"舞榭歌台"可以与"被雨打风吹去"搭配，并在意念上成为"雨打风吹去"的受事者。但是，说"风流总被雨打风吹去"，就有些"悖理"与"违法"了。因为"风流"是抽象名词，在语法习惯上不与"雨打风吹"匹配，在逻辑上两者牵连在一起也有违事理。既如此，那么词人为什么还要这样写呢？仔细分析一下，它是根据心理学上的"因果关系联想"而建构起的一个"拈连"修辞文本。"表达者在说到'舞榭歌台被雨打风吹去'（甲项说话）时之所以要将'风流总被雨打风吹去'（乙项说话）牵扯到一处，是因为表达者在感知、反映当前事物——'舞榭歌台雨打风吹去'——这一对象时，由于与经验中和观念上已把握的经验过的事

---

① 朱东润主编：《中国历代文学作品选（中编）》（第二册），上海古籍出版社1980年版，第73页。

② 朱东润主编：《中国历代文学作品选（中编）》（第二册），上海古籍出版社1980年版，第90页。

物——英雄事业的流风余韵往往多随历史遗迹的消失而被人遗忘——相联系搭挂起来，于是便经由关系联想而建构起上述的拈连修辞文本。因为'舞榭歌台被雨打风吹去'是'风流总被雨打风吹去（遗忘）'的原因，两者之间有因果关系。一般来说，人们对历史人物的英雄业绩的记忆总是由于某些历史遗迹（如舞榭歌台之类）的刺激而触发。正因为上述作者所说到的'两项说话'有因果联系，所以表达者（词人）能经由关系联想而建构起上述拈连修辞文本。"① 这一文本的建构，"从表达的角度看，由于表示具象的'舞榭歌台'和表示抽象概念的'风流'经由共同的红线'雨打风吹'的一线贯穿而拈连到一起，遂使看不见、摸不着的抽象概念'风流'也具体可感，语言表达上别添了一种形象性、生动性的特质。从接受的角度看，由于文本直接将在逻辑和语法上本不可搭配的'风流'与'雨打风吹'联系搭挂在一处，使接受者在解读文本时发生了解读的困惑，由此激发出其文本解读中的探究兴味，即要找寻出上述'两项说话'之间内在的联系。这样，当接受者通过努力将文本中'两项说话'之间的内在联系找寻出来时，接受者也就从中获得了一种探索、认识的快慰。如果表达者不以上述的拈连修辞文本来表达，而是理性、直接地表达说：'舞榭歌台雨打风吹去，（英雄）风流也被人遗忘'，那么文本在表达上就失去了形象性、生动性；在接受上，接受者因文本构句平常，不存在解读的阻障而没了探索的兴味，因而也就不可能在文本解读中获取探索、认识的快慰"②。明白这一点，我们就能理解词人为什么这样写的深层原因，也能欣赏到词作真正的艺术价值。

---

① 吴礼权：《修辞心理学》（修订版），暨南大学出版社 2013 年版，第 63 页。
② 吴礼权：《修辞心理学》（修订版），暨南大学出版社 2013 年版，第 63~64 页。

130

（四）陶渊明：未言心先醉，不在接杯酒

> 出门万里客，中道逢嘉友。
>
> 未言心先醉，不在接杯酒。
>
> ——晋·陶渊明《拟古九首》其一

宋人洪迈写有一首名曰《喜》的诗，一共四句，分别说了人生的四件喜事：

> 久旱逢甘雨，他乡遇故知。
>
> 洞房花烛夜，金榜题名时。

洪迈所说的这四件喜事，也许在现代人看来，实在是算不了什么。现代科技的发展，已经使人类开始摆脱"靠天吃饭"的局限。天旱不雨，既可以用人工降雨的方法解决，也可以用机器掘井取水。因此，"第一喜"对现代人来说，感受已经不那么深刻了。

那么，"第二喜"呢？现代人恐怕再也难以感到了。因为我们有电话，还有比电话更方便的手机与网络，即使是相隔重洋，哪怕是上天入地，都可以随时随地跟自己的家人或朋友谈天说地。既然不会孤独，那何来"他乡遇故知"的喜悦？

至于"第三喜"，现代人可能更是难有体会了。因为现代是自由恋爱、自由结婚，"入洞房"应该做的事，早在恋爱时就已经做了不知多少次了，哪里还有古人掀起头盖时发现新娘"惊若天人"的喜悦和初尝禁果的激动？因为早就感受不到"洞房花烛夜"的喜悦了，所以现代人的结婚、离婚已经成为生活常态，甚至可以在一个礼拜内走完结婚和离婚两个程序。

"第四喜"又如何？恐怕现代人也感受不深了。因为随着大学教育的普及，在大城市几乎已经是人人上大学了。在"博士满街走，大学生多如狗"的时代，谁会感受到"金榜题名"的喜悦与激动？

但是，对古人来说，上面所说的四件确实都是人生最大的喜事。就以"四喜"中位阶最低的"第二喜"——"他乡遇故知"，也是很难企及的。不是吗？上引陶渊明的诗，说的正是"他乡遇故知"的喜悦。

即使没有经历过，我们也可以想象得出，在交通极为不便的中国古代，游学经商、赴任访友，都是要靠步行的，条件好的可以驴马代步，舟车相济；但毕竟没有汽车、火车或者飞机，跋山涉水，费时之多，行路之难，自然是可以想象的。不然，古人何以一再吟咏"行路难"的主题呢？中国古代有一句流传至今的俗语，叫作"在家千日好，出门一时难"。可见，行旅之途的艰难是确确实实的。古代那么多写游子思乡主题的诗词，也正是因为"独在异乡为异客"而生活艰难、思想苦闷、情感孤独的缘故。如果"出门事事好"，那么游子们就会乐不思蜀了，谁还有时间抒发"每逢佳节倍思亲"之类诗句以排遣心中的苦闷呢？在中国文学史上，陶渊明可算是一个非常旷达的人了，他能辞官不做，固然有看不惯官场黑暗的因素在，但更多的原因恐怕还是缘于其思乡之情与回归田园的理想。你看他的传世名篇《归去来兮辞》，开首一段文字有云：

> 归去来兮，田园将芜胡不归！既自以心为形役，奚惆怅而独悲？悟已往之不谏，知来者之可追。实迷途其未远，觉今是而昨非。舟摇摇以轻扬，风飘飘而吹衣。问征夫以前路，恨晨光之熹微。

你看，船跑得都飞起来了，人在船上衣服都被吹得飘起来了（"舟摇摇以轻扬，风飘飘而吹衣"），他还嫌船儿跑得不快。可见其归乡的急切之情！

那么，陶渊明为什么那么急切地要回乡呢？因为在外乡孤独，官场黑暗，连个倾吐心声的朋友都找不到，倒不如回乡，还有很多知心朋友可以说说心里话，多好！这种想法，在《移居二首》之一，陶渊明曾明确说过："昔欲居南村，非为卜其宅。闻多素心人，乐于数晨夕。"

上引诗句是陶渊明早年为生活所迫在外奔走时的心灵记录，也是他后来决意回乡的深层次原因。"出门万里客"，言离乡距离之远。乃是以"夸张"表达法极言之，为下句"中道逢佳友"的喜悦作铺垫。身在万里之外，却突然遇到昔日的好友，这种"他乡遇故知"的喜悦是可以想见的。那么，怎么表现这种"他乡遇故知"的喜悦之情呢？陶渊明用了两句十个字："未言心先醉，不在接杯酒"，就将这种异乎寻常的惊喜之情表达出来，让人感同身受，感慨万千。

那么，陶渊明这两句诗何以有如此强的突破力呢？是诗人"拈连"表达法运用得好的结果。

"未言心先醉，不在接杯酒"，从语法上看，"心"与动词"醉"不相匹配，有违汉语语法规则；从逻辑上看，前一句有些违背事理。因为按照正常的逻辑思维，总应该是先喝酒，然后才有可能醉。而诗人却让心先醉，酒还没喝。因此，从正常的语法和逻辑分析，是"违法"、"悖理"的。但是，千古以降，读诗者都认为写得好。这是为什么呢？如果我们从心理角度进行分析，就会明白这一点。众所周知，中国人都有一种内敛含蓄的心理特征，一般不肯轻易向人表露心迹。但是，喝酒之后，特别是喝多之后，由于意识控制力减弱，就会出现"酒后吐真言"的情况。就陶渊明诗句所写的内容来看，诗人在万里之外突然见到自己的好友，应该是惊喜得顿时说不出话来，而不是"未言心先醉"。异乡相见，喜悦之后，必是把酒抒情。喝多了，必然会把独在异乡的孤独苦闷倾吐出来。但是，诗人并没这样按照正常的逻辑顺序用诗句把这些意思表达出来，而是选择用"拈连"表达法，在叙述"喝酒尽兴而醉酒"（甲项说话）时，趁便将可以与"酒"匹配的"醉"字顺势与"心"相匹配，并且同时兼用"超前夸张"法将"心醉"置于"接杯酒"的动作之前，以此强烈地突显出"他乡遇故知"那种异乎寻常的喜悦之情。让读诗者也深受其情绪的感染，为之产生情感的共鸣。

由此，我们可见，对于"他乡遇故知"的喜悦之情的表达，宋人洪迈以一句话就道出了数千年来人类的共同情感体验，固然是具有高度的概括力；陶渊明用了四句话，虽然显得有点繁缛，但就突破力来说，明显要胜于洪迈。因为陶诗更富于感性，由以上分析已可知矣。

（五）闻一多：烧破世人的梦

> 红烛啊！
> 既制了，便烧着！
> 烧罢！烧罢！
> 烧破世人的梦，
> 烧沸世人的血——
> 也救出他们的灵魂，
> 也捣破他们的监狱！
>
> ——闻一多《红烛》

上引诗句是现代著名诗人与学者闻一多《红烛》诗中的片段。

此诗写于 1923 年，是作者第一部诗集《红烛》的序诗。在诗中，作者以红烛为喻，表明了自己（同时也要求所有的诗人）就像燃烧的蜡烛一样，有颗赤诚而火热的心（"红烛啊！这样红的烛！／诗人啊，吐出你的心来比比，／可是一般颜色？红烛啊！"）并指出诗人应该如蜡烛，要有燃烧自己、照亮别人的牺牲奉献精神（"红烛啊！流罢！你怎能不流呢？／请将你的脂膏，／不息地流向人间，／培出慰藉的花儿，结成快乐的果子！""红烛啊！你流一滴泪，灰一分心。／灰心流泪你的果，创造光明你的因。"）。

至于上引片段，则是作者呼吁诗人们都要以红烛为榜样，肩起自己的责任，战胜生活中的困顿与失望，唤起人们的热情，改变世界、改变现实（"烧破世人的梦，／烧沸世人的血——／也救出他们的灵魂，／也捣破他们的监狱"）。这是作者发自内心的深切呼唤，对改造社会、改造自我倾注了澎湃的热情，读之令人深受感染，顿时有一种化身红烛的情感冲动。

那么，为什么会有这种突破力呢？仔细分析，也是依赖"拈连"表达法的力量。

从语法上分析，"红烛"可以与动词"烧"匹配，说"红烛烧吧"或"烧红烛"，都是符合汉语语法规约的；但是，我们不会将"红烛"与抽象名词"梦"搭配，也不会将"红烛"与"血"联系起来，并用"烧"来施动。从逻辑上看，"红烛"的光热是非常有限的，用于照明还勉强为之，要用它烧沸什么，恐怕不现实。至于用它"烧沸世人的血"，也不符合常理。而用它"烧破世人的梦"，则更是悖理的说法，梦是抽象的东西，如何能烧破？既然"烧破世人的梦，/烧沸世人的血"都是"违法"、"悖理"的说法，那么作者为什么还这么写呢？这是与诗的语言有密切关系。诗的语言需要简洁，表达也需要创新，因此运用一定的修辞表达法进行创意造言，也是诗人写诗时的常态。

《红烛》一诗中之所以有"烧破世人的梦，/烧沸世人的血"这样的句子，乃是因为这二句之前有"红烛啊！/既制了，便烧着！"两句。这几句在语法与逻辑上都是没问题的。紧接着，作者要表达"红烛燃烧自己，照亮别人"这样一层意思，便将与"红烛"适配的动词"烧"顺势跟"世人的梦"联系搭挂上了，跟"世人的血"也联系起来了。因此，从逻辑思维的角度看，它的超常系联是符合逻辑的。但是，这样的表达从语法上看是异乎寻常的，突破了汉语语法的规约，让人不可理解。但是，作为文学作品看，它具有诗的语言特点，有简洁新颖的突破力，有让人回味思索的空间，因此，它的审美价值就大大提高了。由于诗人将"梦"与"烧"联系起来，又在动词"烧"之后添加了补语"破"，这就使抽象的"梦"顿时变成了具象，诗句的形象性更强。

（六）余光中：下湿布谷咕咕的啼声

> 雨是一种回忆的音乐，听听那冷雨，回忆江南的雨下得满地是江湖，下在桥上和船上，也下在四川的秧田和蛙塘，下肥了嘉陵江，下湿布谷咕咕的啼声。
>
> ——余光中《听听那冷雨》

　　读台湾诗人余光中先生的散文，往往让人觉得与读其他散文作家的散文有着根本不同的感觉。这种感觉便是，余光中的散文总是带有一种浓浓的诗味，文字中洋溢着一种诗人特有的激情，叙事中更有一种中国传统诗词的韵味浸染其中。尤其是在语言表达上，更具创意造言的智慧。

　　上引一段文字，读起来就很像是"诗的语言"，也是很有创意的表达。这短短的一段文字，其中就用到了"比喻"表达法（"雨是一种回忆的音乐"，用"是"作喻词，属于"暗喻"）、"排比"表达法（"下在桥上和船上，也下在四川的秧田和蛙塘，下肥了嘉陵江，下湿布谷咕咕的啼声"，四句都是以"下"为谓语动词的动宾结构的句子并置）、"拈连"表达法（"下在四川的秧田和蛙塘，下肥了嘉陵江，下湿布谷咕咕的啼声"）；在句式上，也颇多变化，有判断句，也有无主句，有长句，也有短句，读起来有一种抑扬顿挫的音乐美。正因为如此，我们说余光中的散文语言是"诗的语言"。

　　除了音乐美是"诗的语言"特点外，句式上的变换也对"诗的语言"的建构有很大帮助。著名语言学家王力先生曾在《诗词格律》一书的第四章"诗词的节奏及其语法特点"第二节"诗词的语法特点"中，谈到诗词中"语序的变换"对构成"诗的语言"的作用时，有云："在诗词中，为了适应声律的要求，在不损害原意的原则下，诗人们可以对语序作适当的变换。……语序的变换，有时也不能单纯理解为适应声律的要求。它还有积极的意义，那就是增加诗味，使句子成为诗的语言。杜甫《秋兴》（第八首）'香稻啄余鹦鹉粒，碧梧栖老凤凰枝'，有人以为就是'鹦鹉啄余香稻粒，凤凰栖老碧梧枝'。那是不对的。'香稻'、'碧梧'放在前面，表示诗人所咏的是香稻和碧梧，如果把'鹦鹉'和'凤凰'挪到前面去，诗人所咏的对象就变为鹦鹉和凤凰，不合"秋兴"的题目了。又如杜甫《曲江》（第一首）'且看欲尽花经眼，莫厌伤多酒入唇'，上句'经眼'二字好像是多余的，下句'伤多'（感伤很多）似应放在'莫厌'的前面，如果真按这样去修改，即使平仄不失调，也是诗味索然的。这些地方，如果按照散文的语法来要求，那就是不懂诗词的艺术了。"

余光中的散文之所以具有"诗的语言"特点，除了文字节奏把握得比较好之外，还与他擅长于句式变换有关。如上引余光中散文中的末句"下湿布谷咕咕的啼声"，按照正常的逻辑思维与语法规约，应该写成"雨下得空气都是湿的，甚至连布谷鸟的啼声听起来也带有潮湿的感觉"。这样的表达，读者当然很容易读懂，但作为文学作品，它就失去了令人玩味咀嚼的空间，审美价值就大大降低了。诗人毕竟是诗人，余光中对于上述这层意思的表达只用了"下湿布谷咕咕的啼声"九个字，简洁却耐人寻味，让人觉得既别致，又诗味十足。

那么，这九个字何以有如此的突破力呢？

无他。乃是诗人"拈连"表达法运用恰当的结果。

从语法上看，说"雨下得满地是江湖"、"（雨）下在桥上和船上"、"（雨）也下在四川的秧田和蛙塘"、"（雨）下肥了嘉陵江"，都是可以说得通的；从逻辑上看，也符合事理。但是，说"（雨）下湿布谷咕咕的啼声"，就有违汉语语法规约，在逻辑上也讲不通。既然如此，余光中为何还要这样写呢？

我们都知道，对于语言的理解，需要依托一定的语境（或曰"上下文"）。作者在写出"下湿布谷咕咕的啼声"这样的句子时，因为前面已经有了四个以动词"下"为中心的动宾结构的句子作为铺垫，四个句子中的动词"下"与其后的宾语都能适配，符合汉语的语法规约，也符合逻辑事理。据此，作者在表达最后一句的意思时，就依逻辑思维的惯性，趁便顺势接过前四句中的动词"下"，让它与"布谷咕咕的啼声"相匹配。这样，不仅在语势上与前四句保持了一致，使语意表达有一气呵成的流畅感，而且改变了语意表达本该有的句式，使句子形式新颖别致，"形象地写出了江南春雨绵绵使一切都变得潮湿的情形，表达新颖、形象、感性，远非正常表达所可比拟，使人对江南春雨绵绵的情形留下深刻难忘的印象"①。

三、和而不同：同异的突破力

前面我们说过，语言是一种公共资源，任何人都可以利用。但是能否利用好，以之创出新意，那就要看各人的智慧与语言技巧了。就像同样是一堆青菜、豆腐、肉、蛋之类，高明的厨师能以之烹饪出一桌色香味俱全的佳肴，令人垂涎欲滴；而完全不会烹饪的人，他做出来的菜可能令人难以下咽。因此，我们说，公共资源只有运用得当，并对其进行创造性的调配，才有可能产生最大的效益。

语言也是一样。汉语是一种历史悠久且具有活力的语言，词汇丰富，语法富有弹性，这就给我们充分利用汉语的特点与优势，进行创意造言，提升突破力创造了有利条件。比方说"同异"表达法，就是中国人创造性地运用汉语词汇的一种有效手段，对提升语言突破力有着立竿见影的独特效果。

所谓"同异"表达法，是指为着特定表达目标，依托特定语境，"把字数相等、字面同中有异、异中有同的两个以上的词语，用在一个语言片段里，同异对比，前后映照"② 的一种修辞手法。用这一手法建构的文本，叫作"同异"修辞文本模式。这种修辞文本，"一般都是建立在以有同又有异的不同特质的刺激物的刺激来引发接受者大脑最适宜兴奋灶产生而维持'随意注意'，从而达到加深对修辞文本的理解和印象的心理机制之上的"③。这种修辞文本的建构，"从表达上看，可以通过同而有异的近似字面和各不相同语义内涵的对比，突出所要强调的事物本质的差异性或独特性，且使表意深具含蓄婉约之美或尖锐强烈的对比效果；从接受上看，由于作为刺激物的修辞文本的同而有异的新异性特质，极易引发接受

---

① 吴礼权：《语言策略秀》（修订版），暨南大学出版社 2013 年版，第 50 页。
② 谭永祥：《汉语修辞美学》，北京语言学院出版社 1992 年版，第 159 页。
③ 吴礼权：《修辞心理学》（修订版），暨南大学出版社 2013 年版，第 103 页。

者的'不随意注意'，并进而导致接受的'随意注意'，使接受者情不自禁地由文本中同而有异的词语的字面对比深入到语义对比的层次，从而在对比中把握表达者文本建构的真实含义，加深对文本的理解和印象，提升文本解读的审美情趣"①。

正因为"同异"表达法是一种有效提升突破力的手段，所以自古以来就不断有作家在其作品中反复运用，并留下了许多脍炙人口的佳句。下面我们就从古今作家的作品中略举几例，并分析之。

（一）欲把西湖比西子：苏轼的爱

　　水光潋滟晴方好，山色空蒙雨亦奇。

　　欲把西湖比西子，淡妆浓抹总相宜。

　　　　　　　　——宋·苏轼《饮湖上初晴后雨》二首之二

中国民间有句流行语，叫作"上有天堂，下有苏杭"。苏，便是江苏省的苏州；杭，就是指浙江省的杭州。

而说到杭州，人们首先想到的是西湖。就笔者在国内外所看的湖来说，西湖很难说就是天下最美的湖，比它更有魅力或更有特色的，或是跟它等量齐观的湖多的是。但为什么人们总是对西湖情有独钟呢？这就是宋人苏轼（苏东坡）的功劳了。

说到苏轼对西湖的功劳，大家都会不约而同地想到"西湖十景"的"苏堤春晓"。诚然，苏堤确实为西湖增色不少。它是苏轼元祐四年（公元 1089 年）任杭州知府时，利用疏浚西湖挖出的葑泥而筑成的。堤上种植杨柳与桃花等，一到春天就姹紫嫣红。因此，苏堤历来就是游人的最爱。到南宋时，还形成了集市。南宋人周密在《武林旧事》中就曾记载清明前后苏堤盛况说："苏堤一带，桃柳浓阴，红翠间错，走索、骠骑、飞钱、抛球、踢木、撒沙、吞刀、吐火、跃圈、斤斗及诸色禽虫之戏，纷然丛集。又有买卖赶集，香茶细果，酒中所需。而彩妆傀儡，莲船战马，饧笙和鼓，琐

---

① 吴礼权：《修辞心理学》（修订版），暨南大学出版社 2013 年版，第 103 页。

碎戏具，以诱悦童曹者，在在成市。”

其实，就苏轼对西湖的贡献大小来说，疏浚淤泥、构筑长堤，比起他十五年前（即北宋神宗熙宁六年，苏轼因反对新法而外放杭州为通判时）所写的《饮湖上初晴后雨》（二首之二）来，那就逊色多了。西湖之所以成为名湖，成为杭州的名片与注册商标，还是得力于上引苏轼的这首诗。虽仅二十八字，但字字千金不易，诚为杭州取之不尽、用之不竭的宝藏。

那么，这首小诗何以有如此的突破力呢？

这既与诗人所运用的"比喻"表达法有关，也与诗人同时运用的"同异"表达法密不可分。从诗的整体看，它是一个比喻文本。比喻的本体是"西湖"，比喻的喻体是"西子"（即西施）。两者的相似点是，晴天西湖"水光潋滟"的景象，就像西施的浓妆（也有人说是淡妆），雨天"山色空蒙雨亦奇"的西湖景色，就像西施的淡妆（也有人说是浓妆）。很明显，通过这种引类作比，很容易让人由此及彼，通过对春秋美女西施之美的想象，而产生无限的遐想，从而生动形象地再现西湖之美。而从诗的局部来看，这首诗中还暗含了另一种表达法的运用，这便是上面我们说到的"同异"。诗的第三句"欲把西湖比西子"，其中的"西湖"与"西子"二词，辞面上都有一个"西"，这是诗人特意安排的"同"。而"湖"与"子"（古代对男子的尊称，这里用来敬称西施），不仅辞面上不同，而且性质上也不同，前者表示湖，后者表示人，这是诗人特意设定的"异"。那么，诗人为什么要在同一句诗里安排两个"有同有异"的复合名词呢？这明显是诗人有意在同一个语言片段里制造一种"同异对比，前后映照"的效果，让读者由此及彼，或由彼及此地进行联想想象，经由自己对湖泊与美女观察所得的经验进行再造性或创造性想象，从而在脑海中自动生成一幅西湖美景图。由此可见，诗人将"西湖"比"西子"并非信手拈来而作的比喻，而是别有一番用意的。如果仅仅是为了比喻，那么也可以用中国历史上其他美女来比西湖，何必一定要挑西施呢？按照作诗讲究对偶的门法，诗句对仗以不重复相同辞面的字（即古人所说的"避重字"）

为好。也就是说，如果苏轼不是有意挑选"西子"来与"西湖"来作"同中有异"的"前后映照"，他大可不选"西子"，而选其他美女（如貂蝉、王昭君、杨玉环等）。除此，可能还有一层深意，便是因为西施是越国人，与杭州属于同一地域，所以选用吴越乡土美女，读来会让人更有亲切感。

（二）直把杭州作汴州：林升的恨

> 山外青山楼外楼，西湖歌舞几时休？
> 暖风熏得游人醉，直把杭州作汴州。
>
> ——宋·林升《题临安邸》

小时候，常常听人念这样一首打油诗："山外青山楼外楼，英雄好汉争上游。争得上游莫骄傲，更有好汉在前头。"觉得颇有意思，既顺口好记，又有教育意义。因为它告诉了我们这样一个道理：一个人千万不要盲目自大，为人谦虚谨慎才能有进步。

长大后，读到上引原诗，这才醒悟：原来那首打油诗是仿作。考之文学史，这才知道，它原是南宋孝宗淳熙年间临安（今杭州）士人林升所作。虽是题在墙头的"墙头诗"，但它一点也不"打油"，表面通俗浅显，笔调轻松，实则字字是泪，读来让人无限感伤。

那么，这首"墙头诗"何以有如此的表现力呢？

诗的前二句凌空起势，直取杭州的一景一事。景是无尽青山与无数高楼，事是西湖歌舞日复一日、夜以继日。这两句诗看似简单的写景叙事，实则别有深意。这一景一事，通过"华丽的楼台和靡曼的歌舞，从空间的无限量与时间的无休止，写尽了杭州的豪华和所谓承平气象。然而正言若反，这层层的楼台不能不使人联想到殷纣王的鹿台、楚王的章华台、吴王的馆娃宫与隋炀帝的江都宫；这无休止的歌舞，即弃远而言近，犹令人想起陈后主的《玉树后庭花》和唐明皇的《霓裳羽衣曲》"①。紧接着的第三句，则又是叙事，表面是写杭州天气之好，游人之众，实则是要以此反衬出一种意蕴：大家都已醉生梦死，早就忘记了收复中原大业。一个"熏"字，已将这层意思淋漓尽致地表达出来了。而第四句，也是全诗的最后一句，则是全篇的压轴之笔。虽是直白的议论，却含蓄蕴藉地表达出诗人对"南宋统治者偏安江左，不思恢复中原故土，而只图眼前之乐的沉痛之情，对时事进行了委婉但却十分辛辣的批判"②。句中将"杭州"与"汴州"并列，不管近体诗"避重字"的潜规则，明眼人一看便知其中奥妙。如果诗人有心要"避重字"，"汴州"完全可以改用"汴梁"、"汴京"等。但是，诗人却没有这样做。很明显，诗人这是在运用"同异"表达法。也就是说，"直把杭州作汴州"是一个"同异"修辞文本。这一修辞文本的建构，"从表达上看，作者通过字面上'杭州'与'汴州'的近似与两词所代表的绝不相同的语义内涵的对比，强调突出了'杭州'与'汴州'的根本差异性和对立性，于'不著一字'中婉约而辛辣地讽刺批判了南宋统治者苟且偷安、不思进取的腐朽本质；从接受上看，由于作为语言信息刺激物的'杭州'与'汴州'两个同而有异的词语的并置而产生的信息刺激的新异性，引发了接受者文本接受中的'不随意注意'，并进而促成了其文本接受中的'随意注意'，由修辞文本中字面近似的'杭州'与'汴州'的并置而情不自禁地在思维中进到了两词语义内涵对比的层次，从而在对比中把握到表达者文本建构的真意所在（即告诫提醒南宋统治者杭州只是江南的偏安一隅，汴州才是大宋的故都，应当积极进取，恢复故土、拯救金人蹂躏下处于水深火热生活之中的北方臣民），同时在文本解读中体认出表达者婉约表意的艺术魅力，并获取文本解读中的审美情趣。如果作者将诗的末句写成'直把临安作汴州'或'直把杭州作汴梁'，而不以上述的同异修辞文本来表达，那么上述我们所说的本

---

① 缪钺等撰：《宋诗鉴赏辞典》，上海辞书出版社 1987 年版，第 1315 页。

② 吴礼权：《修辞心理学》（修订版），云南人民出版社 2013 年版，第 104 页。

诗的独特表达和接受效果就不可能产生了"①。由此可见，"直把杭州作汴州"一句，确是全诗的画龙点睛之笔，有一字千钧之力。

（三）才下眉头，却上心头：李清照的愁

> 红藕香残玉簟秋。轻解罗裳，独上兰舟。云中谁寄锦书来？雁字回时，月满西楼。
>
> 花自飘零水自流。一种相思，两处闲愁。此情无计可消除，才下眉头，却上心头。
>
> ——宋·李清照《一剪梅》

在宋代词人中，善写忧愁，而又最能深切感动人心者，莫过于李清照。特别是南渡之后所作，更是凄切动人。"莫道不消魂，帘卷西风，人比黄花瘦"（《醉花阴》）、"寻寻觅觅，冷冷清清，凄凄惨惨戚戚"、"梧桐更兼细雨，到黄昏，点点滴滴。这次第，怎一个愁字了得"（《声声慢》）、"吹箫人去玉楼空，肠断与谁同倚"（《孤雁儿》）、"新来瘦，非干病酒，不是悲秋"、"凝眸处，从今又添，一段新愁"（《凤凰台上忆吹箫》）、"独抱浓愁无好梦，夜阑犹剪灯花弄"（《蝶恋花》）、"感月吟风多少事，如今老去无成。谁怜憔悴更雕零"（《临江仙》）、"柔肠一寸愁千缕"（《点绛唇》）等，都是李清照写愁的名句。

那么，李清照的愁从何来？了解李清照身世者都知道，她的愁多是源于与丈夫赵明诚的离别和丈夫死后流落江南的孤苦处境有关。上引《一剪梅》一词，所写就是词人与其丈夫的离别之愁。上阕写秋夜独眠之孤寂，秋日泛舟之孤单，月夜怀人之痛苦，着笔于自己之愁苦，而抒发念人之深情。下阕以花落水流为喻，叹韶华易逝，花容难驻，直抒人生苦短之悲哀，感叹有情人不能长相守的情感苦痛。特别是结句的"此情无计可消除，才下眉头，却上心头"，虽然表意直白，却富于形象感，将夫妻恩爱之情、离别之愁写得栩

---

① 吴礼权：《修辞心理学》（修订版），暨南大学出版社 2013 年版，第 104 页。

栩如生，读之让人既感慨又感叹。感慨的是词人"无计可消除"的离愁别恨，感叹的是词人化抽象为具象的神来之笔。

虽然这三句被清人王士禛《花草蒙拾》指为蹈袭北宋范仲淹《御街行》中的"都来此事，眉间心上，无计相回避"的句意而来，却有点铁成金的效果。因此，有学者认为，李句虽脱胎于范句，但是"两相对比，范句比较平实板直，不能收醒人眼目的艺术效果；李句则别出巧思，以'才下眉头，却上心头'这样两句来代替'眉间心上，无计相回避'的平铺直叙，给人以耳目一新之感。这里，'眉头'与'心头'相对应，'才下'与'却上'成起伏，语句结构十分工整，表现手法十分巧妙，因而就在艺术上有更大的吸引力"①。这种说法当然是有道理的，但是还有一点没有说到，这便是词人运用到的"同异"表达法。

"才下眉头，却上心头"，前句的"眉头"与后句的"心头"，都是表示身体部位的名词，二者都有一个类似于词缀的"头"。这样，前后映现，就呈现出同中有异，异中有同的对比效果。这正是"同异"表达法的运用，是作者有意为之的修辞行为。如果作者不是故意要让"眉头"与"心头"呈现同异对比的格局，那么完全可以将"眉头"改为"眉梢"，或是将"心头"改为"心上"等。那么，作者有意将"心头"与"眉头"前后并置，意欲何为呢？从心理学角度分析，这是作者有意以"眉头"与"心头"这一对"同中有异、异中有同"的词放在一起，以期造成一种新异性刺激，引发接受者的注意，唤起接受者的好奇心，进而深思这一表达背后的深意，从而让接受者了解作者"无计可消除"的思夫情愁，以此达成与作者的情感共鸣。

（四）如今可交卸了，谢天谢地：百姓的心声

一官好酒怠政，贪财酷民，百姓怨恨。临却篆，公送德政碑，上书"五大天地"。官曰："此四字是何用意？令

---

① 唐圭璋等撰：《唐宋词鉴赏辞典》，上海辞书出版社 1988 年版，第 1193 页。

人不解。"众绅民齐声答曰："官一到任时，金天银地；官
在内署时，花天酒地；坐堂听断时，昏天黑地；百姓含冤
的，是恨天怨地；如今可交卸了，谢天谢地。"

——清·程世爵《笑林广记》

中国是一个封建专制历史最为悠久的国度，老百姓从来就如同
会说话的牲口，根本无法主宰自己的命运。因此，统治者剥削他们
也好，迫害他们也好，他们既不敢怒，也不敢言。所以，中国人自
古以来就养成了一种"腹诽"的民族性。

士为秀民，读书人是民众思想的指导人，但是中国的知识分子
在长期的封建专制统治下也是没有多少人敢为民众代言，鼓动民众
反抗的。秦始皇灭六国，一统天下后，六国的读书人心有怨恨，于
是就捧着几卷破竹简和几片"断烂朝报"借古讽今。结果，惹得秦
始皇不高兴，不仅将他们的几卷破竹简一把火烧了，而且连人也坑
埋了，这便是让中国读书人第一次领教到厉害的"焚书坑儒"。

中国历代的统治者看到秦始皇的这一手很有效果，于是都纷纷
效法。中国历史上的多次"文字狱"，都是这个性质。其中在离我
们最近的清代，其"文字狱"之多，受害知识分子之众，早已人所
共知了。至于清亡以后，中国知识分子的境遇，那就更是在大家心
里有本账了，不必赘言矣。

尽管屡受迫害，但是中国自古以来的读书人都好像不长记性似
的，总是改不了老毛病："多嘴多舌"，还喜欢舞文弄墨。不是吗？
上引一段文字中，讲的就是这种情况。

朝廷派来一个又贪又昏的官，老百姓没有选择接受与否的权
利，只得认命，任由他胡作非为。因为"父母官"就如亲生父母，
老百姓岂有选择的可能？虽然这个贪昏的"父母官"所作所为让老
百姓恨之入骨，但没有人敢吱一声。好在中国古代的官员也是有任
期制度的，如果是终身制，遇上一个贪官或昏官，那老百姓就永世
不得翻身了。终于，熬到了那贪昏之官要卸任离开了，老百姓终于
长长地松了一口气。虽然大家心里很恨这个狗官，但中国自古以来

是"礼仪之邦",凡事都要讲一个"礼"字。官员卸任,按惯例总要送别,或送万民伞,或送德政碑,以示表彰或曰感恩。故事中的老百姓选择的是送德政碑。那贪昏之官压根儿就没做过一件好事,如何写这个德政碑呢?还好,当地有读过书的乡绅,他们很会舞文弄墨。于是,便有了故事里德政碑上的四个大字:"五大天地"。由于"五大天地"的含义太高深,这就让那贪昏之官不解了,于是就又有乡绅的一番妙语解说。

为什么说乡绅的解说是妙语呢?因为它是一个运用了"同异"表达法的"同异"修辞文本。这一修辞文本的建构,"绅民们通过字面上'金天银地'、'花天酒地'、'昏天黑地'、'恨天怨地'、'谢天谢地'五个词语字面上的近似与其所代表的各不相同的语义内涵的对比,突出强调了这五个词语所展示的那个贪昏之官的不同情形下的贪昏与酷民的劣迹,于五个同中有异的词语的并置中对贪昏之官进行了尖锐强烈、淋漓尽致的批判,因此在表达上增强了批判的力度和效果;从接受上看,作为语言信息刺激物的'金天银地'、'花天酒地'等五个同中有异的词语的并置以及五个'天''地'的反复交错出现所产生的刺激的强烈性和新异性,使接受者极易在文本接受中产生'不随意注意',并进而在其导引下进入'随意注意'的阶段,从而深刻地思考并解读出表达者将五个字面近似的词语并置一起的真正用意(即表达对贪昏之官贪昏酷民行径的深切痛恨之情与对贪昏之官卸任的欢欣鼓舞之情),同时于文本解读中体会到情感纾解的畅快性与精妙文本解构的审美情趣"[①]。理解到这一层,那么,我们又不得不佩服中国知识分子讽刺艺术的高明。

(五)他们只是我们的客人,不是我们的主人:于梨华的忠言

> 看见外国游客手里的电器小玩意,可以对他说:"让我看看",但千万不要说"送我一个"。我们招待外国旅

---

① 吴礼权:《修辞心理学》(修订版),暨南大学出版社2013年版,第104~105页。

客，只要客客气气，千万不要低声下气，因为，他们只是
我们的客人，不是我们的主人！我们可以予他们种种方
便，但千万不能让他们对我们随便。

——于梨华《我的留美经历》

我们常常会听到人说"人穷志不穷"的话，意在鼓励人在贫穷
的时候不要失了志气，没了骨气。

这种大道理说起来容易，要真正做到，也并不是那么容易。因
为人在生存问题受到威胁的情况下，求生的欲望可能要压倒一切，
情急之下做出失去人格乃至气节的事情，都是有可能的。揆之于中
外历史，鲜活的事证比比皆是。远的不说，就以抗日战争期间来
说，中国有多少读圣贤书，整天用"饿死事小，失节事大"的圣贤
遗言教训他人的大知识分子（如周作人、胡兰成之类），不都纷纷
变节投敌了吗？

读书人特别是大知识分子，他们作为民众思想的指导者和行为
规范的楷模，都很难达到"人穷志不穷"的境界，那么普通人会
"为五斗米折腰"，升斗小民为吃口饭而失格，也就可以理解了。

虽然我们说一个人为求生存，在某种特殊情况下偶尔失足是可
以理解的；但是，并不是说为求生存而不惜"失节"、"失格"的事
是可以原谅的。至于像上引于梨华《我的留美经历》一文片段中写
到的那些向外国游客伸手索要"电器小玩意"、为了自己个人目的
而不惜对洋人卑躬屈膝、曲意逢迎的少数中国人，那就更是不可原
谅了。

《我的留美经历》是旅美华裔作家于梨华写于 20 世纪 80 年代
初的一篇文章。其时，正值中国内地实行"改革开放"政策，国门
向外敞开的伊始阶段。由于在长期的锁国政策后初次放眼看世界，
内地人民第一次真切地看到了中国内地与西方发达国家在物质文明
方面的巨大差距，心理便产生了极大的落差。于是，崇洋媚外的风
气逐渐盛行起来。当时在西方来华旅客接待活动中，不少人崇洋媚
洋、丑态毕现，完全不顾国格、人格。上引这段文字，正是当年作

者"针对这种情况的有感而发，是对当时崇洋、媚洋不良社会风气的深刻针砭"①。这段文字虽然不长，读来却字字珠玑。

那么，为什么这段文字有如此的突破力呢？

无他。乃因作者"同异"表达法运用得非常娴熟。

上引这段文字中，有三句话在表达上特别引人注目。第一句话是："我们招待外国旅客，只要客客气气，千万不要低声下气"，以"客客气气"与"低声下气"对比映照；第二句话是："他们只是我们的客人，不是我们的主人"，以"客人"与"主人"对举；第三句话是："我们可以予他们种种方便，但千万不能让他们对我们随便"，以"方便"与"随便"对照。这样表达，正是我们前面所说的"同异"表达法的运用。这三句话，就是三个"同异"修辞文本。这三个"同异"修辞文本，在表达上通过字面上"客客气气"与"低声下气"、"客人"与"主人"、"方便"与"随便"三组"同中有异，异中有同"词语的并列对举，以其形式的近似与语义及色彩内涵的差异对比，"突出强调了作者所意欲表达的主旨——我们在对外交往中应持正确的态度，要不卑不亢"②。很明显，这样的表达，语意含蓄蕴藉，却意味深长。从文本接受上看，"客客气气"与"低声下气"、"客人"与"主人"、"方便"与"随便"三组词语的对举映照，在读者的心理客观上变成了三组具有新异性的语义信息刺激物，"使接受者（读者）极易在此具有新异性特质的语言信息刺激物的刺激下于接受活动中产生'不随意注意'，进而在'不随意注意'的导引下进入'随意注意'的层次，由此加深了对表达者所建构的修辞文本的理解，在文本解读中获取了特定的文本认识价值，即上面我们所说的表达者意欲传达的主旨精神。这样，表达者所欲表达的思想与接受者于文本解读中所获取的思想认识就趋向了一致，表达者与接受者便达成了思想的共鸣与情感的融合"③。如果不是运用"同异"表达法，要获取上述表达效果则相当不易。

---

① 吴礼权：《修辞心理学》（修订版），暨南大学出版社 2013 年版，第 105 页。
② 吴礼权：《修辞心理学》（修订版），暨南大学出版社 2013 年版，第 105 页。
③ 吴礼权：《修辞心理学》（修订版），暨南大学出版社 2013 年版，第 105～106 页。

（六）二十岁的男人是赝品，三十岁的男人是正品：叶惠贤的男人论

> 三十五岁的女士是光彩照人的，那么男士呢？有这样一种说法，二十岁的男人是赝品，三十岁的男人是正品，四十岁的男人是精品，五十岁的男人是极品。在座的各位不是正品，就是精品，或者是极品。下面我们欢迎这位极品级的男士给我们表演。
>
> ——上海电视台节目主持人叶惠贤的主持语

上引一段文字，是上海电视台著名节目主持人叶惠贤于2000年8月在烟台的一次干训班联欢晚会上即兴说出的一番妙语。

晚会当时的情景是这样的：一位女士刚上台准备表演，下边的一群男人就开始起哄打趣了。其中，有个男人不知哪根神经搭错了线，竟然不知趣地大声问了那女士一句："芳龄几何？"大家一听，都为那女士感到尴尬。可是，那女士倒是不在意，大大方方地笑了笑，一脸坦诚的样子，说："三十五了。"话音未落，大家都为之热烈鼓掌。等那女士表演完，从容离台后，上来了一位中年男士。这时主持人叶惠贤急忙走向前，问那男士道："这位先生，您可以告诉我您的年龄吗？"那男人憨厚地一笑，说："五十了。"大概是开玩笑，实际上不像五十岁的人。这时，叶惠贤抓住这一机会，马上插话，说出了上引一番生花妙语，逗得台上那男人心花怒放，赢得台下许多三十岁、四十岁和五十岁的男人们经久不息的掌声。

那么，叶惠贤的这番话何以有如此的突破力呢？

原因无他，乃说话人善用"同异"表达法。

上述一番话，最突出的特点是用了"赝品"、"正品"、"精品"、"极品"等四个词。这四个词，从辞面上分析，都有一个共同特点，即都有一个"品"字，表示"品级"、"等级"的意思。在"二十岁的男人是赝品"这句话中，所谓的"赝品"，是个比喻的说法，意味着二十岁的男人还不是成熟男人，算不得真正的男子汉。

在"三十岁的男人是正品，四十岁的男人是精品，五十岁的男人是极品"三句中，所谓的"正品"、"精品"、"极品"，也都是比喻的说法，以物喻人，说明男人三十到五十岁越来越具魅力。四个句子依靠"赝品"、"正品"、"精品"、"极品"等四个"同中有异，异中有同"的词语的并列对举，由辞面的近似与各自语义内涵差异的对比，鲜明地突显出男人不同年龄段的魅力品级。它远比"男人的魅力随着年龄的增长而增长"之类的理性表达要形象生动得多。同时，在表达上也显得隽永简洁，却又意味深长，给人以更多回味及想象的空间。依靠这四句生动表达的铺垫，主持人结合当时男性观众中以三十岁到五十岁居多的事实，顺势恭维在座的各位不是正品，就是精品、极品，就显得水到渠成了。尽管语气中不乏媚众之嫌，却显得持之有据，媚得合理。这就是观众为之叫好的原因所在。

四、假作真来真亦假：倒反的突破力

臻至"寄妙理于豪放之外"的境界，有很多表达法可以运用。除了上述诸法外，还有一种我们经常运用的表达法，这就是"倒反"表达法。

所谓"倒反"表达法，是指言语交际中交际者为了避免某些语义直白表达可能对受交际者的心理刺激比较大，遂转而正话反说，将正意而用反语予以呈现的一种修辞方式。这种表达法，一般说来，可以分为两种情况：其一是"因情深难言，或因嫌忌怕说，便将正意用了倒头的语言来表现，但又别无嘲弄讽刺等意思包含在内"，其二是"不止语意相反，而且含有嘲弄讥刺等意思的"。① 如男女恋爱时女子说男子"你真坏"，家庭中妻子骂丈夫"死鬼"、"杀千刀"等，就是属于前者，是一种因情深难言的"倒头语"，其语意要从反面理解。至于诸如政敌之间论战时所说的"您的高见"、"您的卓见"等，则是属于后者，其语义正好与表面语义相反，是

---

① 陈望道：《修辞学发凡》，上海教育出版社1997年版，第132页。

一种含有嘲弄讥讽的反语，是对正常语义解释模式的根本颠覆。

不管是哪一种情况，凡是运用"倒反"表达法建构的文本，我们都统称为"倒反"修辞文本。这种文本的建构，由于"所要表达的意思在其所言说语意的反面，所以表达上显得特别婉转含蓄；接受上，尽管表达者在语意表达与接受之间所制造的'距离'给接受者的文本解读带来一些困难，但接受者根据特定的语境提示而参透其正意所在后，便会由衷地生发出一种文本解读成功的心理快慰，从而加深对文本的印象与对文本内涵的深刻理解认识"①。

"倒反"表达法的运用，自古至今都是司空见惯的语言现象。口语表达或书面表达中都有很多这样的文本，不论古人还是今人都有这方面的语言实践经验。

（一）汝为县令，独不知吾天子好猎邪：敬新磨偏袒后唐庄宗

> 庄宗好畋猎，猎于中牟，践民田。中牟县令当马切谏，为民请。庄宗怒，叱县令去，将杀之。伶人敬新磨知其不可，乃率诸伶走追县令，擒至马前，责之曰："汝为县令，独不知吾天子好猎邪？奈何纵民稼穑以供税赋，何不饥汝县民而空此地，以备吾天子之驰骋？汝罪当死！"因前请亟行刑。诸伶共唱和之。庄宗大笑，县令乃得免去。
>
> ——《新五代史·伶官传》

大凡做帝王的，都有刚愎自用的毛病，特别是那些自以为有文治武功者，更是感觉良好，听不进别人的谏言，遑论批评的意见了。如果不幸遇到这样的君主，那么做臣下的，要么顺着他的性子，由他胡来，然后随他一起倒台；要么起而谏劝，让他回归理性，使国家机器能够正常运转，使江山永固。

但是，谏劝帝王却并不是那么容易的事，特别是指摘帝王的过失，使之改邪归正，更不是容易的事，没有相当高妙的语言突破

---

① 吴礼权：《修辞心理学》（修订版），暨南大学出版社 2013 年版，第 183～184 页。

力，则不仅不能达到目标，甚至还有性命之虞。那么，到底如何谏劝帝王才能有效呢？上引这段史传文字所讲述的敬新磨谏庄宗的故事，是有启发意义的。

故事中所提到的庄宗，可不是个好惹的主儿，他不是别人，就是五代后唐的开国皇帝李存勖。"李氏本是沙陀部人，唐末大将李克用之子。唐末黄巢起事，李克用率沙陀兵平剿，克长安有功，官据河东节度使，后封晋王。唐朝灭亡后，朱温建立了后梁政权。李克用又长期与朱温交战。临死前，李克用交给李存勖三支箭，嘱其报梁、燕、契丹之仇。李存勖继位为晋王后，不断用兵，最终北却契丹，东灭燕，再灭后梁，由此建立于后唐政权，史称唐庄宗。称帝后，李存勖便骄恣荒政，在位仅四年，伶人郭从谦谋反，死于流矢。"①

起于行伍，马背上得天下的李存勖，做了皇帝后，仍然屁股坐不住，常常不坐朝理事，而是纵马畋猎。一次，李存勖打猎到中牟县，马踏民田，毁坏了不少庄稼。所有官员都不敢对此置一言，唯独中牟县令挺身而出，为民请命，正言直谏李存勖。结果，让李存勖大为恼火，这还了得，一个小小县令竟然直言批评皇帝，岂不反了天？于是，立即让人把中牟县令拿下，并准备处决之。对此，许多官员不知如何是好？虽说他们都知道中牟县令没错，但是他们不敢批李存勖之逆麟，因而只能眼睁睁地看着中牟县令被押下去。看着朝廷大臣明知皇帝有错而不作为，没有一人出来谏止，伶人敬新磨看在眼里，急在心里。他有心谏止皇上，可是他只是一个给皇上说笑娱乐的伶人，不具谏劝皇帝的资格。不过，经过激烈的思想斗争，最后敬新磨还是挺身而出，决定起而谏止李存勖。他知道不能直言相谏，便以他伶人的身份出场，以搞笑的形式，化严肃为娱乐，把即将被押走的中牟县令押回来，然后像演戏似的假惺惺地数落了一顿。结果，让李存勖转怒为乐，一笑置之，终将中牟县令释放。

---

① 吴礼权：《委婉修辞研究》，山东文艺出版社 2008 年版，第 92 页。

那么，敬新磨的一番数落，何以有如此化险为夷、起死回生的效果呢？

仔细分析一下他的话，其实也没有什么特别的表达技巧，只不过是"倒反"表达法运用得好而已。他对中牟县令的一番指责，"表面上好像是在一本正经地数落中牟县令的不是，指责中牟县令不该鼓励百姓勤劳耕作，向朝廷交纳赋税，而应该禁止百姓耕作，空出田地供皇上畋猎驰骋。最后还严正地建议李存勖处死中牟县令。这些话，乍一听，好像全是帮唐庄宗李存勖说话，实则意思全在反面，是绕着弯子骂唐庄宗李存勖。但是，由于骂得巧妙，不仅没有激怒唐庄宗，反而使他'大笑'"①。结果，谈笑间化解了一场人命关天的政治事件，不仅救了中牟县令一命，也让李存勖在青史上少了一个污点。

由此可见，一个人是否有智慧，特别是语言表达智慧，不在于他的身份，而在于他是否有适应特定情境而随机应变的语言表达技巧。

（二）跪在床前忙要亲，骂了个负心回转身：情人的流行语

云鬟雾鬓胜堆鸦，浅露金莲簌绛纱，不比等闲墙外花。骂你个俏冤家，一半儿难当一半儿耍。

碧纱窗外静无人，跪在床前忙要亲，骂了个负心回转身。虽是我话儿嗔，一半儿推辞一半儿肯。

银台灯灭篆烟残，独入罗帷掩泪眼，乍孤眠好教人情兴懒。薄设设被儿单，一半儿温和一半儿寒。

多情多绪小冤家，迤逗得人来憔悴煞，说来的话先瞒过咱。怎知他，一半儿真实一半儿假。

——元·关汉卿《仙吕·一半儿·题情》

日常生活中，我们常听到人们有一种说法，叫作："男人不坏，

---

① 吴礼权：《委婉修辞研究》，山东文艺出版社 2008 年版，第 92 页。

女人不爱。"

这话乍一听，有点让人搞不懂。其实，仔细一想，还真有些道理。众所周知，日常生活中，我们都会发现这样一种现象，但凡正经八百的男人，多是严谨木讷、不苟言笑，更不会主动讨好女人的。而有些女人向来都是喜欢被哄被骗的，男人说句言不由衷的恭维话，可以让她心花怒放，高兴大半天。因此，在这些女人眼里，正经八百的男人是不可爱的。她们认为，善于讨好女人，喜欢插科打诨的男人，都是很有情趣的男人。也许这样的男人"吃喝嫖赌抽"五毒俱全，但仍然难以让女人清醒。所以，生活中才有了"男人不坏，女人不爱"的经验总结。青年男女谈情说爱，女的常常有这样一句骂男的话，叫"你真坏！"其实，这话就是"我爱你"的心灵表白。如果要表白对男人的喜爱，那为什么不直言"你真好，我爱你"呢？这说明女人潜意识中喜欢坏男人。那么，为什么喜欢坏男人呢？因为坏男人大多是要比好男人有本事，又能厚颜无耻地向女人讨好献媚，因此，女人都觉得他们可爱。

其实，这种情况并不是现代社会特有的现象，古代亦然。上引元曲四章，写一对男女偷情的场景，那个女人也骂她的情人是坏蛋，但就是半推半就地跟那个坏蛋缠绵不已，难舍难分。今天我们读这首元曲，不仅不认为这对男女偷情有什么不好，也不认为那个偷情的汉子有多坏，那个半推半就的姑娘有多傻，而是很同情他们的处境，理解他们的心情，对他们相聚的绸缪与相离的难耐之情感同身受，觉得这段描写别有一种"缠绵悱恻、生动逼真"的感染力。

那么，为什么会有这种感觉呢？

原来，是与这首元曲中运用"倒反"表达法抒写男女情感，突显那对男女"相见时难别亦难"的情感苦痛，有着密切关系。第一曲中的"俏冤家"，第四曲中的"小冤家"，都是情人间情到深处无法言表时的"倒头语"，是一种有别于西方"我爱你"式的爱情表白的亲昵语，它给人心灵的震撼力更大，也更能让接受者有咀嚼回味的空间。作为修辞文本来读，则更能让人有一种遐思无限的审美情趣。如果作者不让曲中女主人公用"倒反"表达法称谓她的"坏男人"，而是改称"亲爱的好人"，那么读曲的人一定觉得非常肉麻，而曲中的男主人公也不会觉得亲切有味。可见，日常生活中男女间的"倒头语"还真有调情助兴的作用。

正因为如此，我们在文学作品中经常会发现"倒反"表达法的运用。如元人白朴《中吕·阳春曲·题情》六首之二有云："百忙里铰甚鞋儿样，寂寞罗帏冷篆香。向前搂定可憎娘。止不过赶嫁妆，误了又何妨？"其中，男人骂她的情人叫"可憎娘"，也是这种"正话反说"的"倒反"表达，远比说"亲爱的姑娘"更亲切、更有味，更让人听起来怦然心动。

（三）调理的水葱儿似的，怎么怨得人要：王熙凤的马屁

邢夫人将房内人遣出，悄向凤姐儿道："叫你来不为别事，有一件为难的事，老爷托我，我不得主意，先和你商议。老爷因看上了老太太的鸳鸯，要他在房里，叫我和老太太讨去。我想这倒平常有的事，只是怕老太太不给，你可有法子？"凤姐儿听了，忙道："依我说，竟别碰这个钉子去。老太太离了鸳鸯，饭也吃不下去的，那里就舍得了？况且平日说起闲话来，老太太常说，老爷如今上了年纪，作什么左一个小老婆右一个小老婆放在屋里，没的耽误了人家。放着身子不保养，官儿也不好生作去，成日家和小老婆喝酒。……"……贾母又笑道："凤姐儿也不提我。"凤姐儿笑道："我倒不派老太太的不是，老太太倒寻上我了？"贾母听了，与众人都笑道："这可奇了！倒要听听这不是。"凤姐儿道："谁教老太太会调理人，调理的水葱儿似的，怎么怨得人要？我幸亏是孙子媳妇，若是孙子，我早要了，还等到这会子呢。"贾母笑道："这倒是我的不是了？"凤姐儿笑道："自然是老太太的不是了。"贾母笑道："这样，我也不要了，你带了去罢！"凤姐儿道："等着修了这辈子，来生托生男人，我再要罢。"贾母笑

道："你带了去，给琏儿放在屋里，看你那没脸的公公还
要不要了！"凤姐儿道："琏儿不配，就只配我和平儿这一
对烧糊了的卷子和他混罢。"说的众人都笑起来了。

——清·曹雪芹《红楼梦》第四十六回

男人好色，乃是天性。只是由于各人的条件不同，表现也就不
一样罢了。有些男人终身与发妻相守，除此别无女人，给人的感觉
是正派男人，品行端正。但是，如果给他一定的条件，比方说让他
处于官位或是富翁的位置，他未必不是三妻四妾。

《红楼梦》中的贾赦，之所以被贾府的最高统治者贾老太太、
大管家王熙凤以及他的夫人邢夫人，甚至包括婢女等闲杂人等视为
好色之徒或曰色鬼，就是因为他生在富贵人家，做着朝廷命官，有
条件找女人。如果他生在清贫人家，也许还会是个贤良方正之士，
被人们称赞呢。

既然已经生在富贵人家，又是个官身，贾赦多讨几个小老婆，
他的发妻邢夫人也无话可说，因为中国古代就是这个规矩，男人可
以多找女人，女人却不准多找男人。邢夫人是个比较识大体的女
人，知书达理，明白这些封建规矩。因此，当贾赦不再宠爱她时，
她也坦然受之。甚至当贾赦看上老太太房里的婢女鸳鸯，要她去向
老太太要时，她竟然能坦然面对，并且还有雅量找王熙凤帮忙去说
项。但是，王熙凤却并不像邢夫人那样逆来顺受。当邢夫人请她帮
忙说项时，她从同是女人的角度，借老太太的口批评了贾赦，这实
际是在为邢夫人抱了不平，多少宽慰了点邢夫人的心，这是她会做
人的地方。待到请求老太太让出鸳鸯时，实际上，她又站在了贾赦
一边，真的去为贾赦要人。但结果是，一向反对贾赦纳妾的老太
太不仅没有批评她，反而表扬了她一通。

那么，这是为什么呢？她的一番话怎么那么有效果？仔细分析
一下，原来是她巧妙地运用了"倒反"表达法。

对于贾赦这个儿子，老太太早就有不满，说他"如今上了年
纪，作什么左一个小老婆右一个小老婆放在屋里，没的耽误了人

156

家。放着身子不保养，官儿也不好生作去，成日家和小老婆喝酒"。王熙凤对此清楚得很，但是，既然受邢夫人之托，她也只好硬着头皮去找老太太讨要鸳鸯，这叫"受人之托，成人之事"，也是她在贾府上下能树立威望的原因。明明知道老太太离不开鸳鸯，又不满贾赦好色的做派，那如何找到一个充分的理由去说服老太太让出鸳鸯呢？也许别人没有办法，但是王熙凤有办法。她知道老太太的脾气，好吃马屁，好听奉承话。所以，她通过正话反说的形式，嗔怪老太太会调教人的同时，不露痕迹地论证了贾赦想讨要鸳鸯的合理性，从而完成了邢夫人的请托。至于老太太给不给，则是另一回事了。而老太太虽然心知她的真实用意是在帮贾赦讨要鸳鸯，但因为吃了王熙凤的马屁，却又怪不得她，只得插科打诨，说要把鸳鸯配给贾琏，反将王熙凤一军，最终哄笑收场。

由此可见，"倒反"表达法运用得好，不仅能收"含不尽之意，见于言外"的效果，还有处世为人方面的实用价值。虽然我们并不提倡大家做阿谀奉迎的小人，但是在实际生活中，讲究语言表达技巧，在不丧失做人原则的情况下处理好人际关系，还是相当有必要的。

（四）"说法虽乖，功效实同"，是好辩解：周树人调戏林语堂

> 旧笑话云：昔有孝子，遇其父病，闻股肉可疗，而自怕痛，执刀出门，执途人臂，悍然割之，途人惊拒，孝子谓曰，割股疗父，乃是大孝，汝竟惊拒，岂是人哉！是好比方；林先生云"说法虽乖，功效实同"，是好辩解。
>
> ——鲁迅《"题未定"草》

20世纪二三十年代，中国现代文学史上有很多次文人论战。其中，与人论战最多的，也是树敌最多的，当数鲁迅（周树人）。

说起鲁迅与人论战，大家首先就会想到他与林语堂、梁实秋二位的论战。其中，跟林语堂先生的论战尤其让人印象深刻。鲁迅主张"硬译"，自己也喜欢翻译外国文学作品，尤其喜欢介绍苏联与东欧文学。林语堂曾写有一篇文章，题曰"今文八弊"，其中批评

道："今人一味仿效西洋，自称摩登，甚至不问中国文法，必欲仿效英文，……此类把戏，只是洋场孽少怪相，谈文学则不足，当西崽颇有才。此种流风，其弊在奴"，"其在文学，今日绍介波兰诗人，明日绍介捷克文豪，而对于已经闻名之英、美、法、德文人，反厌为陈腐，不欲深察，求一究竟。此与妇女新装求入时一样，总是媚字一字不是，自叹女儿身，事人以颜色，其苦不堪言。此种流风，其弊在浮"。鲁迅当时正在翻译俄国作家果戈理的《死魂灵》，又曾介绍过波兰、捷克斯洛伐克等国文学。看了林语堂的文章，鲁迅认为林语堂此文是专门批评他的，骂他"奴"、"媚"，是"西崽"。于是写了一篇《"题未定"草》，对林语堂进行反唇相讥。其中，有反驳文字道："由前所说，'西崽相'就该和他的职业有关了，但又不全和职业有关，一部分却来自未有西崽以前的传统。所以这一种相，有时是连清高的士大夫也不能免的。'事大'，历史上有过的，'自大'，事实上也常有的；'事大'和'自大'，虽然不兼容，但因'事大'而'自大'，却又为实际上所常见——他足以傲视一切连'事大'也不配的人们。有人佩服得五体投地的《野叟曝言》中，那'居一人之下，在众人之上'的文素臣，就是这标本。他是崇华，抑夷，其实却是'满崽'；古之'满崽'，正犹今之'西崽'也。"反过来讥讽林语堂是"夜郎自大"、失节媚外的"西崽"。

上引这段文字，就是鲁迅反驳林语堂之文中的一部分。他"用了一个孝子自己怕痛而割别人股肉，遭拒后反而责怪他人的故事。实际上是委婉地指斥林语堂的观点是强词夺理，是不讲道理的诡辩"[①]。虽然这段话的真实用意是在指斥林语堂先生比方不恰当，是一种强词夺理的诡辩；但是，在字面上却并没有直言之，而是正话反说，说林语堂的辩解是"好辩解"。由于运用了"倒反"表达法，因此，在表达上就显得语意婉转，论战的火药味就有所减少，不失文人温文尔雅的风度。在接受上，读者了解作者的表达真意虽然要

---

① 吴礼权：《委婉修辞研究》，山东文艺出版社 2008 年版，第 93 页。

费点心力，但一旦解读成功，便会有一种解读成功的快慰，这就无形中提升了文本的审美价值。

（五）中国是世界上最提倡科学的国家：钱钟书惊人的发现

> 三闾大学校长高松年是位老科学家。……他是二十年前在外国研究昆虫学的；想来二十年前的昆虫都进化成大学师生了，所以请他来表率多士。他在大学校长里还是前途无量的人。大学校长分文科出身和理科出身两类。文科出身的人轻易做不到这位子，做到了也不以为荣，准是干政治碰壁下野，仕而不优则学，借诗书之泽、弦诵之声来休养身心。理科出身的人呢，就全然不同了。中国是世界上最提倡科学的国家，没有旁的国家肯这样给科学家大官做的。外国科学进步，中国科学家进爵。
>
> ——钱钟书《围城》

中国大学与西方大学在品级上的差别之大，世人皆知。虽然现在内地很多大学都制订了二十年或是十五年建成世界一流大学的宏伟计划，但恐怕这些计划都是难以实现的。因为办大学不是建设高速公路与高楼大厦，靠人海战术或是不眠不休的蛮干，恐怕都是难以奏效的。至于靠花钱从海外挖人才，或是组织团队突击攻关，恐怕也不易短期内建成世界一流大学。因为办大学不同于搞经济，制订三年或五年计划并不能迅速见效。科学研究要坐得住冷板凳，要耐得住寂寞。伟大的发明与创造有时要靠一代又一代科学家不懈地努力才能达成。一个大学即使投资再多资金，也不可能三五年内产生一大批诺贝尔奖得主，不可能使一所大学迅速提升为世界一流大学。

众所周知，办大学有办大学的规律。大学的唯一目标就是培养合格的人才，而一流的大学还要培养一流的学者。而一流的学者绝不是加上一个行政级别、封一个什么"校长"之类的头衔就能达到的。在中国内地，从事科学研究的学者稍微做出了点成就，就被提拔为大学的行政官员，甚至抽调到省市乃至中央当大官了。因此，曾有一个日本教授说，在中国大学有一个现象，叫作"成功乃失败之母"。意思是说，中国大学里的学者在科学研究上稍有成就，就被提拔去做官了，他早先的成功成了他日后在科学研究上"武功全废"的根源。在中国内地，官方对于有成就学者的奖励不是让他安心继续研究，而是给他头上戴顶乌纱帽。这种制度的实行，其结果是阻抑学者研究学术的兴趣，提升其做官的欲望。而在一所大学里，人人都想着做官，那么怎么会有人安心做学问、搞研究？而不做学问、不搞研究，科学发明与创造哪里来？除了造假与抄袭，就别无他途了。

官本位思想对于中国大学质量的提升是一个很大的障碍，但是这个障碍好像与中国的社会与文化土壤分不开，短期内很难根除。21世纪的今天如此，20世纪的昨天也是如此。上引钱钟书小说《围城》中的一段文字，说的正是这种情况。特别是最后两句："中国是世界上最提倡科学的国家，没有旁的国家肯这样给科学家大官做的。外国科学进步，中国科学家进爵"，今天我们一读，仍然会心有戚戚焉。

那么，为什么会有这种感觉呢？

因为它以"倒反"表达法，正话反说，极具突破力，淋漓尽致地道出了中国科学落后的本质原因，是对中国的教育制度与政治制度的极大讽刺。如果这段话所表达的意思不以"倒反"表达法表达，而是理性直白地说："外国科学进步是因为外国鼓励科学家安心做研究，中国科学落后是因为中国鼓励学者做官。"这样的表达，虽然表意很清楚，却不易引发读者的思考，对中国的教育制度与政治制度进行反思与批判。因而，其对读者心灵的震撼力就减少很多。而作为修辞文本来解读，因其没有回味的空间，其审美价值也就大打折扣了。

第四章　嬉笑怒骂，皆成文章

我们都知道，语言是人类最重要的交际工具，是用以传递信息、交流思想、表达感情的媒介。其实，语言除了上述这些功能外，还有其他功能。比方说，纾解心理压力、缓解人际关系紧张等。日常生活中，人们因种种原因而发生争执，导致人际关系紧张，这是常有的事。这时，如果有人有足够的语言智慧从中予以疏通，则可能化解双方的矛盾，使争执双方"相视一笑泯恩仇"。至于语言纾解心理压力，促进身心健康的功效，则更是明显。据说，古时候有一位将军得了一种病，任何医生都治不好。后来有位书生求见，说可以治好他的病。见面切脉后，书生表情严肃地说："将军，您这是月经不调呀！"一句话，说得将军大笑起来。慢慢地，将军的病就好了。原来将军得的是一种抑郁症，书生的幽默解开了将军的心结，因而收到了奇效。西谚有云："一个小丑进城，胜过一打医生"，说的正是这个道理。

除了上述两个方面的特殊功能外，恰当的语言表达还能表现一个人的修养与风度，从而确立其在社会成员心目中的地位。在日常生活中，我们常常会发现有些人骂人之粗俗不堪，为人不齿。而另一些人骂人虽然也很刻薄，却不带脏字，而且听来还很优雅，让人不得不佩服其语言表达的艺术。

那么，如何提升我们的言语表达突破力，企及"嬉笑怒骂，皆成文章"的境界，让接受者"失之于期待，得之于意外"（即在心理预期落空后收获意外的惊喜），从而在文本接受解读中获取一种轻松愉快的审美享受呢？请看我们的先贤与时哲在这方面所积累的丰富经验。

一、夺他人之酒杯，浇心中之块垒：仿讽的突破力

日常生活中，我们常常会看到有些人说话非常风趣，即使是骂人，也是趣味横生，真可谓是"嬉笑怒骂，皆成文章"。虽说能说会道也是一种天赋，但并不是说不能通过后天的学习而达到。事实上，有一种表达法，如果掌握了，就能让接受者"失之于期待，得之于意外"，从而臻至"嬉笑怒骂，皆成文章"的境界。这种表达法，就是"仿讽"。

所谓"仿讽"表达法，是一种"故意仿拟前人名句名言（甚或全篇）的结构形式而更换以与原作内涵语义大相径庭的内容，使原作与仿作在内容意趣上形成高下迥异的强烈反差，从而获致一种幽默诙谐、机趣横生效果"① 的语言表达方式。作为一种语言表达方式，"仿讽"一般可以从形式上分为"仿词"、"仿语"、"仿句"、"仿篇"等四类②。以"仿讽"表达法建构的文本，我们称之为"仿讽"修辞文本。一般说来，"仿讽"修辞文本，不论是以"仿词"、"仿语"的形式出现，还是以"仿句"或"仿篇"的规模呈现，"都是基于一种以旧形式与新内容的结合来构成同一形式下的两种迥异其趣的语义意境的反差，从而出人意表，别具幽默风趣或讽刺嘲弄的意趣之心理预期"③。因此，这种修辞文本的建构，"在表达上，由于表达者以'旧瓶装新酒'的手法来表情达意，情意表达形式的'熟悉化'与情意表达内容的'陌生化'，使修辞文本别添了显著的新异性特质，表达的新颖性、生动性便自然凸显出来；在接受上，由于表达者所建构的修辞文本是取既存的旧形式而注以完全不同的新内容，新旧两种文本之间在格调意趣上出现了强烈反

---

① 吴礼权：《语言策略秀》（修订版），暨南大学出版社 2013 年版，第 119 页。
② 吴礼权：《传情达意：修辞的策略》（修订版），暨南大学出版社 2014 年版，第 194 页。
③ 吴礼权：《传情达意：修辞的策略》（修订版），暨南大学出版社 2014 年版，第 194 页。

差，幽默诙谐或讽嘲的效果便不期而至了"①。

正因为"仿讽"表达法有如此独到的表达与接受效果，所以自古以来许多文人学士乃至普通大众都喜欢运用。

（一）大风起兮眉飞扬：苏东坡的酒话

> 贡父晚苦风疾，鬓眉皆落，鼻梁且断。一日与子瞻数
> 人小酌，各引古人语相戏。子瞻戏贡父云："大风起兮眉
> 飞扬，安得壮士兮守鼻梁。"座中大噱，贡父恨怅不已。
>
> ——宋·王辟之《渑水燕谈录》（十）

上引这段文字，讲的是北宋两位文学大家相互戏谑的故事。

这两位文学大家，一位是中国人妇孺皆知、大名鼎鼎的苏轼——苏东坡。另一位则是刘攽——刘贡父。刘攽虽没有苏轼那么有名气，但在中国历史上，问政、治史、创作等方面的成就他都不容小觑。史载，刘攽（公元 1023—1089 年），字贡夫，一作贡父、赣父，号公非。临江新喻（今江西新余或江西樟树）人。出身世代官宦之家。其祖父刘式，乃南唐时进士。入宋，官至刑部郎中。其父刘立之与叔伯四人，亦为进士。而刘攽与其兄刘敞，则为宋仁宗庆历六年（公元 1046 年）同科进士。刘敞既是北宋时代著名的学者，亦是政坛显赫之士，官至集贤殿学士。刘攽仕途虽不像其兄刘敞那样顺利，但在政治上颇有建树。中进士后，历仕州县二十年，始为国子监直讲。宋神宗熙宁年间，判尚书考功，同知太常礼院。因贻书王安石论新法之不便，被贬而出知曹州。时曹州盗风甚盛，重法不能止。刘攽一改历任知州问政风格，宽平治之，民风遂为之一变。后累官至中书舍人。在学术上，刘攽堪称北宋史学大家，治史考据卓然有成。一生所著甚丰，除了与其兄刘敞及敞子刘世奉合著《汉书标注》（世人称之为"墨庄三刘"），与司马光同修

---

① 吴礼权：《传情达意：修辞的策略》（修订版），暨南大学出版社 2014 年版，第194～195 页。

《资治通鉴》以外，独立完成的著作就有 100 卷。其中，最有代表性的史学著作有《东汉刊误》4 卷、《汉宫仪》3 卷、《经史新义》7 卷、《五代春秋》15 卷、《内传国语》20 卷等多种。在文学上，刘攽也有不俗的表现，是北宋文坛上著名的诗人和文章大家。其诗风格生动，与欧阳修有相似之处。其文章则为宋代文章大家（如曾巩、朱熹等人）的高度评价与极力推崇。诗文由后人结集汇编成《彭城集》40 卷。除此，尚有《文献通考》及《文选类林》、《中山诗话》等其他著述行世。另外，《公非集》60 卷，亦为世人所熟知。

在政治上、史学上、文学上，刘攽都卓然有成，为世人所推崇；但其为人则疏隽不羁，既不修威仪，又性喜谐谑，以致数招怨悔。上引故事，记载他被苏轼取笑的情节，说的正是此类情事。刘攽晚年苦于风疾（大致相当于今天所说的"麻风病"），鬓眉皆落，鼻梁且断，但仍不改达观喜谑的性格。一日召好友苏轼等小聚，几杯小酒下肚，又与人说笑起来，并自定酒规，引古人语以相谑。结果，反被苏轼取笑，引得座中大噱。虽恨怅不已，却又无可奈何。

那么，苏轼的这两句话何以有如此的效果，既让"座中大噱"，又让刘攽"恨怅不已"呢？

其实，苏轼取笑刘攽的这两句话，之所以会引得"满座大噱"，原因很简单，它是运用"仿讽"表达法的结果。众所周知，汉高祖刘邦有一首著名的《大风歌》，歌云："大风起兮云飞扬，威加海内兮归故乡，安得猛士兮守四方。"苏轼取笑刘攽的两句"大风起兮眉飞扬，安得壮士兮守鼻梁"，乃是仿刘邦原诗的首尾两句而来。"贡父与汉高祖都姓刘，二人是本家（中国人说同姓五百年前是一家）；而且二人名字（刘邦与刘攽）声音相同，这就更有意思了。刘邦的《大风歌》是他平定天下后回到故乡与父老乡亲一起喝酒，酒酣意畅时，即兴唱出的。它充分表达了刘邦一统天下后的那种志得意满的万丈豪情，同时也表露了对于寻求猛将守护江山的深切思虑。这首歌的主题意趣充分展现了一代开国帝王的风流，读之令人不禁顿起'大丈夫当如此也'的万丈豪情。而苏轼改《大风歌》调侃贡父的'大风起兮眉飞扬，安得壮士兮守鼻梁'两句，则在内容与格调意趣上与刘邦原作形成强烈的反差，高下之别不可以道里计。"① 因此，听来让人始料不及，不禁哑然失笑。这便是此二句之所以引得满座"大噱"的原因所在。

（二）我的所爱在山腰：诗人的风雅

我的所爱在山腰；
想去寻她山太高，
低头无语泪沾袍。
爱人赠我百蝶巾；
回她什么：猫头鹰。
从此翻脸不理我，
不知何故兮使我心惊。

我的所爱在闹市；
想去寻她人拥挤，
仰头无法泪沾耳。
爱人赠我双燕图；
回她什么：冰糖壶卢。
从此翻脸不理我，
不知何故兮使我糊涂。

我的所爱在河滨；
想去寻她河水深，
歪头无法泪沾襟。
爱人赠我金表索，
回她什么：发汗药。
从此翻脸不理我，
不知何故兮使我神经衰弱。

---

① 吴礼权：《语言策略秀》（修订版），暨南大学出版社 2013 年版，第 119 页。

我的所爱在豪家；

想去寻她兮没有汽车，

摇头无法泪如麻。

爱人赠我玫瑰花；

回她什么：赤练蛇。

从此翻脸不理我，

不知何故兮——由她去罢。

——鲁迅《我的失恋》

读到上引鲁迅这首诗，立即会让人想到东汉文学家张衡的《四愁诗》：

我所思兮在太山，欲往从之梁父艰，侧身东望涕沾翰。美人赠我金错刀，何以报之，英琼瑶。路远莫致倚逍遥，何为怀忧，心烦劳。

我所思兮在桂林，欲往从之湘水深，侧身南望涕沾襟。美人赠我琴琅玕，何以报之，双玉盘。路远莫致倚惆怅，何为怀忧，心烦伤。

我所思兮在汉阳，欲往从之陇阪长，侧身西望涕沾裳。美人赠我貂襜褕，何以报之，明月珠，路远莫致倚踟蹰，何为怀忧，心烦纡。

我所思兮在雁门，欲往从之雪雾雾，侧身北望涕沾巾，美人赠我锦绣段，何以报之，青玉案。路远莫致倚增叹。何为怀忧，心烦惋。

众所周知，张衡的这四首诗，"是写古代女子因为交通不便、路途遥远而久离情人的情感痛苦，表现了女子对其情人的深切的思念之情（从'东望涕沾翰'、'南望涕沾襟'、'西望涕沾裳'、'北望涕沾巾'等悬望情人归来的行为情景中可以清楚地看出），凸显出女子对其情人的深情厚谊与二人相爱的真心真意（从女子赠男子

'金错刀'、'琴琅玕'、'貂襜褕'、'锦绣段'和男子回赠女子'英琼瑶'、'双玉盘'、'明月珠'、'青玉案'等信物可以见出）。"①而上引鲁迅的这首诗《我的失恋》，则是"拟古的新打油诗，是讽刺嘲弄当时'阿育阿育，我要死了'之类腐朽颓废的失恋诗的"②。其对当时文坛那些无病呻吟、"为赋新词强说愁"的无聊爱情诗的嘲弄讽刺，不仅显得辛辣深刻，而且别具幽默诙谐之趣，读之令人忍俊不禁。

那么，这首新打油诗何以有如此的表达魅力呢？

无他，乃得力于"仿讽"表达法的运用。

这首新打油诗的寓意是要讽刺"当时无聊失恋诗写作者唯利是图的爱情观（从男子看上的是女子的'百蝶巾'、'金表索'之类，追攀的是豪家女子可知），虚情假意、玩世不恭的恋爱心理（如寻她怕'山高'、'水深'，去见她怕城市人多拥挤，没有汽车为工具等；回赠女子以'猫头鹰'、'冰糖壶卢'、'发汗药'、'赤练蛇'之类无价值、不严肃的物品）"③，但作者并没有直白本意，而是采用"旧瓶装新酒"的手法，借众所周知的《四愁诗》的旧有形式，仿其句法形式与腔调，让读者由此及彼，将原作与仿作相联系，将现代势利男人与古代痴情女子进行对比，从而让读者深刻认识到其表达的真正含义：对真挚爱情的颂扬，对玩世不恭、虚情假意的恋爱游戏态度的批评否定。很明显，这种表达在效果上要远比直白本意的叙写给人的印象要深刻得多。除此，"仿讽"表达法的运用，在这里还有另一种效果，这便是通过原作与仿作在结构形式上的相似与两者在格调意趣上的高下对比，使读者在文本解读接受时产生巨大的心理落差，由此获取一种讽嘲的快感与幽默诙谐的趣味。

① 吴礼权：《语言策略秀》（修订版），暨南大学出版社 2013 年版，第 121 页。

② 陈望道：《修辞学发凡》，上海教育出版社 1997 年版，第 112 页。

③ 吴礼权：《语言策略秀》（修订版），暨南大学出版社 2013 年版，第 121 页。

（三）今天下三分，情敌虎视眈眈：情书《出师表》

臣四郎言：

岁月如矢，倏乎三年。七月转眼将至，而臣辞朝歌去陛下远行之日亦近矣。今天下三分，情敌虎视眈眈，臣又当离此他往，此诚危急存亡之秋也！故有不得不进谏于陛下者。愿陛下垂听，则臣幸甚。

臣本学生，躬读于台大。苟全性命于考试，不求闻达于教授。三年不改其道。

臣生性淡泊，无意功名。昼夜苦读，心如止水。遁入空学院既已有年，修成正果日当在不远。孰料一时定力不坚，因空见色，由色生情，走火入魔，重坠凡尘。虽云臣六根未净，陛下实为臣造业之因。年前臣于某担心会中，始初识陛下。一见而惊为天人，再见而拜倒石榴裙下。乃蒙陛下重用，不次擢升为护花大臣。由是感激，遂许陛下以驱驰。受命以来，夙夜忧叹。恐托付不效，以伤陛下之明。故展开快攻，深入敌后，杀退情敌半打。今天下粗定，兵甲已足。昔日强敌，已飞灰烟灭。然臣犹未能高枕无忧也。盖臣之于陛下，固未尝有贰心。陛下之于臣，态度殊为游移。况陛下朝中，臣子何止数十，宠臣亦有三人，鼎足而三。故臣犹战战兢兢，毕恭毕敬，唯恐一朝失宠也。

今者，臣接军书三卷，卷卷有臣名。……顾臣此去，数月不能归，实有未能释怀于陛下者。"居庙朝之高，则忧其民。处江湖之远，则忧其君。"呜呼，微斯人，吾谁与归？臣未行已刻刻以陛下为念矣。陛下虽贤，然不免常为群小包围。故臣常戮力于"清君侧"之举。陛下亦宜自课，凡有花言巧语，自命为护花大臣者，宜付太后裁决，一律逐出宫中，以昭陛下平明之治。小李老陈两人，口蜜腹剑，绝非善类，陛下切勿亲近！陛下之御弟及御犬阿花，此皆良实，志虑忠纯，愿陛下亲之信之。御弟为最佳电灯泡，臣曾领教其威力。愚以为凡有看电影、球赛之事，悉以携之。必能裨补阙漏，有所广益。御犬阿花，战斗力极强，护主之心尤切。臣在它口中报销西装裤两条。愚以为晚间出游，悉与之俱，必能使宵小无所乘。亲贤臣，远小人，此臣之所以与陛下情好日蜜也。亲小人，远贤臣，此臣之所以与前任女友告吹也。愿陛下咨诹善道，察纳雅言，以待臣班师回朝。则臣不胜受恩感激也。……

今当远离，临表涕泣，不知所云。

——诸葛四郎《出师表》

上引文字，乃台湾作家诸葛四郎游戏之作。一看标题及行文腔调，就让人马上想到诸葛亮那传诵千古的《出师表》。

众所周知，诸葛亮的《出师表》，是蜀汉后主建兴五年（公元227 年）诸葛亮率军北驻汉中，准备出师北伐时写给后主刘禅的奏章。"表中反复劝勉刘禅继承刘备遗志，亲近贤人，远离小人，陈述自己对蜀汉的忠诚和北取中原的坚定意志。语言恳切周详，被历代知识分子所推重。"[①] 宋人陆游有诗句曰："出师一表真名世，千载谁堪伯仲间"（《书愤》），可谓代表了中国历代知识分子对《出师表》以及对诸葛亮的高度赞颂之情。

凡是读过诸葛亮《出师表》的，大概都有一种共同的情感体验：为诸葛亮的忠义所深切感动，为北伐事业的神圣而热血沸腾。但是，读上引诸葛四郎的《出师表》，我们丝毫没有一丝的庄重感与神圣感，而只觉得滑稽好笑。

那么，这是为什么呢？

无他，乃是作者运用"仿讽"表达法对原作的神圣感、庄重感予以消解的缘故。

---

① 朱东润主编：《中国历代文学作品选（上编）》（第二册），上海古籍出版社 1979 年版，第 399 页。

诸葛亮写《出师表》，怀着一颗虔诚之心，字里行间满溢着对后主怒其不争的忧虑，对北伐统一大业未成的焦虑，充分展现了作者为国鞠躬尽瘁、死而后已的奉献精神，对国家前途深谋远虑的政治家胸怀。特别是其中的许多句子，读之让人感动莫名、终生难忘。如"今天下三分，益州疲弊，此诚危急存亡之秋也"，其所表现出的忧国爱国情怀，是那样的真切，仿佛能让人从中看到他那双深谋远虑而又深切忧虑的眼睛；"诚宜开张圣听，以光先帝遗德，恢弘志士之气；不宜妄自菲薄，引喻失义，以塞忠谏之路也"，其对后主的谆谆教诲，是那样语重心长，仿佛一个忠厚长者正在耳提面命地教导一个孩童；"亲贤臣，远小人，此先汉所以兴隆也；亲小人，远贤臣，此后汉所以倾颓也"，其对后主的批评与忠告，是那样言辞恳切，仿佛让人看到一个饱经沧桑的老人在深情地述说历史的经验与教训；"臣本布衣，躬耕于南阳，苟全性命于乱世，不求闻达于诸侯"，其淡泊名利的情操，让人肃然起敬；"受命以来，夙夜忧叹，恐托付不效，以伤先帝之明"，其忠义之情，真可谓感天动地。

正因为如此，凡读过《出师表》者，没有人不为诸葛亮忠君彰义的君子形象而肃然起敬，没有人不为诸葛亮鞠躬尽瘁的献身精神所深切感动。但是，读诸葛四郎所作的《出师表》，看到诸如"今天下三分，情敌虎视眈眈，臣又当离此他往，此诚危急存亡之秋也"、"亲贤臣，远小人，此臣之所以与陛下情好日蜜也。亲小人，远贤臣，此臣之所以与前任女友告吹也"之类与诸葛亮《出师表》句式非常相似的句子时，我们丝毫不为主人公当兵前害怕失去女友而焦虑。反而因仿作在结构形式、风格腔调上非常近似诸葛亮原作，而使原存于胸际的神圣感、崇高感顿时荡然无存，代之而起的是一种无聊好笑的低俗感、滑稽感。如果打个比方，读诸葛亮的《出师表》，就仿佛看在授勋仪式上将军戎装上场；而读诸葛四郎的《出师表》，则就像看一个小孩穿着大人的衣服假装老成。因为原作与仿作在外表上的相似与内涵上的差异，读之更易使人于两相对比中，见出两者之间在格调与意趣上的巨大落差。由此让人哑然失笑，幽默滑稽之感油然而生。这便是我们读诸葛四郎《出师表》严肃不起来而要笑出来的原因所在，也是"仿讽"表达法在制造幽默效果上的明显作用。

（四）留得屎橛在，不怕没得拉：台南阿伯的人生哲学

　　我读高一的时候，乡里举办中北部春节旅行，我也参加。第一天晚上，住在台中火车站附近的一家旅馆，这才第一次看见了抽水马桶，以前只看过图片。住进旅馆以后，大家都往厕所里跑。乡长站在一边维持秩序，一面叫着慢慢来，他说："留得屎橛在，不怕没得拉？"等轮到我，我一头冲进去，看见抽水马桶，心里有点害怕，还好我知道是用坐的，坐了上去，也不知怎么搞的几乎用了两百公斤的力量，仍然拉不出来，外头敲门敲得很急，我在里边更急，好一阵子，看来是不会有"结果"了，只好出来，身上直冒汗，乡长问："好啦？"我说"好了"。那天晚上，好不容易熬到厕所空了，我才放心地走进去，蹲在马桶上，以后的两天，我都是一样。

——阿盛《厕所的故事》

　　上引文字，是台湾作家阿盛《厕所的故事》一文中的一个段落。讲述台湾嘉南平原一群乡下孩子，春节期间在乡长带领下前往北部城市旅行，上厕所时因不知如何使用抽水马桶而闹出种种笑话的故事。这个故事本身，读来就非常有趣。其中，乡长所说的一句话："留得屎橛在，不怕没得拉"，读之更是令人忍俊不禁。

　　那么，这位台南阿伯的话何以有如此的效果呢？

　　无他，乃是"仿讽"表达法运用得巧妙之故也。

　　我们都知道，汉语中有一句自古就流传很广泛的俗语："留得青山在，不怕没柴烧"。据说，这里面还有一个故事。说是古代有个老人，膝下育有二子。因家住山里，靠山吃山，遂名长子曰青山，次子曰红山。老人临终前，将二子叫到跟前，交代了后事，同

时也将家产作了分割。其实，家中无长物，也没什么好分的，只有两座山是全家赖以过活的寄托。老人将东岗分给了长子青山，将西岗分给了次子红山。东岗树木稀疏，几乎等于是一座荒山。而西岗则林木茂盛。老人大概是偏爱老幺，这才把西岗分给了他。老人死去后，红山靠着西岗的林木，伐木烧炭，日子过得还可以。可是，几年之后，西岗的林木就几近枯竭了，红山无木可伐，烧炭不成，生活也成了问题。无奈之下，红山只得投奔哥哥青山。看着哥哥原本荒凉的东岗现在山清水秀，山上林木葱葱，山间牛羊成群，山下良田连片，就不解地问哥哥其中的缘故。哥哥语重心长地告诉他："吃山不养山，终会山穷水尽。先养山再吃山，才能山清水秀，取之不尽，用之不竭啊！"自此，知道此事的人都称赞说："留得青山在，不怕没柴烧"。后来，这句话一传十，十传百，遂成了一句广泛引用的俗语和人生格言，语义上也有演变。现在大凡人们引用此语，多是说明这样一个人生哲理："一个人处于绝境时，不妨先暂退一步，保存实力，以图日后可以东山再起。"

可见，"留得青山在，不怕没柴烧"，虽是一句俗语，却语俗理不俗，富含非常深刻的人生哲理。正因为如此，我们在日常生活中，经常能听到人们用这句话劝人。然而，这么富有哲理的人生格言，却被那位乡长套仿，从而创出"留得屎橛在，不怕没得拉"这样的新语来，真是让人始料不及，做梦也不会想到。然而，正是这种出人意料的套仿，却让原句"留得青山在，不怕没柴烧"与仿句"留得屎橛在，不怕没得拉"形成了强烈的对比效应，原句与仿句结构形式的相似性和内容意趣上的相异性，形成了强烈的反差，给人以强烈的接受感冲击。而原句内容上的严肃性与仿句意趣上的滑稽性，在对比中逾显鲜明，遂使仿句文本顿添一种幽默诙谐的情趣，读之令人忍俊不禁，心中油然而生对这位台南阿伯语言智慧的敬佩之情。

（五）看着信息傻笑的基本已达到信高潮：现代人的"信"生活

> 以短信消磨时间的称为信生活，只收不发为信冷淡，
> 狂发一气为信亢奋，发错对象是信骚扰，发不出去是有信
> 功能障碍，看着信息傻笑的基本已达到信高潮。
> ——2003 年 5 月新浪网所载一则关于手机短信的段子

上引一段文字，是 2003 年 5 月在新浪网上流传的一则关于手机短信的段子，描写年轻一族"手机生活"的真实情况，读之不禁让人为之拜倒。忍俊不禁之余，又让人情不自禁地想起内地早年的一句流行语："人民的智慧是无穷的!"

那么，这一则段子何以有如此的突破力呢？

仔细分析一下，我们立即会发现其中的奥秘。原来，它是大量地运用"仿讽"表达法的结果。我们都知道，在医学上有"性生活"、"性冷淡"、"性亢奋"、"性功能障碍"、"性高潮"等专门术语。当医生给病人诊断时说到这些术语时，都是一脸严肃，病人听时也是一本正经，丝毫不觉得有什么别的感觉。当医学教授在课堂上谈到这些概念时，教授与学生谁也不会有什么不自在的感觉，因为这是在谈论学术。在法律上，我们都知道有"性骚扰"一说，是现代社会使用频率很高的词汇。法官或律师说到这个词汇时，往往都是慷慨激昂，一脸的严肃，而受害人一说到此词则马上变得情绪激动，怒不可遏。那么，为什么我们读了上面的段子，读到"信生活"、"信冷淡"、"信亢奋"、"信功能障碍"、"信高潮"以及"信骚扰"这样的术语就忍俊不禁呢？这是因为接受者在读到这些新术语之前，脑海里已经先有了"性生活"、"性冷淡"、"性亢奋"、"性功能障碍"、"性高潮"、"性骚扰"等专业术语及其特定含义，因此，当"信生活"、"信冷淡"、"信亢奋"、"信功能障碍"、"信高潮"、"信骚扰"等新术语以相同的语音形式（南方人前鼻音与后鼻音不分，"性"与"信"读音相同）出现时，就让接受者情不自

禁地将新造术语与原术语进行对比。在对比中，接受者就会发现，原术语与仿术语两者在书写形式与语音形式上虽然高度相似，但在内涵与意趣上却存在着极大的反差，于是原术语的严肃性与仿术语的轻佻性就形成了格调上的极大落差，让接受者始料不及，哑然失笑，幽默感十足。

类似于此种段子的，在内地还有很多。如"光棍节"搞笑的段子有云："又是一年光棍日，每逢佳节想相亲。兄弟登高遥望处，守着空床少一人。"说的是原来住一起的光棍哥们，因为有人相亲成功而结婚，到了第二年光棍节时，光棍兄弟中便少了一人。它是仿自唐代诗人王维《九月九日忆山东兄弟》诗："独在异乡为异客，每逢佳节倍思亲。遥知兄弟登高处，遍插茱萸少一人。"原诗表达思乡的深刻性与仿诗表意的调侃性，两相对比之下，便见格调意趣上的反差，因此读来有令人为之莞尔一笑的效果。又如一则段子说："光棍时节雨纷纷，路上单身欲断魂。借问老婆何处有？曾哥遥指李宇春。"（李宇春是内地娱乐界选秀选出来的"超级女声"，长得像男孩子。这里指代女性特征不明显的"中性人"）说的是光棍找不到如意的老婆，生活孤单的寂寞情状。它是仿自唐代诗人杜牧《清明》诗："清明时节雨纷纷，路上行人欲断魂。借问酒家何处有，牧童遥指杏花村。"原诗表达的是游子清明时节独在异乡的孤寂之情，仿诗则是表达光棍讨不到老婆的苦衷。前者表意严肃，后者创意诙谐，两相对比，自有一种幽默感油然而生。

二、夫人变身如夫人：降用的突破力

在语言表达中，有时候一个词语用得巧妙，便能妙语生花。"嬉笑怒骂，皆成文章"的表达境界，也能于一词一语的经营中自然达成。如运用"降用"表达法，就能达到这种效果。

所谓"降用"表达法，是指一种在表达中故意"把一些分量

'重'的、'大'的词语降作一般词语用，也就是词语的'降级使用'"[1]，从而"使其原级使用的严肃性与降级使用的调侃性相形对比，形成格调意趣的巨大反差，出人意料，令人发噱"的语言表达方式。[2]

正因为"降用"表达法在特定的情境下有很好的调节气氛的作用和讽嘲诙谐、制造幽默的效果，因此，在许多著名作家笔下都有这种表达法的运用。

（一）阿 Q 看见自己的勋业得了赏识，便愈加兴高采烈起来：阿 Q 与小尼姑

> 小尼姑全不睬，低了头只是走，阿 Q 走近伊身旁，突然伸出手去摩着伊新剃的头皮，呆笑着，说：
>
> "秃儿！快回去，和尚等着你……"
>
> "你怎么动手动脚……"尼姑满脸通红的说，一面赶紧走。
>
> 酒店里的人大笑了。阿 Q 看见自己的勋业得了赏识，便愈加兴高采烈起来：
>
> "和尚动得，我动不得？"他扭住伊的面颊。
>
> ——鲁迅《阿 Q 正传》

和尚与尼姑都是社会的弱势，是天底下最苦的人之一。如果不是被迫无奈，一个男人绝对不会剃光头发去做和尚；如果不是迫不得已，一个女人绝不会剪尽万缕青丝去做尼姑。因为男人做了和尚，便不能吃肉。而一个普通男人"三天不吃肉，便喊嘴里要淡出鸟来"，更何况是终身禁荤食素？《水浒传》中的花和尚鲁智深之所以要大闹五台山，就是为了要吃肉喝酒的缘故。圣人有言："食、色，性也。"所以，男人除了要吃肉喝酒，还有性的需求。有一首

---

① 倪宝元：《修辞》，浙江人民出版社 1980 年版，第 99 页。
② 吴礼权：《语言策略秀》（修订版），暨南大学出版社 2013 年版，第 132 页。

流行歌曲唱道："来啊来喝酒啊，不醉不罢休，东边那个美人儿啊，西边黄河流。"你看，吃肉喝酒时，还想着美人，这就是男人！所以，男人做和尚，那是天底下最苦的事，也是他本人最不情愿的事。而女人出家做尼姑，自然也是情非得已。在中国古典诗词中，描写女子独守空房的闺怨之作不知凡几。丈夫或情人出门几天就受不了生理上与情感上的煎熬，那么出家当尼姑一辈子不与男人接触，那种痛苦又是如何呢？要知道，女人是需要男人疼爱的一族。不如意时要男人哄，寂寞时要男人陪。在尼姑庵里，何来嘘寒问暖的男人，何来"芙蓉帐暖度春宵"？长年经月要早晚诵经，何来"云鬓半偏新睡觉"、"春宵苦短日高起"的福分？正因为做和尚苦，当尼姑更苦，"同是天下沦落人"，有时相怜相惜，或是情感上把持不住，和尚与尼姑也会闹出点绯闻。从人性的角度来理解，也是人之常情，我们不应过多地责备。但是，事实上，我们所有"在家人"却往往不能原谅这些苦命的"出家人"。明清通俗小说中，就有很多写和尚尼姑通奸，最后不得好终的篇什。这些小说都是以道学家的眼光、以正人君子的口吻对他们予以指责，好像做了这等事就是十恶不赦，应该千刀万剐似的。从这一点看，做和尚与尼姑，不仅是生理上苦，而且精神上更苦。

达官贵人、大人老爷，为了维护所谓的封建伦常，批评和尚、尼姑不守戒律，这也可以理解。因为他们总是要求老百姓清心寡欲，坚守他们制定的道德伦常，以维护他们的统治。一般老百姓，特别是社会最底层的民众，按道理应该同情和尚与尼姑偶尔有之的"红杏出墙"。可是，奇怪的是，事实上这些处于社会最底层的民众往往对比他们更苦的和尚、尼姑保持更严苛的要求，甚至谩骂之、痛打之，无所不用其极。比方说，上引《阿Q正传》中的阿Q就是这等人。他本是不名一文、三餐不继的流浪汉，住在土谷祠里度日。应该说，他已是处于社会最低层了，只因为他曾参加过"革命"，便觉得自己了不得。所以，见到小尼姑，他便产生了优越感，不仅对她动手动脚，进行性骚扰，还要制造绯闻谣言毁坏小尼姑的清白。对于阿Q这等不道德的行为，酒店里的人不仅不指责，反而以看热闹的心态旁观，而且"大笑"。由此，更进一步助长了阿Q的恶行，他甚至开始动手打小尼姑。写到这个情节时，作者有一句描写："阿Q看见自己的勋业得了赏识，便愈加兴高采烈起来"，读之不禁让人一笑。不过，这笑不是轻松的笑，而是一种让人心滴血的笑，是怒其不争的带泪之笑，是苦恼无奈的笑，更是对阿Q及酒店里"大笑"的人冷血、愚蠢的无情嘲笑。

那么，这句话何以有如此强烈的突破力呢？

无他，乃因这句话中有一个词用得有一字千钧之力。这个词就是"勋业"，是典型的"降用"表达法的运用。我们都知道，"勋业"一词，其意是"功业"，是个带有尊崇褒扬色彩很浓的大词，多用于庄重的场合或语境中，表达的是一种推崇之意。如唐人李颀《赠别张兵曹》诗有云："勋业河山重，丹青锡命优。"宋孝宗《和史浩曲宴澄碧殿》诗有"使我勋业起"之句，现代学者阿英《戎行兼言艺文事》有赞人句云："将军只手定苏北，勋业争传大江南。"所用"勋业"一词，都是指称"功业"之义。而鲁迅小说中说阿Q打小尼姑的行为是"勋业"，则明显是大词小用，属于"降用"表达，读之让人经由"勋业"一词原本的内涵与阿Q打小尼姑的行为的对比，不禁生出不屑的一笑。同时，这种大词小用，还带有"倒反"的性质，内中讽嘲的意味极浓。如果作者不用"勋业"而客观地选择"行为"一词，那么这些表达效果都无从取得，不仅不能让人读后留下什么印象，更看不出作者的态度。可见，这段文字的精彩之处，全在"勋业"一词的运用，是"降用"表达法独特突破力的生动展现。

（二）打了一回，打它不死，只得改变方针：鲁迅打苍蝇

六月二十九日

晴。

早晨被一个小蝇子在脸上爬来爬去爬醒，赶开，又来；赶开，又来；而且一定要在脸上的一定的地方爬。打

了一回，打它不死，只得改变方针：自己起来。

——鲁迅《马上支日记》1926年6月29日

几年前，陪儿子读童话，读到这样一则故事，说有一个大狮子称雄一方，所有动物都被它赶得无处栖身。最后，大家都对它俯首称臣。只有一只小蚊子不肯屈服，敢于藐视那个不可一世的大狮子。狮子觉得小蚊子太不自量力，于是就提出要跟蚊子比武，企图彻底征服所有敌对势力。没想到，蚊子欣然应战。开战后第一回合，狮子就失败了。因为狮子用尾巴甩，用牙齿咬，用爪子抓，全都无济于事。第二回合开始后，狮子仍是老三招。等狮子折腾够了，蚊子趁其不备，猛地在他那没毛的鼻子上咬了一口。立时，狮子的鼻子就隆起了一个大包。接着，蚊子又咬了几次。狮子鼻子又痛又痒，拼命地找树磨蹭，但仍然不能止痒。最后，它只得跑到河边，把头埋进水里。

看了这个童话故事，让人既感慨又感叹。世界上的一切人与物，都是既强大又弱小。再强大的人或物，也有它致命的弱点，可能最终败在最微不足道的人或物手里。中国历史上曾有天下至尊的皇帝被卑微的宫女勒死的情事，也有诸如《三国演义》中叱咤风云的大将张飞被手下小兵杀死的变故。上述故事中的百兽之王狮子败在了蚊子手里，虽是一个童话，却说明了一个道理：小者不小，弱者不弱，强弱大小都是相对的。上引文字写鲁迅因被苍蝇骚扰而无可奈何的情节，也生动地说明了这个道理。

鲁迅的这段文字，虽是不公开的个人日记，但叙事表意却相当有可读性。特别是其中"打了一回，打它不死，只得改变方针：自己起来"这一句，读来不仅生动有味，而且别有趣味横生的幽默感，读之不禁让人为之莞尔。

那么，这句话何以有如此特殊的突破力呢？

原来全赖其中的一个词用得巧妙，这个词便是"方针"。它是作者有意大词小用的"降用"表达，属于"降用"修辞文本。我们都知道，"方针"一词，原指"罗盘针"。近人周起予编纂的《新名词训纂·物之属》（1918 年出版）解释说："按罗盘指南针原出中国，惟中国皆指南，外国有指北者。方针之不同如此。"清人刘鹗小说《老残游记》第一回有一段老残与章伯在海上的对话："老残道：'依我看来，驾驶的人并未曾错，只因两个缘故，所以把这船就弄得狼狈不堪了。怎么两个缘故呢？一则他们是走太平洋的，只会过太平日子，若遇风平浪静的时候，他驾驶的情状亦有操纵自如之妙，不意今日遇见这大的风浪，所以都毛了手脚。二则他们未曾预备方针。平常晴天的时候，照着老法子去走，又有日月星辰可看，所以南北东西尚还不大很错。这就叫作靠天吃饭。那知遇了这阴天，日月星辰都被云气遮了，所以他们就没了依傍。'"这里老残所说的"方针"，便是指"罗盘针"。后来，"方针"一词语义经过比喻引申，含义发生了变化，词典释义是："指导工作或事业前进的方向和目标。"如近人梁启超《论支那独立之实力与日本东方政策》一文中有这样一句话："认定方针，一贯以行之，必有能达其目的之时。"这里的"方针"一词，用的就是现在通行的含义。很明显，这个词带有庄重的政治色彩。因此，一般用到"方针"多与国家政策等问题相关。可是，鲁迅在日记中写自己对付苍蝇的办法时，不说"办法"、"思路"，而说"方针"。这是作者有意将"方针"一词"大材小用"，意在调侃自嘲。作为修辞文本看，这句话由于"方针"一词的降格使用，遂使"方针"一词原本内涵的严肃性与降用后的戏谑性形成了强烈的对比反差，令人大跌眼镜，读之不禁哑然失笑。

（三）密斯高是很少来的客人，有点难于执行花生政策：周树人待客之道

七月八日

上午，往伊东医士寓去补牙，等在客厅里，有些无聊。四壁只挂着一幅织出的画和两副对联，一副是江朝宗的，一副是王芝祥的。署名之下，各有两颗印，一颗是姓名，一颗是头衔；江的是"迪威将军"，王的是"佛

门弟子"。

　　午后，密斯高来，适值毫无点心，只得将宝藏着的搽嘴角生疮有效的柿霜糖装在碟子里拿出去。我时常有点心，有客来便请他吃点心；最初是"密斯"和"密斯得"一视同仁，但密斯得有时委实利害，往往吃得很彻底，一个不留，我自己倒反有"向隅"之感。如果想吃，又须出去买来。于是很有戒心了，只得改变方针，有万不得已时，则以落花生代之。这一着很有效，总是吃得不多，既然吃不多，我便开始敦劝了，有时竟劝得怕吃落花生如织芳之流，至于因此逡巡逃走。从去年夏天发明了这一种花生政策以后，至今还在厉行。但密斯们却不在此限，她们的胃似乎比他们要小五分之四，或者消化力要弱到十分之八，很小的一个点心，也大抵要留下一半，倘是一片糖，就剩下一角。拿出来陈列片时，吃去一点，于我的损失是极微的，"何必改作"？

　　密斯高是很少来的客人，有点难于执行花生政策。恰巧又没有别的点心，只好献出柿霜糖去了。这是远道携来的名糖，当然可以见得郑重。

　　　　　　　　——鲁迅《马上支日记之二》1926 年 7 月 8 日

　　上引这段文字，是鲁迅日记中的一个片段。其内容是说，他本来对于来访的客人都是一视同仁的，不论来者是"密斯得"（先生，英文 mister 的音译）还是"密斯"（小姐，英文 miss 的音译），都待之以点心。后来，由于"密斯得"们"委实利害"，将他家中预备的点心都吃完，所以他只得另寻待客的长久之计，由此发明了"花生待客"之新法。

　　这段述说用花生待客方法之由来的文字，所写之事虽是微不足道的个人琐事，但信笔写来，却摇曳生姿，读来别有生动活泼、幽默风趣的韵味，让人有过目难忘的深刻印象。

　　那么，这段文字何以有如此独特的表述魅力呢？

　　这与上面我们所引到的鲁迅的另一则日记一样，也是因为运用了"降用"表达法的缘故。因为"改变方针"与"执行花生政策"、"至今还在厉行"，都是通过"大词小用"来实现幽默效果的。前文我们说过，"方针"多用在与国家政策等方面的大事情上，词义上带有庄重严肃的风格色彩。而鲁迅说到"改变待客之道"，不直说"改变待客方法"，而说"改变（待客）方针"。以"方针"替代"方法"，意在通过"小事化大"、"大词小用"，使事与义形成格调意趣上的反差，令人有意想不到的效果，由此使人不禁哑然失笑。"政策"一词，一般是指一个国家或一个政党为了实现一定历史时期的路线与任务而规定的行为准则；词义上具有较浓厚的政治色彩，带有庄重严肃的意味。这样的大词用在待客之道上，让人有一种意想不到的突兀感，让读者在特定语境下穷究原委，情不自禁地将原词语义与新用词语义进行对比，在极大的语义落差中形成一种心理落差，从而为之莞尔。"厉行"，也是一个政治色彩比较强烈的词语，一般多用在贯彻国家政策、改变官场作风、净化社会风气等方面。然而，鲁迅却将"厉行"这样的一个大词，用在了"坚持不用点心而用花生"这样的待客信念上，让人有一种小孩子穿上大人礼服的滑稽感，由此可见，鲁迅用"政策"、"方针"、"厉行"等政治性很强的术语来写待客之道的生活琐事，是一种有意而为之的修辞行为。其意是为了让"政策"、"方针"、"厉行"等词在正常使用中的"原级内涵"与在特定语境下临时改用的"修辞内涵"之间形成一种强烈的格调意趣上的反差，从而让读者有一种始料不及的突兀感，并由此会心一笑。

　　（四）亲爱的，在我们家里，你想当总理还是副总理：新郎与新娘分权

　　　　新郎："亲爱的，让我们商量一下婚后的生活吧！在我们家里，你想当总理还是副总理？"
　　　　新娘："噢，亲爱的，我不敢当。不过我想我还是能够胜任一个较小的角色。"

新郎："什么角色？"

新娘："当财政部长。"

——雅颂《爱情幽默》

我们都知道，家庭是社会的细胞。虽然家庭也是一个小社会，但它毕竟是社会成员有限，而且成员都是具有亲属关系的，这与家庭之外的大社会是不同的。在中国，由于自古以来就是宗法思想占统治地位，因此在中国人的家庭中，只有家长与子女之分，而没有诸如西方社会那种比较平等的夫妻关系、父子关系等。既然如此，那么家庭中自然没有通过选举而产生的家庭角色分工，而只有天然的家长与子女的角色定位。

上引这则故事，之所以读了让人忍俊不禁，就在于这对夫妻将自己的家庭等同于社会，将自己的家庭角色比附于社会政治角色。也就是说，他们将自己的家庭角色与社会角色进行了错位思考，违背了社会习俗与语言表达规约。从语言表达的角度看，这则故事之所以能成为笑话，乃因它运用了一种语言表达法："降用"。

众所周知，"总理"、"副总理"、"财政部长"等称谓，都是有特定含义与特定指称对象的。"总理"，是指一国的最高行政长官。中国有"总理"的称呼，乃是源于日本。日本明治维新后学习西方民主政体，实行君主立宪制度。在参议院与众议院中选举出来的国家领导人，称之为"首相"。而这个选举出来的"首相"，在日本天皇面前则是称为"总理大臣"。清末时，我国也设立内阁，有"总理大臣"一职。袁世凯就做过这个职务。辛亥革命成功，民国初建，学习西方，实行双首长制度，以总统与内阁总理二人分掌职权治理国家。所谓"副总理"，就是西方所说的"副首相"，台湾所说的"'行政院'副院长"。至于"财政部长"，大家都知道这是政府中管钱的一级主管，位置相当显赫。在民主社会，总统或总理（或称首相）是通过全体国民投票选举出来的，财政部长等职务则是由总统或总理（或称首相）任命的。他们的任务是密切配合，贯彻竞选时的政治承诺，治国安邦，造福社会。虽然家庭是社会的细胞，也算是一个小社会，但它毕竟不是寻常的社会。家庭中的事务不必通过选举产生一个官职来进行管理，特别是在中国社会，这更是不可能的。上引故事读来令人发噱，也是源于故事中的男女主人公将家庭错位为社会，将自己的家庭角色错位为社会角色，这就有悖于社会习俗，使人觉得不伦不类，感到可笑。而"总理"、"副总理"、"财政部长"的称谓，则又有违于社会成员语言使用的规约，既让人觉得说话者有"官本位"思想，又似乎有一种消解政治的意味。由此可见，这则故事之所以有耐人寻味的幽默效果，关键因素是它运用了"降用"表达法，通过"政治词汇寻常化"、"社会词汇家庭化"的手法，借助特定的上下文语境，深刻而形象地揭示了现代社会男女"看淡政治，看重经济"的价值观。

　　类似上述通过"降用"表达法制造幽默诙谐的效果，并非是今人的发明。我们的古人早就会运用这种表达法了，明清笑话集中就有很多运用"降用"表达法建构的笑话。如明人冯梦龙《笑府》中有一则《僭称呼》的笑话说：

　　　　一家父子僮仆专说大话，每每以朝廷名色自呼。一日，友人来望，其父外出，遇其长子，曰："父王驾出了。"问及令堂，次子又曰："娘娘在后花园饮宴。"友见说话僭分，含怒而去。途遇其父，乃以其子之言告之。父曰："是谁说的？"仆在后曰："这是太子与庶子说的。"其友愈怒，扭仆便打。其父忙劝曰："卿家不恼，看寡人面上。"

　　这则故事之所以读来让人忍俊不禁，原因就在于笑话的创造者运用了"降用"表达法，即故意让故事中的父子僮仆"乡下人说朝廷话"，将朝廷语言平民化，让人听来有一种境界层级错位的感觉。

（五）那是你爸爸竞选我时的誓言：妈妈幸福的回忆

格林的妻子在女儿的帮助下整理自己的百宝箱，她不断地向女儿炫耀年轻时的结婚礼、青春玉照以及男友们送的纪念品等。

当女儿看到那一扎迭放整齐的信件时问妈妈："那都是些什么信？"

妈妈回答："那是你爸爸竞选我时的誓言。"

——蓝关、卢之慎《家庭幽默》

我们都看过保利公司与嘉士德公司的艺术品竞拍情景，知道一件艺术品是否具有传世价值，就看有没有人愿意出高价竞拍。

女人，特别是年轻女子，情形也是一样。如果她被许多男士追求，说明她有魅力，她一定为此而感到自豪，甚至洋洋自得。这也是女人虚荣心的体现。正因为有好虚荣的弱点，不少女子往往会为此吃亏，中了那些善于揣摩女子心理的男人的圈套。中国古代有很多描写弃妇怨恨的诗篇，说的正是那些婚前或婚初被男子花言巧语欺骗，婚后被抛弃的女人的故事。在中国文学史上，这类诗篇最早最著名的莫过于《诗经·卫风·氓》。其诗云：

氓之蚩蚩，抱布贸丝。匪来贸丝，来即我谋。送子涉淇，至于顿丘。匪我愆期，子无良媒。将子无怒，秋以为期。

乘彼垝垣，以望复关。不见复关，泣涕涟涟。既见复关，载笑载言。尔卜尔筮，体无咎言。以尔车来，以我贿迁。

桑之未落，其叶沃若。于嗟鸠兮，无食桑葚；于嗟女兮，无与士耽。士之耽兮，犹可说也；女之耽兮，不可说也。

桑之落矣，其黄而陨。自我徂尔，三岁食贫。淇水汤

汤，渐车帷裳。女也不爽，士贰其行。士也罔极，二三
其德。

三岁为妇，靡室劳矣；夙兴夜寐，靡有朝矣。言既遂
矣，至于暴矣。兄弟不知，咥其笑矣。静言思之，躬自
悼矣。

及尔偕老，老使我怨。淇则有岸，隰则有泮。总角之
宴，言笑晏晏。信誓旦旦，不思其反。反是不思，亦已
焉哉！

诗中所写的男主人公，就是一个典型的背信男人。婚前他与所
爱的女子是那样情意绵绵、信誓旦旦，婚后则是二三其德，甚至对
他的女人施以家庭暴力（"言既遂矣，至于暴矣"）。

远古的先秦时代男人如此，中古的唐代男人仍是这个德行。敦
煌卷子中有一首唐代无名氏所作的《菩萨蛮》词，其词云：

枕前发尽千般愿，要休且待青山烂。水面上秤锤浮，
直待黄河彻底枯。

白日参辰现，北斗回南面。休即未能休，且待三更见
日头。

看这词的口气，我们便知是个花言巧语的男人所写。虽然我们
不知道他最后是如何处理他与所爱女人的关系的，但从逻辑上推
理，相信他不会那样矢志不渝地对他的女人。因为现实生活的经验
告诉我们，大凡喜欢信誓旦旦的男人，多半都会见异思迁，二三其
德。这样的男人，大家在日常生活中都能时时看得到的。中国有句
俗语，叫作"会叫的狗不咬人"。我们也可以说，正经八百的君子
是不会那么急于表白什么的。事实上，现实生活中那些白头偕老的
夫妻一般都是些"爱在心里口难开"的，不会信誓旦旦地表白你爱
我、我爱你的。

虽说花言巧语、信誓旦旦的男人大多不可靠，可是绝大多数女

人却偏偏喜欢这样的男人。这一点，相信大家也是有切身体会的。因为女人大多虚荣，喜欢别人特别是男人说她如何美丽、如何有魅力（能够如此肉麻吹捧的，大多不会是正人君子，而是奸巧献媚之徒）。正因为如此，懂得女人心理的男人都会迎合其心理，写情书时更是不惜极尽肉麻之能事。上引故事中的那位女子收藏丈夫婚前所写的情书并向女儿炫耀，正是女人好虚荣的表现。前面我们说过，好虚荣本是女人的本性，不足为怪，也没有什么好笑的。但是，我们读到上则故事时则不禁莞尔。那么，这是为什么呢？

无他。这是因为作者在创作这则故事时运用了一个有效的表达法：降用。

我们都知道，在男女恋爱过程中，男人给女人写情书表达爱慕之情，这是正常的。一般说来，我们把这个过程叫作"追求"。但是，故事中的女人不说丈夫追求她，而是说丈夫写给她的情书是竞选她的誓言。这种将政治术语生活化的"降用"表达（"竞选"是政治色彩很浓的术语），突显说者有意抬高身价（说"竞选"意味着追求她的不是一个男人，而是很多）的显摆心理，让读者在阅读接受中情不自禁地将说者超常规的"降用"表达与经验中的常规表达进行对比，从而产生极大的心理落差，幽默诙谐的情趣由此而生。这就是这则故事之所以让人读之不禁莞尔的原因所在。

三、穿越时光隧道：移时的突破力

语言是一种公共资源，在表情达意时是否运用得好，能否达到运用效益最大化的效果，那全靠使用者的语言修养与语言技巧。

在日常生活中，我们需要与人交流思想情感，或是传递信息，这就有"言语合作"的问题。但是，有时候也会有因思想或情感的对立而与人发生"言语博弈"的情况。我们的成语中有"唇枪舌剑"一词，说的正是人际交往中"言语博弈"的情形。

"言语博弈"是难免的，"唇枪舌剑"也并不可怕，关键是我们在进行"言语博弈"时如何表现出应有的君子风度，显现出一种高雅的语言风范。说白了，也就是如何达到"嬉笑怒骂，皆成文章"的境界，才是问题的实质所在。

臻至"嬉笑怒骂，皆成文章"的表达境界，虽然不易，但也并不是不可能达到的目标。只要我们掌握一些有效的表达法，效法前人文本创造的有益经验，经过努力，也是基本可以做到的。

除了上述所讲诸法，下面我们再介绍一种，效果也很好。这种表达法，叫作"移时"。

所谓"移时"，是一种有意打乱古今分际、让时空错位的语言表达法。具体来说，就是"把现代的事物用于古代，把古代的事物加以现代化，有意造成事物的时空错位"①。运用这种表达法建构的修辞文本，我们称之为"移时"修辞文本。这种文本的建构，一般说来，"多是基于一种以反逻辑悖情违理的戏谑之辞与深含于文本内层深刻严肃意旨的对比所形成的格调意趣反差造就接受者接受心理的落差，以期企及寓庄于谐的修辞目标的心理预期。因此，这种修辞文本的建构，在表达上多具生动性、新颖性特点，因为它是以反逻辑悖'情'悖'理'的形式出现，与合'情'合'理'的常规表达形式大异其趣；在接受上则多具幽默诙谐风趣的效果，因为修辞文本表达上所显现出的悖理违情的逻辑错误太过明显、太显幼稚笨拙，大出接受者意表，不禁为之哑然失笑。而当笑后寻思出其笨拙幼稚错误后所隐含的深刻用意后，则又为之称叹叫妙，并为之会心一笑"②。

正因为"移时"表达法的运用不失幽默诙谐之趣，能臻至"嬉笑怒骂，皆成文章"的独特效果，因而不少作家都有意运用这种表达法。下面我们不妨分析其中几例，看看其情况究竟如何？

（一）夜赶洋车路上飞：上海滩上的景观

　　　　上海的摩登少爷要勾搭摩登小姐，首先第一步，是追

---

① 谭永祥：《汉语修辞美学》，北京语言学院出版社1992年版，第216页。
② 吴礼权：《现代汉语修辞学》（修订版），复旦大学出版社2012年版，第227页。

随不舍，术语谓之"钉梢"。"钉"者，坚附而不可拔也，"梢"者，末也，后也，译成文言，大约可以说是"追蹑"。据钉梢专家说，那第二步便是"扳谈"；即使骂，也就大有希望，因为一骂便可有言语往来，所以也就是"扳谈"的开头。我一向以为这是现在的洋场上才有的，今看《花间集》，乃知道唐朝就已经有了这样的事，那里面有张泌的《浣溪纱》调十首，其九云：

> 晚逐香车入凤城，东风斜揭绣帘轻，慢回娇眼笑盈盈。
>
> 消息未通何计是，便须伴醉且随行，依稀闻道"太狂生"。

这分明和现代的钉梢法是一致的。倘要译成白话诗，大概可以是这样：

> 夜赶洋车路上飞，
>
> 东风吹起印度绸衫子，显出腿儿肥，
>
> 乱丢俏眼笑迷迷。
>
> 难以扳谈有什么法子呢？
>
> 只能带着油腔滑调且钉梢，
>
> 好像听得骂道"杀千刀！"

但恐怕在古书上，更早的也还能够发见，我极希望博学者见教，因为这是对于研究"钉梢史"的人，极有用处的。

——鲁迅《二心集·唐朝的钉梢》

这段文字是鲁迅讽刺旧时上海滩上无聊少爷追踪富家小姐之事。其实，男人追求女人不择手段，甚至死缠烂打的事，在任何时代都有，并非旧时上海滩上的独特景观。那么，为什么鲁迅上面所写旧时上海滩少爷追踪小姐的文字会让人读之兴味盎然而又忍俊不禁呢？

仔细分析一下，我们就会发现原来端赖作者运用了"移时"表达法。

　　作者文中说到"钉梢"女人在中国历史上由来已久的事实时，引用了唐代诗人张泌的《浣溪沙》调十首其九。这首词写得非常通俗，现代人没有读不懂的。可是，作者却偏偏要对这首诗歌进行现代汉语的白话对译。这是为什么呢？难道这是鲁迅有意"灌水"，凑字数骗稿酬？读者肯定不会这样想，因为鲁迅的境界还不至于这样低。既然如此，那么就只有一种解释了：是为了表达的需要。事实上，确实如此。鲁迅这里之所以要对译张泌的诗，其意就是要将唐诗中所写的"古事"与现代上海滩上的"今事"进行比附，让人在时空错位中看到"钉梢"者在中国历史上"一以贯之"的沿革史。同时，借由古物现代化与今事古典化，让人在对比中发现其荒诞性，从而不禁赞赏作者的语言机智与表达技巧。

　　我们都知道，在中国古代包括唐代，女子出行都是坐马车，不可能有洋车。所谓"洋车"，就是一种人力拉动的两轮或三轮车，又叫"东洋车"。笔者无缘亲睹旧上海的洋车景象，但在日本却真切地看到过洋车。笔者曾在日本京都生活多年，就任客座教授的大学离岚山非常近。那里是京都著名寺庙最集中的地方，也是游人最多的地方。为了方便游客，也为了赚钱做生意，当地就有一些青年拉洋车载客，在周围的几个寺庙之间来回不息，俨然成了古都一道亮丽的风景线。不过，不管洋车是日本什么时候发明的，但总不会早到唐朝那个时代。因为日本京都的皇城建筑还是学自中国唐朝，因此从逻辑上推测，"东洋车"的出现也不会早到哪里去，一定是近代之物，而非古物。可见，鲁迅以洋车对译唐词中的香车，是典型的将古物现代化的修辞行为。稍微了解一点中国历史的人都知道，中国古代女子是非常保守的，包括思想观念与举止行为。在服饰上多是长袍大袖，手脚都是不让人看见的，自然不会穿诸如现代西洋女子所穿的那种"迷你裙"（miniskirt），露出玉腿儿来。唐代虽然风气比较开放，但还不至于有"显出腿儿肥"的"印度绸衫子"。因此，鲁迅这里所说的"显出腿儿肥"的"印度绸衫子"，一定不是唐朝所有，而是将古代服饰现代化，同样是一种修辞行为。至于说唐代女子骂人"杀千刀"，那肯定也是不符合历史事实的。

因为"杀千刀"是现代北方方言中女子对男子一种比较亲昵的打情骂俏语，相信唐代还没有这种说法。至于"扳谈"，则是现代上海方言词，唐代不会有。很明显，鲁迅将"太狂生"对译为"杀千刀"，将上海方言"扳谈"插入诗中，都是一种有意为之的修辞行为。这种修辞行为，便造就了上面我们所看到的"移时"修辞文本（即鲁迅所译白话诗）。

这一修辞文本，由于将唐朝的古事、古物与现代的今事、今物进行了不合逻辑的比附，将唐朝与现代、中国与外国、长安与上海等时空地域等界限统统打通，"读来令人好生新奇怪诞，逻辑错误犯得如此低级、幼稚、笨拙，使接受者大出意表，不禁哑然失笑。然而笑后寻思出表达者于调笑中讥讽洋场无聊少年之用意后，则又不禁为表达者高妙的表达称叹叫好，于文本解读接受中获取了一种幽默风趣的审美享受"①。

（二）瑞青天以辞职的办法要挟给他工作：海瑞与嘉靖皇帝的较量

> 海瑞没有习鋈这两下子，有本事拿贪污来的钱，上下打点，铺平道路。他虽然平反了，昭雪了，有了令人景仰的清官声名，但朝廷里的主政者，包括皇帝，都对他敬而远之。作为门面点缀可以，要想委以重任则不行，怕海老人家较真，以免弄得大家都不愉快。可在"士"这个阶层中，卓尔不群之辈，经不起众星捧月，更经不住高山仰止，都会情不自禁地生出"天将降大任于斯人也"的圣人感，当这种强烈的"立德立言立功"的补天愿望，不能得到满足时，便会仰天长啸，椎心泣血。瑞青天以辞职的办法要挟给他工作，写了一封公开信，"满朝之士，悉皆妇人"，把主政者骂了个臭够。
>
> ——李国文《从严嵩到海瑞》

---

① 吴礼权：《语言策略秀》（修订版），暨南大学出版社 2013 年版，第 131 页。

　　上面这段文字，是作家李国文谈明代清官海瑞与贪官严嵩之事，其意是想通过二人的对比，突显海瑞道德情操的高尚。应该说，这段文字的立意是严肃的。可是，当我们读了这段文字的实际感受，则又觉得滑稽可笑。这是为什么呢？

　　无他。这是因为作者在末尾一句运用了"移时"表达法。

　　众所周知，在中国古代，那是皇权至上的，谁也不敢藐视皇帝的权威，除非那是个"儿皇帝"或是被挟持的无能皇帝。因此，海瑞在明代虽然以清廉著称，且声名在外，让嘉靖皇帝迫于社会舆论而有所顾忌，但也绝不会被他挟持了。海瑞虽然进京时抬了棺材以示决绝之意，但也绝没有要挟嘉靖皇帝的胆量。嘉靖皇帝不杀他，但也不给他安排实职，他自然也是无可奈何的，而绝不敢写辞职信要挟嘉靖皇帝给他工作。所谓"辞职"，那是现代民主社会的一种说法，其前提是雇主与雇员、上司与下属在人格人权上都是平等的，行动行为都有自由。可合则留，不合则去。但在中国古代，读书人一旦科举及第而入朝做了官，那就等于是把自己卖给了皇帝，去留不能自己做主了。如果年老想回老家清闲清闲，那得经过皇帝同意。大臣向皇帝呈奏章表达此意时，要说是"乞骸骨"，意思是说，请皇上开恩，把我这把老骨头赐给我，让我带回家乡。要说得可怜兮兮，皇上才会应允。因此，作者所说海瑞"写辞职信"的事，那是不可能的。至于"公开信"，那就更无可能了。中国自古以来就没有什么言论自由可言，明代当然更不例外。即使明代的嘉靖爷非常开明，海瑞要发表自己的言论，也没有媒体可以凭借。因为那时没有报纸杂志，海瑞上哪儿去发表公开信？可见，作者说海瑞给皇帝写辞职信、发表公开信，那只是作者运用"移时"表达法，有意将古代事物现代化，以此突破时空界限，以太过明显而笨拙的逻辑错误，突破读者的心理预期，使其不禁为之一笑，从而制造出一种幽默的表达效果。然而，这笑不是廉价的，而是要读者在哑然一笑之后幡然省悟出这样一个深刻用意："在中国封建社会要做清官实在不易，'举世皆浊我独清'是行不通的，中国封建时代不具备清官生存的社会土壤。"①

（三）太者更进一层也，罗嗦见前注：何为烦琐注疏

> 有一天，朱熹去拜见孔夫子，适夫子外出，便留下名片一张，并写道："门人朱熹百拜。"这本不足为奇。可不知怎的，朱熹竟在名片上注释一通："朱者姓也，熹者名也，门人者学生也，百拜者百次顿首也。"孔夫子回家一看，大为不满，便在名片上批了两个字："罗嗦！"不料朱熹知道后，却又再加注："罗嗦者麻烦也。"孔夫子又批："太罗嗦！"但朱熹没有罢休，续予加注："太者更进一层也，罗嗦见前注。"
>
> ——梁酉廷《"太罗嗦"》

众所周知，在现代社会，人际交往与应酬离不开一样必备之随身物品，这便是名片。犹记得在内地 20 世纪 80 年代初，经济改革开放伊始，大家都以印名片为时尚。不过，当时能印名片的，大多是官员、社会名流与事业有点经济规模的商人。而一般人是没资格印名片的，也没必要印，因为没有值得向人炫耀的头衔。但是，30 年后的今天，在内地，印名片似乎已经普及。上至政要、达官贵人，中至社会精英、巨商大贾以及白领阶层，下至贩夫走卒，人人都会印一盒名片揣在怀里，一有机会就向人派发。大学里的穷学生没有什么身价吧，他们也有名片；小菜场卖米卖肉的，也会时不时地掏出名片，说："老板，给您名片，下次您再要，照这个名片打个电话，俺给您送过来。"瞧，多热情、多阳光，他们印名片也是名正言顺、冠冕堂皇的。谁说"尼姑的头，和尚摸得，阿 Q 摸不得"，劳动人民就没印名片的资格？呸！都什么年代了，现在是讲民主的时代，是人人平等的时代。

虽然名片在现今社会已经普及，但在很多人的印象中，仍然

---

① 吴礼权：《现代汉语修辞学》（修订版），复旦大学出版社 2012 年版，第 229 页。

觉得名片这玩意是个舶来品，是从西方人那里学来的。其实，非也。虽然我们现在不能明确地考证出名片到底是起源于何时，但是，我们可以知道在中国古代就已经有了。在日语里，名片写作"名刺"。读过几本中国古书的人都知道，这是日语完完全全从中国古代名词借来的。日本人向来善于"拿来主义"，先是从中国古代借这借那，后又从西洋引这引那。这个大家都知道，不必多说了。

　　虽说名片在中国有着悠久的历史，是中国人的发明也说不定，但话又说回来，名片在中国古代的历史再久，也不会早到孔子生活的时代。因为从目前所能见到的史料来看，孔子生活的时代还没有持名片求见的记载。据相关材料显示，类似于名片的东西，最早可以追溯到战国时代。那时，"诸侯王为了拉近与朝廷当权者的关系，经常地联络感情在所难免，于是开始出现了最早的名片——'谒'。所谓'谒'就是拜访者把名字和其他介绍文字写在竹片或木片上。进入东汉末期，'谒'又被改称为'刺'。唐宋时期，出现了'门状'。到了明代，则出现了'名帖'。直至清代晚期才正式有'名片'称呼。在目前的拍卖市场上，可以看到'名帖'、'名刺'等称呼，其实它们指的都是名片"（《中国商报·收藏拍卖导报》2008年7月3日，肖飞《古代名片花头不少》）。汉人司马迁作《史记·孔子世家》，也未见记载孔子周游列国时拿"谒"或"名刺"求见列国君主的事。可见，在孔子生活的春秋时代，还没有发明类似于名片的"名刺"或"谒"。至于宋人朱熹拿名片求见他人，那倒是具有现实可能性。不过，应该指出的是，南宋时代的朱熹拿着名片去拜见早他一千多年的春秋时代圣人孔子，则就是笑话了。所以，我们读了上述朱熹拜见孔子这则故事会不禁哑然失笑，情不自禁地想到了传统相声所说的"关公战秦琼"的经典段子。

　　这则朱熹拜见孔子的故事，之所以读后有让人忍俊不禁的效果，其实是与作者运用了一种表达法有关。这个表达法，就是上面我们已经说到的"移时"。

　　将春秋时代的孔子与南宋时代的朱熹拉到一起，这是作者有意打破时空界限，而将近现代才用到的名片用到两千多年前，这是有意将古事现代化。作者这种通过"移时"表达法编造故事的言语行为，表面看来是为了制造幽默，博人一笑；深层则是通过朱熹在名片上反复批注的文字与情节，暗讽时下那些故弄玄虚、迂腐冬烘的学究，从而让人在这种夸张的表达中对学术界存在的"烦琐注疏"留下深刻的印象。

（四）只有文化山上，还聚集着许多学者：关于大禹其人的考辨

　　远地里的消息，是从木排上传过来的。大家终于知道鲧大人因为治了九年的水，什么效验也没有，上头龙心震怒，把他充军到羽山去了，接任的好像就是他的儿子文命少爷，乳名叫作阿禹。

　　灾荒得久了，大学早已解散，连幼儿园也没有地方开，所以老百姓们都有些混混沌沌。只有文化山上，还聚集着许多学者，他们的食粮，是都从奇肱国用飞车运来的，因此不怕缺乏，因此也能够研究学问。然而他们里面，大抵是反对禹的，或者简直不相信世界上真有这个禹。

　　每月一次，照例的半空中要籁籁的发响，愈响愈厉害，飞车看得清楚了，车上插一张旗，画着一个黄圆圈在发毫光。离地五尺，就挂下几只篮子来，别人可不知道里面装的是什么，只听得上下在讲话：

　　"古貌林！"

　　"好杜有图！"

　　……

　　大员坐在石屋的中央，吃过面包，就开始考察。

　　……

　　"况且，"别一位研究《神农本草》的学者抢着说，"榆树叶子里面含有维他命W的；海苔里有碘质，可医疗瘰疬病，两样都极合于卫生。"

"OK！"又一个学者说。大员们瞪了他一眼。

……

——鲁迅《故事新编·理水》

禹是中国远古时代的人物。他以治水有功而永镌青史，这在中国是妇孺皆知的。但是，疑古派史学家顾颉刚认为大禹其人并不存在。在《古史辨》中，他据汉人许慎《说文解字》对"鲧"与"禹"字的形体释义，认为禹的父亲鲧是条鱼，禹则是一条虫。鲁迅不认可顾颉刚的考据结论，加上在厦门大学任教时的私人恩怨，遂著《故事新编·理水》一文，影射讽刺顾颉刚，将其称为"鸟头先生"（因为《说文解字》释"顾"字是从页雇声，雇是鸟名，页为头义）。又因 1932 年江瀚、马衡等三十余位北平文教界人士曾上书国民政府明定北平为"文化城"，故鲁迅又将他们称之为"文化山上的学者"。至于文中特别提及的"一个拿挂杖的学者"，则是讽刺当时著名的优生学家潘光旦先生。

了解到鲁迅写《理水》这篇小说的背景，那么我们对上引这段文字的含义就易于理解了。很多人都认为，鲁迅通过写小说来影射讽刺与他观点不同或有个人恩怨的学者，这是气度不够恢宏，有失君子风范的行为。但是，作为修辞文本，鲁迅讽刺人的艺术水平则又是不可抹杀的。读了上引一段文字，不论是赞成还是反对鲁迅观点和做法的人，都应该不会否认这段文字的突破力是独一无二的。

那么，鲁迅的这段文字何以有如此的突破力呢？

稍加玩味，我们便会发现，原来全得力于"移时"表达法的运用。

我们都知道，在大禹生活的远古时代，不可能有什么"大学"与"幼儿园"的，而鲁迅却说那时"大学早已解散，连幼儿园也没有地方开"。这明显是有意打乱时空界限，将远古的人、事现代化。至于"只有文化山上，还聚集着许多学者"的说法，那更与远古时代的实际情形不相符，也是作者有意将现代人事比附于古代的结果。而让远古时代的人说"古貌林"（good morning）、"好杜有图"

（how do you do），则更是让人有时空错乱的感觉。很明显，这也是将古代人、事现代化的表达。"大员坐在石屋的中央，吃过面包，就开始考察"的说法，一看便是现代政治生活的再现。"别一位研究《神农本草》的学者抢着说，'榆树叶子里面含有维他命 W 的；海苔里有碘质，可医疗疬病，两样都极合于卫生。'"这话全是现代西方医学术语表达，根本不是中国远古时代的人所能够说出的，明显也是以今律古的"移时"手法。由于文本表达中将远古人事与现代人事相混同，今昔时空界限不分，读之让人觉得逻辑错误低级得令人惊奇，不禁为之哑然失笑。但是，笑过之后，仔细回味，其中的讽刺意味则让人心有戚戚焉。虽然我们都不赞成刻薄为文，也不赞成用小说的方式影射或讽刺他人，但对于鲁迅的讽刺艺术，对于他文字的突破力，我们又不能不十分感佩。

（五）还是国营好，不搞这一套：开饭店的诀窍

> 卓文君：（俺）当炉开酒铺。
>
> 林老板：和气最重要。
>
> 阿庆嫂：相逢开口笑。
>
> 阿信：请您多关照！
>
> ×号服务员：还是国营好，不搞这一套！
>
> ——大光《荒诞戏剧》

上引这则文字见载于1986 年11 月20 日《讽刺与幽默》上，并配有漫画。讽刺的是中国内地公营企业服务意识差、"衙门朝南开"的官僚习气。

说起内地公营企业的服务态度与作风，很多人都有一肚子气。特别是20 世纪80 年代内地改革开放伊始时，表现尤其明显。其中，以北京的商业服务意识最缺乏，表现尤其差。记得笔者曾在20 世纪90 年代初到北京开会，离开北京时到商店去买一点特产，准备回来送朋友。那时还没有超市，没法自选商品。顾客购物都要站在柜台外面，指着里面货架上的商品请服务员（即销售人员）拿货，然后

计价付钱。现在，我们到商场或商店，看到服务生都是站在柜台后面笑脸迎客的。但是，在当时的北京商店，服务员是坐在柜台后面的，就像我们在电视里看到的古代县太爷审案时坐在案台之后的架势一样。当时，我让服务员拿了几样北京特产，她收了钱后，将东西放在柜台上，就开始嗑瓜子与旁边的服务员聊天了。我等了好久，也没见她有给我打包装袋的意思，只好跟她说："服务员，请帮我打包装袋啊！"她对我翻了翻白眼，没好气地拿了一个塑料袋放在柜台上，然后又去聊天了。我说："你给我装好啊！"她又翻了我一个白眼，趾高气扬地说："自己装。"那口气，就像首长对下属下命令。这一下，我算彻底领教了"北京大爷"的作风。在上海，顾客到商店购物，服务员不但在顾客进门时笑脸相迎，软语问候，而且购物后一定会主动给你打包装袋，临走时一定表示感谢，欢迎再来。我想，所有那个时候到过北京并且有过购物经历的上海人，大概都会对比北京的商业服务作风而大为感慨。因为这次经历，让我从此对北京印象相当不好。直到20年后，我才因开学术会议而再到北京。后来，我听人说到这样几句流行语："北京人看全国人民都是他的下级，上海人看全国人民都是乡下人，广东人看全国人民都是北方人"。这才恍然大悟，难怪北京的营业员这么牛，那是身处"天子脚下"的"皇民"优越心态的表现。不过，20年后我再到北京时，北京的商业服务水平与上海等沿海城市无二了。我心里暗自庆幸，还是市场经济能够改造人。后来问人，发现并不是这回事，是因为北京的所有商业服务几乎都被会做生意的江浙人垄断了，所以服务态度好了。真正的"北京大爷"现在都退到胡同里"侃大山"（聊天）了，夏天则是在马路边光着膀子，喝茶、吃西瓜去了。

读了笔者的亲身经历，我们再回头看看上引《荒诞戏剧》，就明白了在20世纪80年代为什么有这样的讽刺小品出现。仔细玩味这则小品，不仅能让我们从中真切地看到公营企业效率不彰、人浮于事的真实情状，更能从这则令人啼笑皆非的"荒诞戏剧"中看清公营企业的弊病所在，从而在笑声中加深对公营企业改革急迫性的认识。

那么，这则小品何以有如上这种独到的表达效果呢？

无他。乃是因为它独到的"移时"表达法的运用。

我们都知道，卓文君是汉代女子，因跟司马相如私奔而当垆卖酒。林老板是茅盾小说《林家铺子》中所写的男主角，为人和善，是中国 20 世纪 30 年代崇尚"和气生财"理念的小老板典型。阿庆嫂则是"文化大革命"期间的京剧"样板戏"《沙家浜》中的女主角，她开茶馆有句经典口号："来的都是客，全凭嘴一张。相逢开口笑，过后不思量。"至于阿信，则是描写一个女子奋斗传奇的日本电视剧经典之作《阿信》中的女主角，由日本著名女演员田中裕子饰演。至于"×号服务员"，则是 20 世纪 80 年代的中国内地公营企业女服务员。从逻辑上说，卓文君、林老板、阿庆嫂、阿信与"×号服务员"，既不是同一个时代的人，也不是同一个地域的人，那么他们是无论如何都不能凑到一起，并演出一幕戏的。然而，小品的作者将上述古今中外的各色人物拉配到一起，让他们共同演出了一场戏来比试谁的经营服务最轻松。很明显，这是作者有意突破时空界限，将古代人事现代化，将现代人事古代化，是"偷天换日"、"乾坤颠倒"的"移时"手法的运用。其目的是通过逻辑上的荒诞不经，清楚地看到公营企业与私营企业在经营效率与人事制度上存在的天然差距，从而深刻认识到公营事业单位的经营模式与人事制度需要改革的急迫性。

四、声东击西：歧疑的突破力

我们都知道，说写表达的能力固然与一个人的语言天赋有关，但也不尽然。有些天生不善言辞的人，经过系统的语言技巧训练，有时也能成为伶牙俐齿、口若悬河的演说家或辩论家。这在中外历史上都有先例，毋庸赘述。

前面我们也曾说过，语言表达除了传递信息、沟通情感等功能之外，还有博弈娱乐的功能。事实上，我们的日常生活中少不了人际摩擦，这就必然有言语博弈；作为有七情六欲的人，我们在日常生活中也少不了有郁闷苦恼的时候。这些情况下，就需要通过语言来化解。那么，如何达到"嬉笑怒骂，皆成文章"的语言表达效果、化解上述矛盾，就需要我们有创意造言的智慧了。

从先贤的语言实践中，似乎我们可以有所借鉴。诸如上述"仿讽"、"降用"、"移时"等表达法的运用，事实上都能臻至"嬉笑怒骂，皆成文章"的境界。除此，"歧疑"表达法的运用，也有这种表达效果。

所谓"歧疑"，是指一种在说写中故意"把其中关键性的部分暂时保留一下，不一口气说出来，有意地使信息接受者产生错觉或误会，然后才把那关键性的部分说出来"①，从而使接受者的心理预期落空，达到一种幽默风趣的效果。

正因为"歧疑"表达法有幽默风趣的效果，所以古往今来很多人都爱在日常交谈的言语博弈中或是写作中予以运用。下面我们来看几个成功的例证。

（一）别穿一梁山泊，则足以贮此水矣：刘贡父为国生财

> 集贤校理刘攽贡父好滑稽，尝造介甫，值一客在座，献策曰："梁山泊决而涸之，可得良田万余顷，但未择得便利之地贮其水耳。"介甫倾首沉思："然安得处所贮许水乎？"贡父抗声曰："此不甚难。"介甫欣然，以谓有策，遽问之。贡父曰："别穿一梁山泊，则足以贮此水矣。"介甫大笑，遂止。
>
> ——宋·司马光《涑水纪闻》卷十五

众所周知，宋神宗为了改变北宋开国以来国家长期积贫积弱的局面，力排众议，任用王安石进行变法革新。结果，遭到包括苏轼、司马光等异议人士的极力反对。为此，王安石与苏轼、司马光

---

① 谭永祥：《汉语修辞美学》，北京语言学院出版社1992年版，第200页。

等人都因政见不同而闹得水火不容。冷静客观地看历史，我们应该承认，王安石作为宋神宗器重的朝廷重臣，为了实现国家的富强而锐意进取，积极推行新法，为国家理财，在立意上是好的。只是因为在新法执行过程中操之过急，所以出现了不少弊病，结果遭到很多反对派人士的批评与诟病。

上引司马光笔记所记载的一则故事，其用意就是讽刺王安石变法新政的。这个故事的真实性如何，我们很难判定，但明显是在批评王安石为国开源理财走火入魔。故事中的贡父，就是跟苏轼关系很好的宋代著名文学家与史学家刘攽，他也是反对王安石新法的干将。当有客人向一心想着开辟财源的王安石建议抽干梁山泊湖水而垦万顷良田时，他明知这种想法荒诞不经，却故意表示赞同。当王安石执迷不悟而问策于他"抽干的湖水引到何处"时，他不直言本意，而是先说"此不甚难"，让王安石信以为真。而当王安石继续追问答案时，他才最终道出了真意：这种做法不可能。所谓"别穿一梁山泊，则足以贮此水矣"，弦外之音就是别吃饱了撑的，瞎折腾。事实上，贡父没有这样实话直说，而是运用了"歧疑"表达法，先肯定"梁山泊决而涸之，可得良田万余顷"这一提议的合理性。当被进一步追问具体解决之道时，他则明确答复说"此不甚难"。正当王安石听了为之欢欣鼓舞之时，他突然亮出谜底："别穿一梁山泊，则足以贮此水矣"。荒诞的解决之策，让王安石始料不及，原来的心理预期突然落空，遂不禁哑然失笑。不过，这笑是无奈的笑，也是解嘲的笑。司马光之所以要记载这则故事，恐怕也是意在嘲笑王安石变法已到了黔驴技穷的窘境吧。

（二）此只也是二两四钱：性缓人说靴价

> 性缓人买新靴一双，性急人问之曰："吾兄这靴子多少银子买的？"性缓人伸一只脚示之曰："二两四钱。"性急人扭家人便打，说："好大胆的奴才，你买靴子因何四两八钱？赚钱欺主，可恶已极。"
>
> 性缓者劝之曰："吾兄慢慢说，何必动气？"又徐伸了

一只脚示之曰："此只也是二两四钱。"

——清·程世爵《笑林广记》

现实生活中，我们每天都要与各种各样的人打交道。有的人行动风风火火，遇事急躁慌张，处事雷厉风行，这便是急性子人（"性急人"）。而有的人则不一样，说话做事都慢条斯理，不慌不忙。处事拖拖拉拉，再急的事到他那里都不会让他有急迫感。有笑话说"老虎追来了，还要看看是雄的还是雌的"，说的就是这种慢性子人（"性缓人"）。急性子与慢性子，都是先天的，是与生俱来的性格。至于生活中那些遇急事、大事而冷静，办常规事从不拖拉，做事说话不疾不徐，恰到好处的人，则是后天经过努力而修炼出来的。这种人是比较可靠的，因此在现实生活中，他们都是较容易成功的。而急性子与慢性子的人，都会在处事时闹出麻烦。因此，现实生活中我们会常常听人说到急性子与慢性子人的笑话。

上引这则故事，讲的就是急性子与慢性子人的笑话。那个"性急人"之所以生气，"性急人"的仆人之所以被打，原因都是"性缓人"惹的祸。不过，"性缓人"惹的祸不是什么大不了的祸，而是一种生活中的恶作剧，是戏谑"性急人"的文字游戏。这个文字游戏之所以读来令人发噱，乃因"性缓人"运用了"歧疑"表达法的结果。

我们都知道，在现实生活中，除了残疾人，我们正常人如果要买鞋子，都是买一双的。因此，我们问人鞋子（古代称之为"靴"，现在日本语中鞋子还是写作"靴"，即是中国古代说法的遗留）的价钱，也总是问一双之价的，绝对不会问一只鞋的价钱。这是生活常识，也是约定俗成的社会规约。但是，"这个故事中的慢性子人（性缓人）回答急性子人（性急人）的问题，却故意突破这一社会规约，不说一双靴的价格，而是先说一只靴价，让性急人误会而扭打其家人之后，才把关键的后半句说出。而当他把这后半句说出时，不仅让性急人大出意料，大呼上当，而且也让读这则故事的读者也大跌眼镜，惊叹这性缓人竟然会对靴价作如此奇特的回答。在感叹性急人上当和性急者家人白白挨打的同时，不禁哑然失笑，从而获取到了一种幽默诙谐的文本解读的审美快慰"①。由此可见，"歧疑"表达法确是制造幽默的一种有效手段。

（三）有一桩事，男人站着做，女人坐着做，狗翘起一条腿儿做：梁实秋卖关子

> "有一桩事，男人站着做，女人坐着做，狗翘起一条腿儿做。"这桩事是——握手。和狗行握手礼，我尚无经验，不知狗爪是肥是瘦，亦不知狗爪是松是紧，姑置不论。男女握手之法不同。女人握手无须起身，亦无须脱手套，殊失平等之旨，尚未闻妇女运动者倡议纠正。在外国，女人伸过手来，男人照例只握手尖，约一英寸至两英寸，稍握即罢，这一点在我们中国好像禁忌少些，时间空间的限制都不甚严。
>
> ——梁实秋《握手》

众所周知，中国是文明古国，历来讲究行为礼仪。与人交往，见面如何寒暄，行什么礼，在中国古代都是有一整套既定的规矩的。说远古的礼仪，我们大家可能都比较陌生。但说到晚清以来的礼仪，也许大家都有印象。其中，最为大家熟悉的就是抱拳礼，也叫拱手礼。直到现在，在中国北方或是一些老人中间还残留这种礼仪。

而握手礼，则是源自西洋的"舶来品"。自鸦片战争以后特别是民国初年，由于国人崇洋习气日深，行拱手礼者越来越少，而行握手礼的人则越来越多，特别是年轻人则几乎不知拱手礼为何物了。如果现实生活中真有年轻人对人行拱手礼，恐怕要被人视为"外星人"。年轻人不仅习惯了行西洋的握手礼，而且还懂得握手礼的种种规矩，如上下级之间、长辈与晚辈之间、男人与女人之间，

---

① 吴礼权：《语言策略秀》（修订版），暨南大学出版社 2013 年版，第 129 页。

谁应该先伸手，握手的松紧，手指接触的方式等等，都能通晓。

上引梁实秋的这段文字，讲的就是西洋握手礼的门法。本来，这种介绍握手礼的文字也没什么稀奇，一般人对于握手礼的规矩大致都了解一二。因此，一看"握手"这个题目，恐怕就不会有太大兴趣读下去了。但是，梁实秋先生却在全文开头第一句便紧紧地抓住了读者的心，让人不得不带着极大的好奇心读下去。

那么，梁实秋先生何以有如此的能耐呢？

无他。乃因他在行文中巧妙地运用了"歧疑"表达法，遂使平淡的叙事顿添无限的情趣。

按照一般人的行文思路，这篇文章的开头似乎应该这样措辞："行握手礼，有种种规矩，西洋人的习惯，男人之间握手，大家都要起身站着；如果是男女之间握手，则女人可以坐着；如果人与狗行握手礼，狗翘起一条腿儿。"如果真是这样四平八稳地开头，恐怕这篇文章真的没人有兴趣读下去。事实上，梁实秋先生没有这样写，而是凌空起势，突兀起语："'有一桩事，男人站着做，女人坐着做，狗翘起一条腿儿做。'这桩事是——握手"。读之令人始料不及，大跌眼镜。但仔细寻味，则忍俊不禁，为其新颖的表达而感佩不已。从结构上分析，这开头的一句，可以分为两个部分，前一部分"'有一桩事，男人站着做，女人坐着做，狗翘起一条腿儿做'"，属于"歧疑"表达法中的"造疑"，让读者经由"男人站着做，女人坐着做"二句，自然而然地根据自己的生活经验推理出"狗翘起一条腿儿做"，指的是"小便"。然而，当读者往下读时，却突然发现作者给出的答案与自己的逻辑推理大相径庭："这件事是——握手"（"释疑"），便不禁感到十分意外，原先的心理预期顿然落空。但仔细寻味，则不禁为之捧腹大笑，连呼妙哉！梁实秋的许多小品文，篇幅短小，题材寻常，却篇篇精彩，这与他善于运用特定的表达法是有密切关系的。

（四）编词典的工作不是人干的：陈原讨好同行

> 我没有编过词典，但是这些年同词典打交道打得很多，因此，我做梦也是在叫，一个字一个字地在那儿叫。可见，编词典的人多么苦。我说编词典的工作不是人干的，但它是圣人干的。（众大笑）白马非马，圣人不是人。词典是圣人干的！这是真正的人干的！他牺牲自己，为了当代，为了后代，他甘作牺牲。
>
> ——陈原《编写辞书的精神和态度》

著名史学家范文澜对于做学问，曾有一句名言："板凳要坐十年冷，文章不写一句空。"事实上，能够达到这种境界的学者是很少的。因为学者也是人，也要受到现实尘世名利的诱惑或干扰，要想耐住寂寞，"两耳不闻窗外事，一心只读圣贤书"，真的是难为他们了。正因为一般人难以做到，所以学术界真正能称得上大师的人也就凤毛麟角了。

做学问要耐得住寂寞，不容易。编词典，要耐得住寂寞，同样也是不容易的。虽说编词典不像做学问那样有艰难的考据或是百思不得其解的思辨痛苦，只是搜集资料、排比资料的简单工作，但由于比较单调枯燥，因此一般人很难坚持下去。如果没有耐心，而且没有对后学负责的责任心，那么编出来的词典必然错误百出，误人子弟、遗患无穷。

上引一段文字，便是讲编词典者艰辛工作的况味。作者陈原是内地著名的词汇学研究的专家。他知道编词典者在学术界的处境，他们长年累月做着搜集资料、撰写词目的艰辛工作，但并无什么名利可图。从学者的眼光看，他们只是将别人的研究成果汇编成词目，没有自己的创见，因此被认为是没有学术成就者，在学术界也就没有什么地位。而从世俗者的眼光来看，除了大型词典的主编尚能博得一点虚名外，其他参与工作的几十人乃至成百上千人都是默默无闻的。至于利益回报，也是非常有限的。正是基于这种情况，作者陈原在讲话中才说"编词典的工作不是人干的"。这话虽意在为大家打抱不平，但却让台下听讲的广大词典编写者心有不悦，以为在骂他们都是傻子。可是，正当大家作如此推想之时，作者却突然说"但它是圣人干的"，给出了一个与大家心理预期不一样的答案。可见，这里作者运用的是"歧疑"表达法。前句"编词典的工作不是人干的"，是"造疑"；后句"但它是圣人干的"，是"释疑"。前句的"造疑"，引起了听者错误的逻辑推理；后句的"释疑"，则让听者大出意料。前后对照中，便让听者在心理产生了极大的落差。由此，不禁哑然失笑，幽默风趣油然而生。如果作者不运用"歧疑"表达法，而是实话实说，这种学术性的讲话恐怕很难让听众开颜。

（五）老婆跟了别人好：记者的苦恼

不用说评论部的主任有多荣耀，看看管辖的四个节目，《焦点访谈》、《东方时空》、《新闻调查》、《实话实说》……管这四个节目，得应付多少人说情啊！

评论部的领导不难接近，编辑们还觉得不够味。每年春节前后，都要开个年会，名义上是总结工作、联欢，实际上是涮一把领导，争取把一年枪毙节目的不愉快都忘掉。这成了评论部的民俗，这一天，玩笑再过火，领导也不计较。狂欢密切了干群关系。

大家看看我创作的三句半，体会一下我们年会的火爆。

评论部里大联欢

男女老少尽开颜

主任亲自来参加

添乱

先吃饭来后喝酒

领导群众是朋友

谁要在这儿批评人

疯狗

三位主任很和气

又像哥哥又像弟

审完节目拍肩膀

　　"枪毙!"

　　……

东边奔来西边跑

自己小家顾不了

老婆跟了别人好

　　再找

　　　　——崔永元《不过如此》

　　在现代传媒发达的今天，电视台特别著名的主播、编辑、记者，都是社会知名度非常高的，他们的职业让无数男女心生无限的艳羡之情。然而，正如《红楼梦》里王熙凤所说的那样："大有大难，小有小难。"日常生活中，老百姓嘴里所说的"家家有本难念的经"，说的也是这个意思。虽说在著名电视台当编播或记者人前风光，但背后也有自己的辛酸与苦闷。特别是在中央电视台评论部，如果涉及敏感的意识形态问题，记者或编辑辛苦几个月做好的节目，往往被领导一句话就否定了。正因为如此，所以在电视台做记者或编辑有时也是非常郁闷的。上引这段文字，就是内地一位著名电视节目编辑和主持人心中苦闷的倾诉。

　　这段文字虽然是倾诉做电视台编播的郁闷苦恼之情，但读起来却有令人忍俊不禁的幽默风趣。那么，这是为什么呢?

　　仔细分析一下，原来是因为作者巧妙地运用了"歧疑"表达法。

　　上引这段文字中，有三个运用了"歧疑"表达法的修辞文本。第一个"歧疑"修辞文本是："评论部里大联欢，男女老少尽开颜，主任亲自来参加，添乱。"前三句是陈述事实，说的都是电视台评论部年会（台湾所说的年终"尾牙"）上的喜庆之事。依据这三句所陈述的事实，第四句从逻辑上推论，应该是表示正面评论的议论："真好"。可是，作者给出的答案却是"添乱"，突破了大家的心理预期，令人始料不及。第二个"歧疑"修辞文本是："三位主任很和气，又像哥哥又像弟，审完节目拍肩膀，'枪毙'！"前三句也是正面的叙事，含有褒义。按照这三句的事实铺垫，依照正常的逻辑推理，第四句应该说"不错"。可是，结果又大大出乎大家的意料，答案是"枪毙"（意即节目不能播出，白忙活一场了）。第三个"歧疑"修辞文本是："东边奔来西边跑，自己小家顾不了，老婆跟了别人好，再找。"前三句是陈述当电视台记者的辛苦与辛酸，第四句依正常逻辑推理，应该是感叹句："真倒霉！"但是，作者再次给出了一个出人意料的答案："再找。"很明显，上述三个歧疑修辞文本，"因为故意以前三句衬第四句，前扬后抑，前后语意出现巨大反差，使接受者的心理预期每每落空。但落空之后仔细寻思，不禁为之称妙，会心而笑。由此可见，作者所建构的上述三个"歧疑"修辞文本，不仅在表达上具有出人意表的新异性特点，而且在接受上有十分显著的幽默风趣的效果"[1]。可见，在诸如"尾牙"联欢会上运用"歧疑"表达法制造幽默，不失为一种有效的方法。

五、一行白鹭上青天：旁逸的突破力

说写表达中，除了上述"仿讽"、"降用"、"移时"、"歧疑"等表达法能够臻至"嬉笑怒骂，皆成文章"的境界，"旁逸"表达法的运用也能达到这种表达效果。

所谓"旁逸"表达法，是指一种在说写表达中"有意地离开主旨而旁枝逸出，加以风趣的插说或注释"[2]，通过"'在轨'叙写内

---

① 吴礼权：《现代汉语修辞学》（修订版），复旦大学出版社2012年版，第225页。
② 谭永祥：《汉语修辞美学》，北京语言学院出版社1992年版，第132页。

容的严肃性与'脱轨'叙写内容'插科打诨'的非严肃性所形成的格调意趣上的巨大反差"[1]，造就接受者心理上的落差，使之在回味思索中哑然失笑，在不期然间获得一种轻松愉快的审美享受的语言表达方式。

"旁逸"表达法既有如此独到的表达效果，所以古往今来很多人喜欢运用这种表达法也就可以理解了。下面我们看几个古人与今人运用这种表达法的实例。

（一）但究竟何晏搽粉不搽粉呢？我也不知道：鲁迅演说讲废话

> 何晏的名声很大，位置也很高，他喜欢研究《老子》和《易经》。至于他是怎样的一个人呢？那真相现在可很难知道，很难调查。因为他是曹氏一派的人，司马氏很讨厌他，所以他们的记载对何晏大不满。因此产生很多传说，有人说何晏的脸上是搽粉的，又有人说他本来生得白，不是搽粉的。但究竟何晏搽粉不搽粉呢？我也不知道。
> ——鲁迅《魏晋风度及文章与药及酒之关系》

上引这段文字，是鲁迅的一篇学术讲演稿中的一部分，谈到了三国时代著名的人物何晏。据史载，何晏，字平叔，南阳宛人，汉末大将军何进之孙。《魏略》记其生平事迹曰："太祖为司空时，纳晏母并收养晏，其时秦宜禄儿阿苏亦随母在公家，并见宠如公子。苏即朗也。苏性谨慎，而晏无所顾惮，服饰拟于太子，故文帝特憎之，每不呼其姓字，尝谓之为'假子'。晏尚主，又好色，故黄初时无所事任。及明帝立，颇为冗官。至正始初，曲合于曹爽，亦以才能，故爽用为散骑侍郎，迁侍中尚书。晏前以尚主，得赐爵为列侯，又其母在内。晏性自喜，动静粉白不去手，行步顾影。晏为尚书，主选举，其宿与之有旧者，多被拔擢。魏末传曰：晏妇金乡公

---

[1] 吴礼权：《现代汉语修辞学》（修订版），复旦大学出版社 2012 年版，第 220 页。

主，即晏同母妹。公主贤，谓其母沛王太妃曰：'晏为恶日甚，将何保身？'母笑曰：'汝得无妒晏邪！'俄而晏死。有一男，年五六岁，宣王遣人录之。晏母归藏其子王宫中，向使者搏颊，乞白活之，使者具以白宣王。宣王亦闻晏妇有先见之言，心常嘉之；且为沛王故，特原不杀。"从政治上看，何晏是个悲剧人物。早年官场不得意，后来虽依附曹爽而得势，累官至侍中和吏部尚书，爵在列侯，可谓风光无限，但最终却为司马氏所杀，且被夷三族。从学术上看，何晏在中国思想史上则是一个绕不过去的重要人物。他与王弼等人倡导玄学，开魏晋时期"清谈为经济"的一代风气，成为魏晋玄学的创始者之一，在当时或后世都不可不谓有深远的影响。生平所著有《论语集解》十卷、《道德论》二卷以及文集十一卷。

以上是正史所说到的何晏。至于野史上所载的何晏，则有美男子之称。《世说新语·容止》第二则就有记载何晏面白，让曹明帝深感兴趣的故事。其文曰："何平叔美姿仪，面至白。魏明帝疑其傅粉，正夏月，与热汤饼。既啖，大汗出，以朱衣自拭，色转皎然。"

鲁迅在上引文字中说到何晏面白，恐怕正是源自于《世说新语》的这则记载。我们都知道，鲁迅这篇名曰"魏晋风度及文章与药及酒之关系"的演讲，是面对大学生的学术讲演，所谈的人物都是大家比较熟悉的魏晋人物，那么怎样才能让大家打起精神听完这种比较沉闷冗长的学术讲演呢？这需要表达的艺术与智慧。看上引一段文字，我们就知道鲁迅是有表达艺术与表达智慧的。读过上引这段文字者，相信大家都会为其生动的叙事而叫好。特别是末一句"但究竟何晏搽粉不搽粉呢？我也不知道"，这突乎其然的插说，犹如飞来峰迎面飞来，让人猝不及防，惊愕不已。但惊愕之后，仔细寻味，则又情不自禁地会心一笑，为其独到的突破力所折服。

那么，鲁迅的这句插说何以有如此的突破力呢？无他。是运用了"旁逸"表达法的结果。

众所周知，我们说话也好，写文章也好，都要围绕主旨，按照一定的逻辑顺序依次表达，不能节外生枝、冲淡主旨。做学术演讲，是向听者传达演讲者学术观点的，当然更要围绕主旨，不枝不蔓。但是，有个问题也是现实的，这就是听讲者的注意力问题。从心理学的角度来说，一个人对某件事的关注，其注意力的保持是有一定限度的。时间一长，注意力就会自然分散。作为教师，我们常会见到学生上到上午第三节课时就比较容易走神，原因正在于此。学术演讲本来就比较枯燥沉闷，听起来更要打起十二分的精神不可。但即使是这样，注意力也有分散的时候。那么，演讲者怎样才能牢牢抓住听众的注意力而不让其分散呢？这是需要表达智慧的。鲁迅的智慧就是在演讲中根据听众注意力的情况适时予以调整，在叙述完何晏面白的历史事实后，突然插入"但究竟何晏搽粉不搽粉呢？我也不知道"这句题外话，其意是要"插科打诨"，调节气氛，让听众的注意力不要分散，以此保证他们继续听完下面所要讲述的学术内容，这是从心理学上来说。从修辞学上来说，这是运用"旁逸"的表达法。"但究竟何晏搽粉不搽粉呢？我也不知道"这句题外话是"脱轨"叙写，这句话之外的其他文字则是"在轨"叙事。由于"脱轨"叙写的部分与"在轨"叙事的部分在格调意趣上形成巨大反差，让听众有始料不及的突兀感，在心理上产生极大的落差。仔细寻味，则不禁为之哑然失笑，并为鲁迅的表达艺术而感佩。

（二）一无所有，从而一无所惧，运气好成了皇上：季羡林怀疑历史

> 我可真正是万万也没有想到，我能活到89岁，迎接一个新世纪和新千年的来临。我经常说到，我是幼无大志的人。其实我老也无大志，那种"大丈夫当如是也"的豪言壮语，我觉得，只有不世出的英雄才能说出。但是，历史的记载是否可靠，我也怀疑。刘邦和朱元璋等人，一无所有，从而一无所惧，运气好成了皇上。一批帮闲的书生极尽拍马之能事，连这一批人的并不漂亮的长相也成了神奇

的东西，在这些书生笔下猛吹不已。他们年轻时未必有这样的豪言壮语，书生也臆造出来，以达到吹拍的目的。

——季羡林《过年的感觉》

中国历代的读书人都在不同程度上鄙视汉高祖刘邦与明太祖朱元璋，原因就在于他们并不是名门之后，也没有什么文化。其实，这是中国读书人的偏见。中国历来的读书人大多都是社会弱势人群，原因是他们有与生俱来的弱点："患得患失"，想得多，做得少，没有行动力，做事没有执行力。所以，中国古代便有一句话："秀才造反，十年不成。"刘邦与朱元璋造反都成功了，都做了开国之君，而且在历史上还颇有成就，就是因为他们虽没多少文化，却有敢作敢为的胆略，少了很多读书人患得患失的毛病。

当然，中国历代读书人看不起刘邦、朱元璋的有很多，但刘邦、朱元璋成功之后，曲意逢迎、献媚阿谀者也大有人在。上引季羡林的一段文字："历史的记载是否可靠，我也怀疑。刘邦和朱元璋等人，一无所有，从而一无所惧，运气好成了皇上。一批帮闲的书生极尽拍马之能事，连这一批人的并不漂亮的长相也成了神奇的东西，在这些书生笔下猛吹不已。他们年轻时未必有这样的豪言壮语，书生也臆造出来，以达到吹拍的目的"，批判的正是这种情况。

这段文字虽然读来令人有酣畅淋漓的感觉，但从全文所要表达的主旨来看，却并非是切题之议论，因为这篇文章是谈"过年的感觉"，与评论历史人物无关。那么，作者为什么要在文中插入这些无关主旨的话呢？

仔细分析，我们就会发现，这些无关主旨的文字并非废话，而是"有所为而为"的修辞行为，是"旁逸"表达法的运用。也就是说，"历史的记载是否可靠，我也怀疑。刘邦和朱元璋等人，一无所有，从而一无所惧，运气好成了皇上。一批帮闲的书生极尽拍马之能事，连这一批人的并不漂亮的长相也成了神奇的东西，在这些书生笔下猛吹不已。他们年轻时未必有这样的豪言壮语，书生也臆造出来，以达到吹拍的目的"这一大段文字，是作者有意创造的一个"旁逸"修辞文本。因为这段"旁枝逸出"的文字，在逻辑上与文章主旨并无关联，在表意上也并非必不可少。尽管如此，但它却有着不可抹杀的独特效果。因为"从表达上看，这一修辞文本的建构突破了整个段落乃至整篇文章正常平实叙述的冗长沉闷而别添了叙写的活力，使文本生动而富情味，谈笑间对那些帮闲书生的无聊无耻行径进行了无情的嘲弄；从接受上看，由于整个段落乃至整篇文章'在轨'叙写内容的严肃性（谈老年与人生问题，随意中别含深意深沉）与这一修辞文本'脱轨'叙写的非严肃性所形成的格调意趣上的巨大反差，自然使接受者心理产生巨大的落差，于文本思考中不禁哑然失笑，由此便在文本解读接受中获取到一种幽默风趣的审美享受"①。读季羡林的散文，很多人都觉得有一种散漫的感觉。其实，这是一种错觉。季羡林的散文，仔细品味，还是蛮有味道的，文字技巧上也是颇为讲究的，只是不刻意追求，保留一种"采菊东篱下，悠然见南山"的自然美。

（三）要是生在今天，在文协担当一个什么理事之类，不会有人撇嘴：李国文借古讽今

> 历史的对比效应，有时很有意思，嘉靖这两位臣下，一个贪赃纳贿，藏镪亿兆；一个家无长物，死无殓资。尽管如此水火不容，但这也能找到共同点，他俩都是进《四库全书》的文人。一为铮铮风骨的文章高手，一为贪赃枉法的词赋名家，舍开人格不论，在文品上，两人倒也旗鼓相当，不分伯仲。要是生在今天，在文协担当一个什么理事之类，不会有人撇嘴，说他们尸位素餐。至少，他们真有著作，这是一；他们有真著作，这是二；比那些空心大老、附庸风雅、小人得志、自我爆炒者，强上百倍。

> ——李国文《从严嵩到海瑞》

---

① 吴礼权：《现代汉语修辞学》（修订版），复旦大学出版社 2012 年版，第 220 ~ 221 页。

中国是一个文化积淀深厚的文明古国，中国古典文学所取得的辉煌成就举世瞩目，这些都是众所周知的。但是，中国的现代文学，特别是当代文学，真正能进入世界文学之林并屹立其中的作品，则寥若晨星。这是客观存在的事实，是无人能够否认的。据说，当代德国汉学家、波恩大学中文系教授沃尔夫冈·顾彬（Wolfgang Kubin）曾经颇为偏激地说过："中国当代文学都是垃圾"。虽然后来有媒体报道说，顾彬明确表示没有这样说过，只是说某些中国作家的作品是垃圾。但是，在后来一次顾彬接受内地《环球时报》记者采访时，却明明白白地说，中国有几百万作家，但大多是骗子。这又分明是在说"中国当代文学都是垃圾"，因为大多数作家都是骗子，那作品不是垃圾是什么？

对中国内地文坛有所了解者，对于顾彬的话说得到底对不对，其实心中都有数。上引一段文字中，内地著名作家李国文笔触所及，已经对此问题作了回答。

上引李国文的一段文字，其主旨是说海瑞和严嵩二人，一是彪炳青史的清官，一是千古唾弃的贪官。从人品上看，二人的高下优劣不可同日而语；但是，从文品和文学成就上看，二人则是旗鼓相当，各有其独到的文学成就。这篇文章的题目是"从严嵩到海瑞"，主要是评论严嵩和海瑞二人的。按照写文章的正常思路，文章主要是写二人的生平行事，在对比中予以评判。上引文字中有云："历史的对比效应，有时很有意思，嘉靖这两位臣下，一个贪赃纳贿，藏镪亿兆；一个家无长物，死无殓资。尽管如此水火不容，但这也能找到共同点，他俩都是进《四库全书》的文人。一为铮铮风骨的文章高手，一为贪赃枉法的词赋名家，舍开人格不论，在文品上，两人倒也旗鼓相当，不分伯仲"，这就是叙事后的评判。行文至此，可谓文到意足矣，作者应该就此打住，继续往下叙写。然而，出人意料的是，作者突然毫无预兆地在此就事论事的评论文字后加了这样一大段文字："要是生在今天，在文协担当一个什么理事之类，不会有人撇嘴，说他们尸位素餐。至少，他们真有著作，这是一；他们有真著作，这是二；比那些空心大老、附庸风雅、小人得志、自我爆炒者，强上百倍"。任何读者都能看出，这一大段文字从逻辑上看，根本就与上述评论的主旨无关，是莫名其妙的议论，明显脱离了全文所欲表达的主旨，似乎是废话。但是，仔细体味一下，似乎并不尽然，而是别有微言大义在其中。因为从修辞上看，这段脱离文章主旨的议论，是作者运用了"旁逸"表达法的修辞文本。"在表达上，它突破了全文平实直叙的冗长与沉闷，增添了叙写的活力，生动地再现了而今文坛风气大坏，无学问而有手段的小人附庸风雅，得意非凡地跳窜于文坛之上，搞得文坛乌烟瘴气的社会现实情况；在接受上，前文'在轨'叙写的一本正经与后文'出轨'叙写的'插科打诨'形成了格调意趣上的巨大反差，导致了接受者接受心理上的巨大落差，在文本思味中不禁一笑。其对当今文坛的无情揭露与嘲弄，调侃之中见深沉，幽默之中有苦痛，令人感慨，更发人深省，使接受者由此获取了文本解读接受中的幽默风趣和讽嘲快感的审美享受。"[①] 理解到这一层，我们就会恍然大悟，原来这是作者顺手牵羊、嘲讽世情的妙笔。

（四）我的这点研究心得，原是不想发表的：不该泄露的天机

> 这几年，我留心研究各地的宦情，发现最容易升官进班子的，是略显一点才干而又干得不多，略有一点原则而又不大坚持，略闻名于上下而又不入矛盾漩涡，略接近领导而又不靠得太紧的有心人。倘能掌握这个分寸，则深得"市隐"与"朝隐"之三昧，离终南快捷方式不远矣！我的这点研究心得，原是不想发表的，原因是说不定将来用得着，如今终于憋不住说出来了，如何是好呢？
>
> ——罗荣兴《升官的"快捷方式"》

中国民间自古以来就有一句话，叫作"升官发财"。我们都知

---

① 吴礼权：《现代汉语修辞学》（修订版），复旦大学出版社 2012 年版，第 221～222 页。

道，人活世上，无非为了"名"、"利"二字。但是，"名"、"利"二者兼得，恐怕很多人都难达到。所以，看重利的做生意，看重名的著书立说或从事艺术创作（如绘画等）。但有一种营生，则可以"名"、"利"兼得，这就是做官。中国自古以来就是"官本位"的国家，得个一官半职，便能光宗耀祖，整个家族都觉得是无上光荣。可见，做官是得"名"之终极快捷方式。做官就是掌权，有权就有人愿意跟你进行权钱交易。因此，做官是最大的买卖，获利最容易。在中国内地，常常听西部地区或内陆省份的朋友说，他们那里的民风就是喜欢做官，不管是谁，都想捞个一官半职。因此，为了求官，贿赂公行，贪污成风。开始我们沿海城市的人都不理解，觉得做官不自由，挣钱也未必比做生意的多。在沿海城市，老百姓的概念中只有钱，而无什么省长、市长等。在上海，很多市民都知道世界上有哪些富翁，中国富翁中前几名是谁，每天的股市指数是多少，就是不知道中央政府都有哪些首长，上海市政府又有哪些领导。而在西部地区或内陆省份，因为经济不发达，无生意可做，因此要想发财，也只有一条路：做官。当上官，然后贪污受贿，终至发家致富。

　　不过，话又说回来，做官好处虽多，但并非是想做就能做到。也就是说，做官也是一种本事，一种水平极高的人生艺术。在中国历史上，在当今的现实生活中，我们都能看到这样一种现象：做长官的往往并不是工作能力最强的，往往是水平低的人领导水平高。比方说，韩信很会带兵，战功卓著。刘邦根本不知道怎么打仗，人品、素质又差。但是，刘邦领导韩信，做了大汉开国之君后，就杀了韩信。而与刘邦相对的楚霸王项羽，家庭出身好，人品素质好，"力拔山兮气盖世"，战场上勇冠三军，又有谋略。可是，这么一个才华横溢的大英雄，却被无赖刘邦给打败了，结果自刎于乌江边，令千古以降无数正直之士扼腕长叹，为其打抱不平。在现实生活中，情况亦然。公司里销售成绩好的，不一定是领导；在大学里，学术水平高的，人品好的，不一定当上校长或是院长。所以，在内地有一句笑话，每当有小孩子不好好读书时，父母就会恫吓孩子说："你现在不好好学习，长大了什么也做不了，只好送你当官去了。"

历史与现实都一再证明，当官者未必都是才能与人品高于常人的，相反却是低能与无耻者居多。尽管如此，但我们必须承认一个事实：做官者也是有本事的。他的本事就是玩人，玩人于股掌之上，不可谓没本事。在这个世界上，会做事的人算是能人，会玩人的人则更是能人。要想当官，就要有会玩人的本事，否则就进不了衙门，做不了面南坐北的官老爷。那么，如何才能当官呢？在上引一段文字中，作者所总结的规律："最容易升官进班子的，是略显一点才干而又干得不多，略有一点原则而又不大坚持，略闻名于上下而又不入矛盾漩涡，略接近领导而又不靠得太紧的有心人。倘能掌握这个分寸，则深得'市隐'与'朝隐'之三昧，离终南快捷方式不远矣"，可谓为有志做官或想升官者提供了一个很好的范本，称之为做官升官指南或手册，亦不为过也。事实上，揆之于现实，现今混迹于官场且混得步步高升者，往往并不是专业能力最强、人品最好的、知名度最高的，而是能力一般，却很会溜须拍马，见风使舵，没有原则，没有担当，专会说套话、假话、大话的人。所以，在中国内地有一句讽刺做官者的话："做官一张嘴，升官一双眼。"意思是说，有一张会说假话、大话、空话的嘴，一双会见风使舵的眼，在官场上就无往而不利了。上引罗荣兴《升官的"快捷方式"》，说的正是这种情况。作者总结这些现象，其意并不是为了给人们如何升官提供指导，而是讽刺官场现状，其立意与主旨倾向是严肃的。因此，读之不禁令人为中国的前途担忧，为官场黑幕而切齿痛恨。如果文章就此结束，那么我们在忧虑一阵、痛恨一阵之后也就忘了。可是，作者创作这则小品却是要让读者永远记住作品的寓意。为此，他在文章结束时缀上了一条欲盖弥彰的"小尾巴"："我的这点研究心得，原是不想发表的，原因是说不定将来用得着，如今终于憋不住说出来了，如何是好呢。"这个"小尾巴"看似画蛇添足，实则正是这则小品令人难忘的关键所在。它是运用"旁逸"表达法建构的修辞文本，通过"插科打诨"的表达，以格调意趣的谐谑性与前文表达内容的严肃性形成强烈的反差，让读者有一种猝不及防的突兀感。等到他们从惊愕中醒悟过来时，再细细体味，则不禁发出会心的一笑，为作者那充满睿智的讽刺艺术而折服。

（五）当红太阳从东方冉冉升起的时候：国文老师的噱头

> 　　一个小学语文老师，上课时给学生读一篇文章，当他读到"当红太阳从东方冉冉升起的时候"忽然停了下来，问学生："什么叫冉冉升起？"还未等学生回答，他又说，"好比一个学生剃了个光头，躲在讲台后面，当我读到'红太阳从东方冉冉升起的时候'，他便慢慢地把和尚头从讲台底下冒出来，这就叫'冉冉升起'。"学生听了，哄堂大笑。
>
> ——高胜林《幽默技巧大观》

只要不是从未进过学堂的文盲，相信他都会对小学语文教学的往事，特别是那些与课文相关的人与事，以及教师如何教课文的种种，留下深刻的印象。

众所周知，小学语文课的重要目标是汉字教学与课文诵读。汉字教学，一点一撇，一横一竖，一钩一捺，没有什么技巧可以讲究，需要学生死记硬背，一个字一个字地记住。而课文诵读，目的是培养小学生对于汉语字词句的理解，熟悉汉语语法与修辞的基本规律。为此，如何教读课文，就成了小学语文教师的一项重要内容。

教读小学语文课文，大多数老师的做法是，自己先朗读一遍，然后再一句一句地读，让学生跟读。最后，则让学生自己诵读。这种教学方式，自晚清西方新式教育引进以来，直到如今，似乎是一种既定的课文教读规范。不过，大家也都知道，这种方式虽成规范，却并不受小学生们的欢迎，这也是事实。上引一段文字，讲的正是小学老师教读课文的事。虽然这位老师的教读很不符合既有的教学规范，在给学生朗读课文时，他并不"照本宣科"，而是边读边解释，更兼"插科打诨"。可是，结果却很让学生们开心，教学效果非常好。

那么，这是什么原因呢？

仔细分析一下，我们就会发现，这位小学老师教读课文效果很好，实际上是与他成功运用"旁逸"表达法有关，是一种将"旁逸"表达法活用到教学活动中的创举。

我们都知道，人的注意力是容易分散的，特别是小学生意志力不够坚定，很难长久维持注意力的集中。因此，小学生在课堂上走神乃是"司空见惯寻常事"。小学老师对此深感头痛，却也毫无办法，因为这是人的生理与心理现象，无法改变。不过，正如中国有句老话所说："事在人为。"如果是懂心理学且有丰富教学经验的小学老师，对此还是有办法的。上引故事中的那位小学语文老师，就是个很懂教学规律的老师。他知道，如果他照本宣科，从头到尾将课文读完，即使是字正腔圆，声情并茂，恐怕并不是所有学生都有兴趣听下去，因为这种朗读技巧太寻常了，学生听多了，也就产生了"审美疲劳"。可喜的是，这位老师很懂学生的心，所以在读到"当红太阳从东方冉冉升起"的时候，有意"旁枝逸出"，岔开正题，中止正常朗读，猝不及防地向学生提了一个问题，并创造了一个"比喻"修辞文本："好比一个学生剃了个光头，躲在讲台后面，当我读到'红太阳从东方冉冉升起的时候'，他便慢慢地把和尚头从讲台底下冒出来，这就叫'冉冉升起'。"通过这个比喻文本的诠释，生动形象地讲清了"冉冉升起"的含义。由于这种教学方法突破了学生寻常的思维定式，让学生始料不及，加上这插说文本本身诙谐有趣，与所朗读的课文在格调意趣上的严肃性形成了强烈的反差，让所有学生都大感意外，遂有了"哄堂大笑"的教学效果。

参考文献

1. （春秋）左丘明：《左传·襄公二十五年》。

2. （三国魏）曹丕：《典论·论文》。

3. 辞海编辑委员会编《辞海》（缩印本），上海辞书出版社1990年版。

4. 中国社会科学院语言研究所词典编辑室编：《现代汉语词典》（第六版），商务印书馆2012年版。

5. 吴小如等撰：《汉魏六朝诗鉴赏辞典》，上海辞书出版社1992年版。

6. 萧涤非等撰：《唐诗鉴赏辞典》，上海辞书出版社1983年版。

7. 缪钺等撰：《宋诗鉴赏辞典》，上海辞书出版社1987年版。

8. 唐圭璋等撰：《唐宋词鉴赏辞典》，上海辞书出版社1988年版。

9. 林语堂著，郝志东等译：《中国人》，浙江人民出版社1988年版。

10. 陈望道：《修辞学发凡》，上海教育出版社1997年版。

11. 朱光潜：《朱光潜美学文集》（第一卷），上海文艺出版社1982年版。

12. 朱东润主编：《中国历代文学作品选（上编）》（第二册），上海古籍出版社1979年版。

13. 朱东润主编：《中国历代文学作品选（中编）》（第一册），上海古籍出版社1980年版。

14. 朱东润主编：《中国历代文学作品选（中编）》（第二册），

上海古籍出版社 1980 年版。

15. 李泽厚：《中国古代思想史论》，人民出版社 1986 年版。

16. 蒋孔阳：《美学新论》，人民文学出版社 1993 年版。

17. 邱明正：《审美心理学》，复旦大学出版社 1993 年版。

18. 倪宝元：《修辞》，浙江人民出版社 1980 年版。

19. 谭永祥：《汉语修辞美学》，北京语言学院出版社 1992 年版。

20. 沈谦：《林语堂与萧伯纳——看文人妙语生花》，台湾九歌出版社 1999 年版。

21. 沈谦：《修辞学》，台湾空中大学印行 1996 年版。

22. 沈谦：《〈文心雕龙〉与现代修辞学》，台湾益智书局 1990 年版。

23. 李定坤：《汉英辞格对比与翻译》，华中师范大学出版社 1994 年版。

24. 童山东、吴礼权：《阐释修辞论》，首都师范大学出版社 1998 年版。

25. 吴礼权：《现代汉语修辞学》（修订版），复旦大学出版社 2012 年版。

26. 吴礼权：《修辞心理学》（修订版），暨南大学出版社 2013 年版。

27. 吴礼权：《言语交际与人际沟通》，暨南大学出版社 2013 年版。

28. 吴礼权：《语言策略秀》（修订版），暨南大学出版社 2013 年版。

29. 吴礼权：《口若悬河：演讲的技巧》（修订版），暨南大学出版社 2014 年版。

30. 吴礼权：《能说会道：说话的艺术》（修订版），暨南大学出版社 2014 年版。

31. 吴礼权：《唇枪舌剑：言辩的智慧》（修订版），暨南大学出版社 2014 年版。

32. 吴礼权：《传情达意：修辞的策略》（修订版），暨南大学出版社 2014 年版。

33. 吴礼权：《委婉修辞研究》，山东文艺出版社 2008 年版。

34. 吴礼权：《中国言情小说史》，台湾商务印书馆 1995 年版。

35. 吴礼权：《远水孤云：说客苏秦》（简体版），云南人民出版社 2011 年版。

36. 吴礼权：《冷月飘风：策士张仪》（简体版），云南人民出版社 2011 年版。

37. 刘德岑：《刘子翚〈汴京纪事〉诗笺注（上）》，《西南师范大学学报》（人文社会科学版）1983 年第 4 期。

38. 吴礼权：《南北朝时代列锦修辞格的转型与发展》，《楚雄师范学院学报》2009 年第 8 期。

39. 吴礼权：《从〈全唐诗〉的考察看盛唐"列锦"辞格的发展演变状况》，《阜阳师范学院学报》（社会科学版）2010 年第 1 期。

40. 吴礼权：《从〈全唐诗〉所存录五代诗的考察看"列锦"辞格发展演进之状况》，《湖南科技大学学报》（社会科学版）2010 年第 1 期。

41. 吴礼权：《从〈全唐诗〉所录唐及五代词的考察看"列锦"辞格发展演进之状况》，《楚雄师范学院学报》2010 年第 1 期。

后 记

这套名曰"语言力"的学术随笔丛书，第一辑四本，今日终于全稿杀青了。这既让我大大松了一口气，也让我心中有些惴惴不安。

之所以会觉得大大松了一口气，是因为自从 2009 年接受了台湾商务印书馆写作这套学术随笔丛书的约稿任务后，一直觉得时间紧迫，怕难以在约定的时间内完成任务。大凡在大学里工作的，都知道做教授并不是清闲的差事，既要指导博士生、硕士生，又要给本科生上基础课、专业选修课，同时还得完成相关科研任务。至于发表学术论文、出版学术专著，那是做教授的"题中应有之义"。完成既定的教学与科研任务，如果不振作精神，非常努力、非常勤奋，已经不易了，更遑论再分出精力写作学术随笔了。2011 年 8 月，这套丛书的第一本《表达力》经过近三年的艰苦努力，才脱稿出版。但另外两本——《说服力》与《感染力》，则一直难以完成。为了兑现当初向台湾商务印书馆李俊男先生许下的诺言，最近几年我算是最大限度地透支了并不充沛的精力与有限的睡眠时间。多少次，我想放弃这套丛书的写作；但是，多少次又自己说服自己重新鼓起勇气。因为我向来重然诺，重视朋友情谊，凡是我答应的事，不管多苦多难，我也要强迫自己完成，兑现诺言。我的性格是宁可为难自己，绝不为难朋友。如今，我终于克服重重困难完成了任务，自然有一种卸下重负的轻松之感。所以，才说今天我大大松了一口气。

之所以会有一种惴惴不安的心理，那是因为怕这套丛书出版面世后不能让读者诸君满意。如果让读者诸君破费了，却又不能让大家有所收获，那我心里会不安的。承蒙广大读者的不弃与热情鼓励，在此之前我所出版的几十种书，无论是学术著作，还是学术随笔，都有多次印刷与再版的机会。也就是说，有不少读者买过我的书、读过我的书，对我予以了热情的支持与鼓励。今年我将届"知天命"之年，如果现在所写的这套学术随笔达不到"庾信文章老更成，凌云健笔意纵横"（杜甫《戏为六绝句》）的境界，甚至还不及年少轻狂时所写的，那就太对不起读者诸君了，当然也是对不起我自己的良心。正因为如此，写完了这套丛书，搁笔轻松了一会之后，我心里又惴惴不安起来。

其实，我有一百个理由不再写学术随笔了。但是，人性总有一些弱点，往往经不起诱惑。因为以前所写的学术随笔都被广大读者认同，有些畅销二十余年还势头不减，所以就经不起出版界朋友的恭维，有时还不免有些得意并飘飘然起来。于是，有了一次就有了第二次，答应了这个朋友，就会答应另一个朋友，以致活儿越接越多，人也越搞越疲惫，心理压力也越来越大。其实，这一切追根溯源，都是年少轻狂时惹的祸。1989 年 5 月，当时我正要从复旦大学中文系硕士研究生毕业，听人说复旦历史系顾晓鸣教授正在主编一套"中国的智慧"丛书。那时，真是"初生牛犊不怕虎"，也可以说是"年少轻狂不要脸"，竟然千方百计打听消息，跑到顾晓鸣教授府上，毛遂自荐，要求也写一本。当时应约写稿的都是教授或年轻成名的才俊，我一个"愣头青"的学生竟然也想挤进去，现在想来还觉得是不知天高地厚。顾晓鸣教授那时非常有名，没想到竟然答应了。于是，我便写出了一本名曰"游说·侍对·讽谏·排调：言辩的智慧"的小书，有十五六万字，由浙江人民出版社于 1991 年出版。又是没想到，这本书竟然大获成功，一印再印，前后发行了十几万册。不久，版权就被引进了台湾，由台湾国际村文库书店出版，成为台湾书市上的畅销书。更没想到的是，2009 年 2 月至 6 月，我在台湾东吴大学担任客座教授时，课余逛台北书店，竟然发现将近二十年前出版的这本小书还在热卖，而且有新潮社、台原出版社等四个版本。这是第一次写学术随笔的经历。第二次经历，则是被动的。2000 年 11 月，国家广播电影电视总局、中国广播电视学会、主持人节目研究委员会在上海举办了一次"全国广播电视节目主持人充电班"，我应邀给学员们作了一次题为"语言表达策略与语言接受心理"的讲座。没想到，讲座还挺受这些在电视上口若悬河的节目主持人的喜欢。课后，他们纷纷要我的讲稿。因为讲稿写得很匆忙，也不完整，很多东西都是讲课时即兴发挥的，所以我就不愿将讲稿复印给他们，只是说等整理成书后送给大家。其实，当时只不过是敷衍，根本没考虑真要将讲稿修改出版面世。但是，后来又是凑巧，2001 年 9 月，上海文化出版社社长郝铭鉴先生计划出一套语言类丛书，名曰"今日说话"，邀约了包括我与易中天等四位学者各写一本。这样，我便鼓起勇气，真的将演讲稿修改成了一本书，名曰"妙语生花：语言策略秀"，于 2002 年 9 月出版。由于装帧与插图都非常有创意，这本小书很快就赢得了读者的好评，不久 7 000 册就售罄，后来还加印了几次，成了当时的畅销读物。我在复旦大学上"修辞学研究"课时，学生在桌底下偷看这本小书。被我发现后，她们大方地秀给我看，说这本书写得比我上课讲的内容好。由于销售情况一直较好，2008 年，上海文化出版社又让我修订出版了增订本，虽然内容增加了三分之一，让读者破费不少，但还是颇受欢迎。第三次也是被动的，而且是以丛书的形式来写。2003 年夏，吉林教育出版社想组织一套语言方面的丛书，看到我的《妙语生花：语言策略秀》一直在热卖，所以就找到我，让我一人写一套丛书。因为之前跟吉林教育出版社有长期的学术著作出版合作友谊关系，责任编辑张景良先生是我的老友，于是当时也就出于盛情难却的心情，慨然答应了。经过艰苦的努力，终于完成了任务。2004 年 1 月，"中华语言魅力"丛书一套三本就出版面世，分别是《传情达意：修辞的策略》、《能说会道：表达的艺术》、《口若悬河：演讲的技巧》。这三本学术随笔同样获得了意想不到的成功，出版之后不断获奖，有吉林省政府奖、吉林省长白山优秀图书一等奖、吉林省首届"新华杯"读书节读者最喜爱的十种吉版图书奖和吉林省新闻出版奖的图书精品奖。大概是因为受读者欢迎，所以就有点"酒香外溢"的效果，从 2009 年开始，台湾商务印书馆、香港商务印书馆两大顶级出版社就陆续与我接洽这套学术随笔丛书以及之前的《妙语生花：语言策略秀》的版权问题。但是，由于当时我与吉林教育出版社、上海文化出版社的版权合同期未到，当时的版权交易并不顺利，这就拖了下来。2012 年，我在上海文化出版社出版的《妙语生花：语言策略秀》合同期满，香港商务印书馆如愿获得了这本书的版权，在香港出版发行了此书的繁体版，更名为"中文活用技巧：妙语生花"。出版半年后，香港商务印书馆会计科跟我结算版税收入，仅半年就销售了 1 000 多册。在香港这种弹丸之地，这实在不是一个很小的数目了。2012 年 11 月 11 日《文汇报》第 8 版"笔会"刊载香港作家联会会长彦火的文章《莫言的书在港台》，文中介绍说，2012 年获得诺贝尔文学奖的莫言，其小说在 20 世纪 80 年代引进香港后，直到他获奖之前的几十年时间，才卖出 300 多本而已。可见，香港的图书市场是多么小。我的这本小书进入香港书市能有如此成绩，实在让我受宠若惊，也深受鼓舞。之后，我又将几本版权期限将到的学术随笔授权给了香港商务印书馆，现在正在编辑出版之中。2014 年，我与吉林教育出版社的出版合同也期满了，香港商务印书馆又获得了"中华语言魅力"这套丛书的版权，目前已经出版了其中一种的繁体版《演讲的技巧》，也是甫一上市就受追捧，《澳门日报》上还有书评赞扬。至于台湾商务印书馆，虽然没能获得我的这些学术随笔的版权，但它是我的老主顾，我的八部学术著作都是在那里出版的。所以，台湾商务印书馆的编辑自有办法。2009 年我在台湾东吴大学做客座教授时，当时的主编李俊男先生在引进"中华语言魅力"丛书未果的情况下，约请我另写三本，并给我命了题，分别是"表达力"、"说服力"和"感染力"。我完成东吴大学客座教授任期回到大陆后，在他的督促下，2011 年《表达力》完成并出版，在台湾相当受欢迎，多次加印。但是，由于精力实在有限，剩下的《说服力》、《感染力》二书则一直未能及时完成。2012 年，上海的一家出版社希望我能为其写一套类似的学术随笔丛书，我顺口说到了原本答应台湾商务印书馆的"语言力"丛书。结果，相关编辑就追着我要这套丛书。这样，我才将先前答应台湾商务印书馆但实际已经搁置的《说服力》、《感染力》二稿重新写起来，并计划将《表达力》一书的简体版权从台湾赎回来。这样，一来可以兑现当初应允台湾商务印书馆李俊男先生的诺言，二来可以完成那家出版社编辑的约稿任务。

暨南大学出版社人文社科分社社长杜小陆先生，是我多年的莫逆之交，他早就跟我约定，要将我所有书的版权一并囊括到暨南大学出版社旗下。2013 年暨南大学出版社开始推出我的著作集，第一辑共 23 本已经陆续推出了其中的 11 本。在此过程中，小陆三天两头打电话给我，既谈出版、校对等事务，也谈我著作第二辑的入选书目问题。一次，他问我目前在做什么，我顺口说了正在写作中的《说服力》、《感染力》二稿。小陆对此表现了极大的兴趣，说："怎么只写两本呢? 写三本就成一套丛书了。"我告诉他，这是台湾商务印书馆约的一套丛书，第一本《表达力》已经出版，而且加印了几次，在台湾卖得很好。他问这一套丛书的简体版权是否可以给暨南大学出版社，我告诉他简体版权已经答应给上海的一家出版社了。他问有没有签约。我说没有，只是跟编辑朋友的口头协议。之后，小陆多次打电话来，对这三本书稿念念不忘，并且给我取好了丛书名"语言力"，又谈了他如何做好这套丛书的设想。我听了非常动心，觉得小陆真有出版人的眼光与智慧。但是，说到最后，我还是没有答应他的要求。因为我与上海那家出版社的编辑是多年好友，《说服力》、《感染力》二稿如果不是她再三催促，我就不会下决心继续写完。现在既然快写完了，这套丛书的简体版权就应该归她。虽然版权归属当初我们只是口头约定，没有形成书面合同，但出于道义与践行诺言的考虑，我仍准备将此套丛书给她。小陆真是有韧性，之后，他还是三天两头打电话过来，每次都提到这套丛书。中国有句老话叫作"世事难料"。没过几个月，当我将《说服力》、《感染力》二稿写完并修改好时，情况发生了戏剧性的变化。上海的那家出版社出现了很大的人事变动，原来负责选题的领导不在岗位了，约稿的编辑与新任负责人不能达成默契，无法兑现今年出书的诺言。我了解了情况后，立即试探着跟她商量，是否可以撤回我们原来的约定，因为暨南大学出版社坚持要出版这套丛书，并且能够满足我的要求，答应在今年最短的时间内出书。为了安抚她，我答应再报一个选题计划给他们，如果出版社能通过，我再践前约，以弥补前次约定不能兑现之遗憾，也算是对得起朋友了。经过努力，双方达成谅解，这样，暨南大学出版社再次获得我的一套丛书的出版权。

而今，经过近三年的努力，《说服力》、《感染力》二书写出来了，《表达力》的简体版权也已经赎回了。这样，我就既满足了杜小陆先生的要求，也兑现了当初应允台湾商务印书馆主编李俊男先生的诺言，已经写出的《说服力》、《感染力》二书繁体版权归台湾商务印书馆，他所约定的一套丛书算是齐全了。在写作《说服力》、《感染力》二书时，我顺便对已经出版的《表达力》一书进行了修订，使三本书中的相关内容有所呼应，形成一个体系。这样，原版《表达力》中的相当一部分内容被删除或并入《说服力》、《感染力》二书中，修订版《表达力》则另增了新内容、新语料。在此，特别予以说明。

另外，还要说明的是，书稿定稿交到暨南大学出版社后，没几天小陆打电话过来，说已经在编排了。又过了几天，小陆说在编排过程中发现《表达力》内容特别多，字数是《说服力》、《感染力》二书的总和。于是，小陆又打电话来讨论，问我是否可以将《表达力》一书拆分为两本，这样就可以将"语言力"丛书由三本变成四本。我喜欢心理分析，知道小陆潜意识中有一个想法，就是想将"语言力"丛书与之前刚由他策划出版并且正在热销的"中文表达技巧"丛书四本匹配。我仔细分析了《表达力》一书的内容，觉得确实可以再拆分。拆分变成两本后，就可以在字数、规模上与《说服力》、《感染力》二书匹配了。这样，我便在小陆的"策划"下，对《表达力》一书的内容进行了拆分，并作了必要的章节调整与文字修改，变成《表达力》与《突破力》二书。

正当我庆幸"语言力"丛书终于完成，可以好好休息一下时，没过多久，小陆又来电话说，这套丛书好像还是没有写完，问我是否索性将它写全了。我想了几天，觉得有道理。于是，经过几次电话讨论，最终确定"语言力"丛书再加写四本，分别是《说明力》、《辩驳力》、《沟通力》、《理解力》。这样，我刚松下的一口气，又得提起来了。任务尚未完成，只得继续努力。

最后，衷心感谢台湾商务印书馆多年来对我一以贯之的热情支持，感谢李俊男先生当年给我的命题作文。同时，也感谢暨南大学出版社领导和人文社科分社社长杜小陆先生对我一以贯之的支持，感谢他们对我这套小书如此有信心。当然，也要感谢上海那家出版社的朋友，如果没有她当初的约稿与督促，这套"语言力"丛书就不会诞生。如果没有压力，《说服力》、《感染力》二书就不会完稿；而没有这二书的完稿，这套丛书就不能出版发行。

说到这里，我突然想起两个汉语成语，即"一箭双雕"、"一石二鸟"。这套"语言力"丛书，到底算是猛禽类的"雕"，还是麻雀类的"鸟"，则是要由读者诸君判断的。不过，就我个人而言，现在总算一举完成了两件任务。所以，也还算是很安慰的。如果这套小书面世后能让读者满意，那我就更加感到安慰了。

吴礼权
2015 年 8 月 25 日于复旦大学

吴礼权主要学术论著一览

一、主要学术著作

1. 《游说·侍对·讽谏·排调：言辩的智慧》（专著），浙江人民出版社，1991 年 10 月版。

2. 《中国历代语言学家评传》（合著），复旦大学出版社，1992 年 1 月版。

3. 《世界百科名著大辞典·语言卷》（合著），山东教育出版社，1992 年 11 月版。

4. 《中国智慧大观·修辞卷》（专著），浙江人民出版社，1993 年 8 月版。

5. 《言辩的智慧》（繁体版，专著），台湾国际村文库书店，1993 年 8 月版。

6. 《中国笔记小说史》（繁体版，专著），台湾商务印书馆，1993 年 8 月版。

7. 《中国言情小说史》（专著），台湾商务印书馆，1995 年 3 月版。

8. 《中国修辞哲学史》（专著），台湾商务印书馆，1995 年 8 月版。

9. 《中国语言哲学史》（专著），台湾商务印书馆，1997 年 1 月版。

10. 《中国笔记小说史》（简体版，专著），（北京）商务印书馆，1997 年 8 月版。

11. 《公关语言学》（合著），北京工业大学出版社，1998 年 3

月版。

12.《中国现代修辞学通论》（专著），台湾商务印书馆，1998年7月版。

13.《阐释修辞论》（合著，并列第一作者），首都师范大学出版社，1998年7月版。

14.《中国修辞学通史·当代卷》（合著，第一作者），吉林教育出版社，1998年9月版。

——获第三届陈望道修辞学奖二等奖（最高奖），2000年3月；第十二届"中国图书奖"，2000年11月。

15.《修辞心理学》（专著），云南人民出版社，2002年1月版。

——获复旦大学2003年度"微阁中国语言学科奖教金"著作二等奖，2003年9月。

16.《妙语生花：语言策略秀》（专著），上海文化出版社，2002年9月版。

17.《修辞的策略》（专著），吉林教育出版社，2004年1月版。

——获2005年吉林省长白山优秀图书一等奖（吉林省政府奖）；吉林省首届"新华杯"读书节读者最喜爱的十种吉版图书，2006年12月；吉林省新闻出版奖图书精品奖，2007年1月。

18.《表达的艺术》（专著），吉林教育出版社，2004年1月版。

——获2005年吉林省长白山优秀图书一等奖（吉林省政府奖）；吉林省首届"新华杯"读书节读者最喜爱的十种吉版图书，2006年12月；吉林省新闻出版奖图书精品奖，2007年1月。

19.《演讲的技巧》（专著），吉林教育出版社，2004年1月版。

——获2005年吉林省长白山优秀图书一等奖（吉林省政府奖）；吉林省首届"新华杯"读书节读者最喜爱的十种吉版图书，2006年12月；吉林省新闻出版奖图书精品奖，2007年1月。

20．《中国历代语言学家》（合著），上海文化出版社，2004 年 2 月版。

21．《大学修辞学》（合著），福建人民出版社，2004 年 10 月版。

22．《假如我是楚霸王：评点项羽》（专著），台湾远流出版公司，2005 年 6 月版。

23．《古典小说篇章结构修辞史》（专著），台湾商务印书馆，2005 年 12 月版。

24．《现代汉语修辞学》（专著），复旦大学出版社，2006 年 11 月版。

25．《语言学理论的深化与超越》（主编），云南人民出版社，2007 年 1 月版。

26．《20 世纪的中国修辞学》（合著），中国人民大学出版社，2007 年 12 月版。

——获上海市第十届哲学社会科学优秀成果奖（2008—2009）著作三等奖。

27．《中国修辞史》（副主编，下卷第一作者），吉林教育出版社，2007 年 4 月版。

——获 2007 年国家新闻出版总署"第一届中国出版政府奖图书奖提名奖"；2008 年上海市第九届哲学社会科学优秀成果著作类二等奖；2010 年全国"高等学校科学研究优秀成果奖（人文社会科学）"一等奖。

28．《委婉修辞研究》（专著），山东文艺出版社，2008 年 4 月版。

29．《语言策略秀》（增订本）（专著），上海文化出版社，2008 年 6 月版。

30．《名句经典》（专著），吉林教育出版社，2008 年 6 月版。
——获第二届吉林省新闻出版奖精品奖，2010 年 1 月。

31．《中国经典名句小辞典》（专著），吉林教育出版社，2008 年 8 月版。

32.《中国经典名句鉴赏辞典》（专著），吉林教育出版社，2009 年 7 月版。

33.《表达力》（专著），台湾商务印书馆，2011 年 8 月版。

34.《清末民初笔记小说史》（专著），台湾商务印书馆，2011 年 8 月版。

35.《现代汉语修辞学》（修订版）（专著），复旦大学出版社，2012 年 6 月版。

36.《中文活用技巧：妙语生花》（专著），香港商务印书馆，2012 年 3 月版。

37.《远水孤云：说客苏秦》（长篇历史小说），简体版，云南人民出版社，2011 年 9 月版；繁体版，台湾商务印书馆，2012 年 6 月版；简体版，暨南大学出版社，2014 年 4 月版。

38.《冷月飘风：策士张仪》（长篇历史小说），简体版，云南人民出版社，2011 年 11 月版；繁体版，台湾商务印书馆，2012 年 6 月版；简体版，暨南大学出版社，2014 年 4 月版。

39.《镜花水月：游士孔子》（长篇历史小说），繁体版，台湾商务印书馆，2013 年 11 月版；简体版，暨南大学出版社，2014 年 4 月版。

40.《易水悲风：刺客荆轲》（长篇历史小说），繁体版，台湾商务印书馆，2013 年 11 月版；简体版，暨南大学出版社，2014 年 4 月版。

二、主要学术论文

1.《试论孙炎的语言学成就》，核心期刊《古籍研究》1987 年第 4 期。

2.《试论汉语委婉修辞格的历史文化背景》，核心期刊《修辞学习》1987 年第 6 期。

3.《中国现代史上的广东语言学家》（合作），《岭南文史》1988 年第 1 期。

4.《试论古汉语修辞中的层次性》,《淮北煤炭师范学院学报》1988 年第 4 期。

5.《"乡思"呼唤着"月夜箫声"——香港诗人杨贾郎〈乡思〉〈月夜箫声〉赏析》,《语文月刊》1988 年第 5 期。

6.《中国哲学思想在汉语辞格形成中的投影》,《营口师专学报》1989 年第 1 期。

7.《试论吴方言数词的修辞色彩》,《语文论文集》,上海百家出版社,1989 年 10 月版。

8.《试论黄遵宪的诗歌创作与成就》,《岭南文史》1990 年第 2 期。

9.《〈经传释词〉在汉语语法学上的地位》(合作),核心期刊《复旦学报》1991 年第 1 期;中国人民大学《语言文字学》1991 年第 1 期转载。

10.《〈西湖二集〉:一部值得研究的小说》,核心期刊《明清小说研究》1991 年第 2 期。

11.《情·鬼·侠小说与中国大众文化心理》,核心期刊《上海文论》1991 年第 4 期。

——获"第一届全国青年优秀社会科学成果奖"优秀论文奖(中国社会科学院),1994 年 11 月。

12.《点化名句的艺术效果》,《学语文》1992 年第 4 期。

13.《情真意绵绵,绮思响"雨巷"——谈戴望舒〈雨巷〉一诗的修辞特色》,核心期刊《修辞学习》1992 年第 5 期。

14.《回顾·反思·展望——复旦大学组织全国部分青年学者关于中国修辞学研究的过去现状及未来的讨论综述》,《鞍山师范学院学报》1993 年第 4 期。

15.《语言美学发轫》,综合类核心期刊《复旦学报》1993 年第 5 期。

16.《汉语外来词音译艺术初探》,核心期刊《修辞学习》1993 年第 5 期。

17.《论〈文则〉在中国修辞学史上的地位》,《鞍山师范学院学报》1994 年第 2 期。

18.《汉语外来词音译的特点及其文化心态探究》，综合类核心期刊《复旦学报》1994 年第 3 期。

19.《旧学商量加邃密，新知培养转深沉——评王希杰新著〈修辞学新论〉》，核心期刊《修辞学习》1994 年第 3 期。

20.《试论赋的修辞特点》，核心期刊《修辞学习》1995 年第 1 期。

21.《先秦时代中国修辞哲学论略》，核心期刊《上海文化》1995 年第 2 期。

22.《试论汉语委婉修辞手法的范围》，《南昌大学学报》1995 年第 3 期。

23.《关于中国修辞学发展的历史分期问题》，核心期刊《修辞学习》1995 年第 3 期；中国人民大学《语言文字学》1995 年第 10 期转载。

24.《王引之〈经传释词〉的学术价值》，核心期刊《古籍整理研究学刊》1995 年第 4 期；中国人民大学《语言文字学》1996 年第 4 期转载。

25.《修辞结构的层次性与修辞解构的层次性》，《延边大学学报》1995 年第 4 期；中国人民大学《语言文字学》1996 年第 4 期转载。

26.《两汉时代中国修辞哲学论略》，综合类核心期刊《江淮论坛》1995 年第 5 期；中国人民大学《语言文字学》1996 年第 2 期转载。

27.《〈经传释词〉对汉语语法学的贡献》，《中西学术》（第 1 辑），学林出版社，1995 年 6 月版。

28.《创意造言的艺术：苏轼与刘攽的排调语篇解构》，台湾《国文天地》1995 年第 11 卷第 6 期（总第 126 期）。

29.《旧瓶装新酒：一种值得深究的语言现象》，香港《词库建设通讯》1995 年第 4 期（总第 6 期）。

30.《改革开放与汉语的发展变化学术研讨会综述》，1995 年

11 月《上海社联年鉴》。

31.《〈经传释词〉之"因声求义"初探》，核心期刊《古籍研究》1996 年第 1 期。

——获 1998 年上海市（1996—1997 年度）哲学社会科学优秀成果奖三等奖。

32.《谐译：汉语外来词音译的一种独特型态》，《长春大学学报》1996 年第 1 期。

33.《英雄侠义小说与中国人的阿 Q 精神》，台湾《国文天地》1996 年第 11 卷第 8 期（总第 128 期）。

34.《论修辞的三个层级》，《云梦学刊》1996 年第 1 期。

35.《音义密合：汉语外来词音译的民族文化心态凸现》，《西安外国语学院学报》1996 年第 2 期。

36.《咏月嘲风的绝妙好辞——晏子外交语篇的文本解构》，核心期刊《修辞学习》1996 年第 2 期。

37.《论汉语外来词音译的几种独特型态》，《雁北师范学院学报》1996 年第 4 期。

38.《触景生情的语言机趣——陶毅与钱俶外交语言解构》，台湾《国文天地》1996 年第 12 卷第 6 期（总第 138 期）。

39.《〈语助〉与汉语虚词研究》，《平原大学学报》1996 年第4 期。

40.《关于〈声类〉的性质与价值》，核心期刊《古籍整理研究学刊》1996 年第 6 期。

41.《论夸张的次范畴分类》，核心期刊《修辞学习》1996 年第 6 期。

42.《新世纪中国修辞学的发展和我们的历史使命》，综合类核心期刊《复旦学报》1997 年第 1 期。

43.《论委婉修辞生成与发展的历史文化缘由》，核心期刊《河北大学学报》1997 年第 1 期。

44.《清代语言学繁荣发展原因之探讨》，《云梦学刊》1997 年第 1 期；中国人民大学《语言文字学》1997 年第 8 期转载。

45.《论中国修辞学研究今后所应依循的三个基本方向》，核心期刊《修辞学习》1997 年第 2 期；中国人民大学《语言文字学》1997 年第 6 期转载。

46.《80 年代以来中国修辞学理论问题争鸣述评》，《黄河学刊》1997 年第 2 期。

47.《论委婉修辞的表现形式与表达效应》，核心期刊《湘潭大学学报》1997 年第 3 期。

48.《中国修辞哲学论略》，核心期刊《云南师范大学学报》1997 年第 4 期。

49.《论夸张表达的独特效应与夸张建构的心理机制》，核心期刊《扬州大学学报》1997 年第 4 期。

50.《训诂学居先兴起原因之探讨》，《语文论丛》（第 5 辑），上海教育出版社，1997 年 6 月版。

51.《语言美学的建构与修辞学研究的深化》（第一作者，与宗廷虎教授合作），核心期刊《修辞学习》1997 年第 5 期。

52.《"夫人"运用的失范》，核心期刊《语文建设》1997 年第 6 期。

53.《论〈马氏文通〉在中国语言学史上的地位》，《江苏教育学院学报》1998 年第 1 期。

54.《论委婉修辞生成的心理机制》，核心期刊《修辞学习》1998 年第 2 期。

55.《论孔子的修辞哲学思想》，《雁北师范学院学报》1998 年第 3 期。

56.《"水浒"现象与历史变迁》，《人民政协报》1998 年 4 月 27 日第 3 版《学术家园》。

57.《二十世纪中国现代修辞学发展的省思》，核心期刊《社会科学》（上海）1998 年第 5 期。

58.《修辞心理学论略》，综合类核心期刊《复旦学报》1998 年第 5 期；中国人民大学《心理学》1998 年第 11 期转载。

59.《中国现代修辞学研究走向语言美学建构的历史嬗变进

程》，核心期刊《云南师范大学学报》1998 年第 6 期。

60.《二十世纪的汉语修辞学》（与宗廷虎教授合作），北京大学百年校庆丛书《二十世纪的中国语言学》，北京大学出版社，1998 年 6 月版。

61.《关于中国修辞学发展的历史分期及各个时期研究成就的估价问题》，《郑子瑜〈中国修辞学史稿〉问世十周年纪念论文集》（宗廷虎教授主编），中国社会出版社，1998 年 2 月版。

62.《潘金莲形象的意义》，台湾《古今艺文》1998 年第 25 卷第 1 期。

63.《进一步沟通海峡两岸的修辞学研究》，核心期刊《修辞学习》1998 年第 4 期。

64.《吴方言数词的独特语用效应》，《修辞学研究》（第 8 集），南海出版公司，1998 年 6 月版。

65.《中国风格学源流研究的理论与实践意义》，核心期刊《湘潭大学学报》1998 年第 6 期。

66.《语言理论新框架的建构与 21 世纪中国语言学的发展》，云南省一级学术期刊《学术探索》1999 年第 1 期。

67.《修辞学转向与现代语言学理论》，核心期刊《修辞学习》1999 年第 2 期。

68.《论夸张》，《第一届中国修辞学学术研讨会论文集》，台湾师范大学，1999 年 6 月版。

69.《论修辞文本建构的基本原则》，核心期刊《扬州大学学报》1999 年第 2 期。

70.《平淡情事艺术化的修辞策略》，《徐州师范大学学报》1999 年第 2 期。

71.《修辞主体论》，《锦州师范学院学报》1999 年第 2 期。

72.《方言研究：透视地域文化的重要途径》，云南省一级学术期刊《学术探索》1999 年第 3 期。

73.《〈请读我唇〉三人谈》（与宗廷虎教授、陈光磊教授合作），核心期刊《语文建设》1999 年增刊。

74. 《看文人妙笔生花，让生命得到舒畅——评沈谦教授〈林语堂与萧伯纳〉》，台湾《中国语文》1999 年第 4 期（总第 508 期）。

75. 《修辞学研究新增长点的培植与催化》（与宗廷虎教授合作），核心期刊《修辞学习》1999 年第 4 期。

76. 《借代修辞文本建构的心理机制》，全国人文和社会科学核心期刊《云南师范大学学报》1999 年第 6 期；《高等学校文科学报文摘》2000 年第 2 期选摘。

77. 《论中国现代修辞学发展嬗变之历程（上）》，日本京都外国语大学《研究论丛》第 54 号（1999 年）。

78. 《〈金瓶梅〉的语言艺术》，《经典丛话·金瓶梅说》，江西教育出版社，1999 年 1 月版。

79. 《中国古典言情小说模式与中国传统文化心理》，台湾《国文天地》2000 年第 1 期（总第 181 期）。

80. 《论中国现代修辞学发展嬗变之历程（下）》，日本京都外国语大学《研究论丛》第 55 号（2000 年）。

81. 《评黎运汉著〈汉语风格学〉》（与宗廷虎教授合作），《文汇读书周报》2000 年 12 月 9 日第 2 版。

82. 《论比拟修辞文本的表达与接受心理》，《深圳教育学院学报》2000 年第 2 期。

83. 《照花前后镜，花面交相映——论中国文学中的双关修辞模式》，台湾《国文天地》2000 年第 4 期（总第 184 期）。

84. 《委婉修辞的语用学阐释》，《语文论丛》（第 6 辑），上海世纪出版集团·上海教育出版社，2000 年 9 月版。

85. 《修辞学研究的深化与修辞学教材的改革创新》，核心期刊《修辞学习》2001 年第 1 期。

86. 《比喻修辞文本的心理分析》，《平顶山师专学报》2001 年第 3 期。

87. 《论精细修辞文本的心理机制》，《锦州师范学院学报》2001 年第 3 期。

88. 《异语修辞文本论析》，核心期刊《修辞学习》2001 年第

4 期。

89.《语言的艺术：艺术语言学的建构》，核心期刊《云南师范大学学报》2001 年第 5 期。

90.《论旁逸修辞文本的建构》，《湘潭师范学院学报》2001 年第 5 期。

91.《论拈连修辞文本》，《湖北师范学院学报》2001 年第 4 期。

92.《论结尾的修辞策略》，《江苏教育学院学报》2002 年第 1 期。

93.《顶真式衔接：段落衔接的一种新模式》，核心期刊《修辞学习》2002 年第 2 期。

94.《论顶真修辞文本的类别系统与顶真修辞文本的表达接受效果》，《平顶山师专学报》2002 年第 4 期。

95.《论锻句与修辞》，《锦州师范学院学报》2002 年第 5 期。

96.《吞吐之间，蓄意无穷——留白的表达策略》，台湾《国文天地》2002 年第 18 卷第 3 期（总第 207 期）。

97.《关于建立言语学的思考》（合作），核心期刊《长江学术》（第 3 辑），长江文艺出版社，2002 年 11 月版。

98.《论事务语体的修辞特征及其修辞基本原则》，《平顶山师专学报》2003 年第 1 期。

99.《从统计分析看"简约"与"繁丰"的修辞特征及其风格建构的原则》，核心期刊《修辞学习》2003 年第 2 期。

100.《与时俱进：语言学由理论研究走向应用研究的意义》，《楚雄师范学院学报》2003 年第 2 期。

101.《基于计算分析的法律语体修辞特征研究》，核心期刊《云南师范大学学报》2003 年第 6 期。

102.《论学习修辞学的意义》，《平顶山师专学报》2004 年第 1 期。

103.《论起首的修辞策略》，核心期刊《湖南科技大学学报》2004 年第 2 期。

104.《论口语体的基本修辞特征和修辞基本原则》，《语文论丛》（第8辑），上海世纪出版集团·上海教育出版社，2004年1月版。

105.《平淡风格与绚烂风格的计算统计研究》，核心期刊《云南师范大学学报》2004年第2期。

106.《韵文体刚健风格与柔婉风格的计算研究》，《湖北师范学院学报》2004年第3期。

107.《庄重风格与幽默风格的计算统计研究》，《渤海大学学报》2004年第5期。

108.《中国修辞学：走出历史偏见和现实困惑》，核心期刊《福建师范大学学报》2004年第6期。

109.《从〈汉语修辞学〉修订本与原本的比较看王希杰教授修辞学的演进》，《修辞学新视野》，中国文联出版社，2004年12月版。

110.《从计算分析看文艺语体的修辞特征及其修辞基本原则》，《修辞学论文集》（第七集），新华出版社，2005年5月版。

111.《评谭学纯、朱玲〈修辞研究：走出技巧论〉》，核心期刊《福建师范大学学报》2005年第2期。

112.《关于建立言语学的思考》（合作），《言语与言语学研究》，崇文书局，2005年8月版。

113.《话本小说"正话"结构形式及其历史演进的修辞学研究》，《语言研究集刊》（第二辑），上海辞书出版社，2005年8月版。

114.《话本小说"篇首"的结构形式及其历史演进》，核心期刊《云南师范大学学报》2005年第4期。

115.《话本小说"题目"的形式及其历史演进》，《平顶山学院学报》2005年第6期。

116.《话本小说"头回"的结构形式及其历史演进的修辞学研究》，综合类核心期刊《复旦学报》2006年第2期；中国人民大学《中国古代、近代文学研究》2006年第7期全文转载。

117. 《论修辞学与语法学、逻辑学及语用学的关系》，《平顶山学院学报》2006 年第 4 期。

118. 《汉语外来词音译的四种特殊类型》，《词汇学理论与应用》（三），商务印书馆，2006 年 3 月版。

119. 《由汉语词汇的实证统计分析看林语堂从中西文化对比的角度对中国人思维特点所作的论断》，《跨越与前进——从林语堂研究看文化的相融与相涵国际学术研讨会论文集》，台湾东吴大学，2006 年 10 月版。

120. 《八股文篇章结构形式的渊源》，日本京都外国语大学《研究论丛》，2006 年（平成十八年七月）第 67 期。

121. 《评朱玲〈文学文体建构论〉》，核心期刊《福建师范大学学报》2007 年第 1 期。

122. 《修辞学的科学认知观与中国现代修辞学的发展》，载《继往开来的语言学发展之路：2007 学术论坛论文集》，语文出版社，2008 年 1 月版。

123. 《八股文"收结文"之"煞尾虚词"类型及其历史演进》，载《修辞学论文集》（第十一集），中国社会科学出版社，2008 年 4 月版。

124. 《比喻造词与中国人的思维特点》，综合类核心期刊《复旦学报》（社科版）2008 年第 2 期；《高等学校文科学术文摘》2008 年第 3 期转摘。

125. 《〈史记〉史传体篇章结构修辞模式对传奇小说的影响》，核心期刊《福建师范大学学报》2008 年第 1 期。

126. 《"用典"的定义及其修辞学研究》，核心期刊《武汉大学学报》（人文科学版）2008 年第 1 期。

127. 《段落衔接的修辞策略》，《平顶山学院学报》2008 年第 4 期。

128. 《南北朝时代列锦辞格的转型与发展》，《楚雄师范学院学报》（月刊）2009 年第 8 期。

129. 《从〈全唐诗〉所存录五代诗的考察看"列锦"辞格发展

演进之状况》，核心期刊《湖南科技大学学报》（社科版）2010 年第 1 期。

130.《学术史研究与学科本体研究的延展与深化》，《外国语言文学》（季刊）2010 年第 1 期。

131.《从〈全唐诗〉的考察看盛唐"列锦"辞格的发展演变状况》，《阜阳师范学院学报》（社科版）2010 年第 1 期。

132.《从〈全唐诗〉所录唐及五代词的考察看"列锦"辞格的发展演进之状况》，《楚雄师范学院学报》（月刊）2010 年第 1 期。

133.《不迷其所同而不失其所异——论黎锦熙先生的汉语修辞学研究》（第一作者），核心期刊《北京师范大学学报》（社科版）2010 年第 5 期。

134.《"列锦"修辞格的源头考索》，核心期刊《长江学术》2010 年第 4 期。

135.《修辞学与汉语史研究》，核心期刊《福建师范大学学报》（哲学社会科学版）2010 年第 4 期。

136.《"列锦"辞格在初唐的发展演进》，《平顶山学院学报》2010 年第 3 期。

137.《还原海峡两岸现代汉语词汇差异的真实面貌》，《楚雄师范学院学报》（月刊）2011 年第 1 期。

138.《艺术语言的创造与语言发展变化的活力动力》，《楚雄师范学院学报》（月刊）2011 年第 5 期。

139.《网络词汇成活率问题的一点思考》（第一作者），核心期刊《江苏大学学报》（社会科学版）2011 年第 3 期。

140.《名词铺排与唐诗创作》，《蜕变与开新——古典文学国际学术研讨会论文集》，台湾东吴大学，2011 年 7 月版。

141.《海峡两岸词汇"同义异序"现象的理据分析兼及"熊猫"与"猫熊"成词的修辞与逻辑理据》，载郑锦全、曾金金主编《二十一世纪初叶两岸四地汉语变迁》，台湾新学林出版社，2011 年 12 月版。

142.《晚唐时代"列锦"辞格的发展演进状况考察》，《平顶山学院学报》2012 年第 1 期。

143.《关于中国修辞学研究走向的几点思考》，《北华大学学报》（社会科学版）2012 年第 1 期。

144.《海峡两岸现代汉语词汇"同义异序"、"同义异构"现象透析》，综合类核心期刊《复旦学报》（社科版）2012 年第 2 期。

145.《王力先生对汉语修辞格的研究》，核心期刊《北京大学学报》（哲社版）2012 年第 4 期。

146.《由〈全唐诗〉的考察看中唐"列锦"辞格发展演进之状况》，核心期刊《湖南科技大学学报》（社科版）2012 年第 4 期。